어려운 무역실무는 가라

온/오프라인
무역실무 교육 교재

Part 2. 다양한 무역 업무

어려운 무역실무는 가라
온/오프라인 교육 교재
Part 2. 다양한 무역 업무

펴 낸 날　2016년 6월 30일

지 은 이　최규삼
펴 낸 이　최지숙
편집주간　이기성
편집팀장　이윤숙
기획편집　박경진, 윤일란, 장일규
표지디자인　박경진
책임마케팅　하철민
펴 낸 곳　도서출판 생각나눔
출판등록　제 2008-000008호
주 　 소　서울 마포구 동교로 18길 41, 한경빌딩 2층
전 　 화　02-325-5100
팩 　 스　02-325-5101
홈페이지　www. 생각나눔.kr
이 메 일　webmaster@think-book.com

• 책값은 표지 뒷면에 표기되어 있습니다.
　ISBN 978-89-6489-606-8 14320
　ISBN 978-89-6489-584-9 (세트)

• 이 도서의 국립중앙도서관 출판 시 도서목록(CIP)은 서지정보유통지원시스템 홈페이지
　(http://seoji.nl.go.kr)와 국가자료공동목록시스템(http://www.nl.go.kr/kolisnet)에서
　이용하실 수 있습니다(CIP제어번호: CIP2016014854).

| 어려운 무역실무는 가라 |

온/오프라인
무역실무 교육 교재

Part 2. 다양한 무역 업무

최규삼 지음

T R A D I N G   E D U C A T I O N

누구나 쉽게 이해할 수 있도록 구성된 교재
무역 실무자를 대상으로 한 교육 교재
http://edutradehub.com

생각나눔

어려운 무역실무는 가라.
온/오프라인 교육 교재

무역 업무가 참 복잡한 것 같습니다.

무역 업무가 매번 동일하게 진행되는 것 같지만, 아이템 및 상대 국가에 따라 업무 절차가 달라지며, 여기에 FTA 적용 여부에 따라 또 달라집니다. 그리고 통관, 운송 및 결제 방법을 조금이라도 바꾸면 업무의 흐름과 방법이 완전히 달라지는 것이 무역 업무라는 사실을 우리는 업무를 하며 매번 느끼고 또 느낍니다.

저는 업무의 개념과 절차를 정확하게 파악하고 있다면, 이러한 변화 앞에서도 흔들림 없이 당황하지 않고 업무를 순조롭게 진행할 수 있다고 생각합니다. 그래서 기본이 중요하고, 업무를 통하여 접하는 여러 사례와 사건·사고를 정리해둘 필요가 있으며, 그 내용에 대해서 스스로 고민하고 의문이 있다면 스스로 답을 찾기 위한 노력의 시간은 절대적으로 필요하다 생각합니다. 때로는 사무실이 아닌 공장 혹은 창고에서 발생하는 컨테이너 작업 과정 등도 직접 경험하며 작업 현장에서의 업무와 무역 서류의 내용을 머릿속으로 그릴 수도 있어야겠습니다.

그러나 정신없이 자신에게 주어진 업무를 하다 보면 업무를 정리하고 체계화할 시간이 부족할 것이며, 무엇보다 체계화의 필요성을 느끼지 못할 겁니다.

실무자 여러분!

그럼에도 불구하고 지금까지 경험한 업무에 대해서 시간을 내서라도 정리하는 시간을 가져보시기 바랍니다. 그리고 하나의 문제(개념)에 대해서 늘 '왜'라는 질문을 스스로 하시고 고민에 고민을 하시어 답을 찾기 위한 노력을 하다 보면 분명 자신도 모르는 사이에 많은 발전을 이루게 될 것입니다.

힘내시기 바라며, 경력에 맞는 실력을 갖추시어 어딜 가시나 대우받는 세상 앞에 당당한 분이 되길 바랍니다.

저자 최규삼 올림

매 페이지마다 필기 공간을 만들었습니다. 이곳에 나름의 정리를 하시어 자신의 분야에서 많은 성장을 이루실 수 있길 바랍니다. 정리가 참 중요합니다. 정리하며 생각하게 되고, 다른 각도로 대상을 보게 되며, 몰랐던 것을 알게 됩니다.

본 책의 필기 공간을 잘 활용하시어 정리하면, 본 책은 여러분에 의해서 다시 집필되는 것이며, 최고의 무역실무서가 될 것입니다.

CONTENTS

제 2 강
무역 운송 용어와 실무 사례

제 3 강

운송서류의 이해와 D/O 받기까지의 과정

제 4 강
원산지증명서의 종류와 직접운송의 필요성

4-3강. 원산지 표시 방법

제 5 강
반송 재수출 재수입의 이해와 사례

5-1강. 반송(Ship back)의 의미와 실무 사례

5-2강. 재수출의 의미와 실무 사례

제 6 강

관세환급에 대한 이해

제 7 강

컨테이너 Door 작업 및 CFS 활용

7-1강. FCL 화물의 컨테이너 Door 작업

7-2강. CFS 활용 목적과 비용

7-3강. 컨테이너 내륙운송

제 8 강

매매계약서 작성하기

중개무역, 서류처리 및 Switch 이해

1-1강. 중개무역 이해

1-2강. 중계무역 이해

1-3강. 중개/중계무역 포워더 지정

FTA 실무 기초 과정

3강. FTA 협정세율 적용에 대한 이해

4강. 협정세율 및 원산지결정기준 확인 방법

5강. 원산지결정기준 충족 절차

6강. 원산지 결정을 위한 '기본원칙'

7강. 원산지 결정을 위한 '품목별기준'

14강. 원산지 인증수출자

15강. 참고 자료

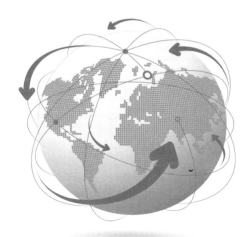

어려운 무역실무는 가라

온/오프라인
무역실무 교육 교재 Part.2

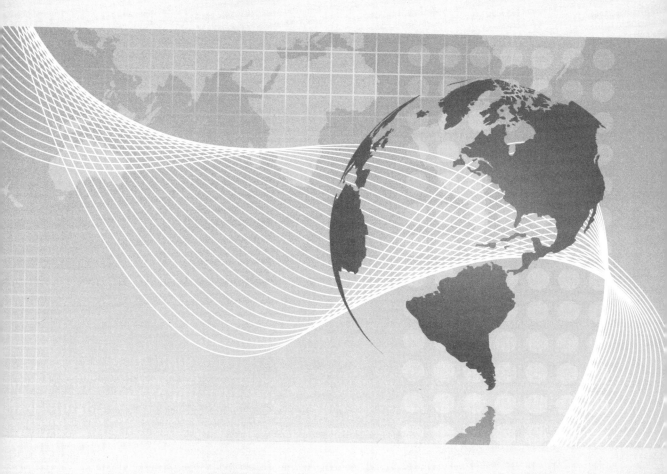

심화

제 1 강
수출입 용어와 실무 사례

Credit Note와 Debit Note

- Debit Note
  - 발행하는 자가 발행 받는 자에게 대금 결제 요청하는 서류
  - 미수금 통지서(후결제 건 결제기일이 도래 통지, 미수금 결제 요청할 때)

- Credit Note
  - 발행하는 자가 발행 받는 자에게 대금을 결제/환불하겠다는 서류

첫 번째	수출자가 선적한 물품을 수입자가 수입 통관해서 보니, 일부 제품이 불량으로 판매 불가능한 경우로서 해당 불량품에 대해서 결제 금액을 수출자가 다시 수입자에게 환불하는 경우
두 번째	어떠한 이유로 수입자가 물품을 다시 수출자에게 반송 혹은 재수출하는 경우
세 번째	수출자로부터 커미션을 받아야 하는 경우

커미션 지급을 위한 Credit Note 발행

Kaston
(네덜란드 업체)

Step 3.
Kaston은 Jinsung과 매매 계약 체결

Step 1.
Kaston은 Edutrade에게 한국시장 독점권 제공

Step 5.
Kaston은 Edutrade와의 독점 계약서에 의해서 커미션(수수료) 5%를 Credit Note 발행하여 지급

Step 4.
Jinsung이 Kaston으로부터 직접 물품 구입 후 수입 통관 진행

Edutrade
(Kaston의 한국 대리점)

Step 2.
Edutrade는 국내 영업을 통하여 Jinsung과 Kaston을 연결

Jinsung
(Edutrade의 국내 거래처)

Step 6.
Edutrade는 외국환은행 통해서 외국환 결제 받을 때 Credit Note와 계약서를 기초로 결제 사유 입증

커미션 지급 건에 대한 Credit Note

CREDIT NOTE

Kaston Co., LTD.

ABC 2 NL-1322

BC AAA NETHERLANDS

Postal zip : 122-001

Date : : 29 Jan. 2012

No. : : CR-12002

Re : Commission (Oct '11 - Dec '11)

(TOTAL US DOLLARS FIFTEEN THOUSAND THREE HUNDRED SIXTY AND CENTS FIFTY ONLY)

Baby Carrier @ 5% on Net Invoice Price

TOTAL ········ USD 15,360.50

Customer P.O.#	Customer P.O.#	Date	Sold To	Inv Amt(USD)	Commission @5%
12103	IN-12087	2011-10-05	Jinsung	USD184,680.00	USD9,234.00
12109	IN-12088	2011-10-15	Harry Korea	USD122,530.00	USD6,126.50

포워더 업무에서의 Debit Note 발행 경우

수출지 항공사		수입지 항공사

Step 2.
Master 건은 수출자와 수입자 가격조건 상관없이 Freight PP 혹은 CC
항공 건은 포워더와 항공사의 거래(Master)에서 Freight Prepaid

Step 3.
수출지 포워더는 자신이 항공사에 결제한 A/F에 마진 붙여
수입지 파트너 포워더에게 Debit Note 발행하여 A/F 청구

수출지 포워더		수입지 포워더

Step 4.
Debit Note를 기초로 마진 붙여서 수입자에게 A/F 청구.
이때는 운송비 인보이스 발행

수출자		수입자

Step 1. 수출자와 수입자의 매매계약
가격조건 EXW 혹은 F–Terms 중의 하나(Freight Collect)

- C 혹은 D–Terms인 경우, House 건의 Freight는 Prepaid로서 수출지 포워더가 Air Freight에 대해서 Debit Note 발행하지 않음.
- 수입지 포워더는 수입지 항공사로부터 Master D/O를 받고 House D/O 발행 가능.

1-2강
수출입 신고 시기와 납부 세액 경정 청구

수출신고 시점과 물품소재지 I

- 수출신고 시점 :

  – a) 수출지 Door(공장/창고)에 보관된 상태(생산 완료 및 수출포장 완료된 상태)
  or b) 반입지로 지정된 보세구역에 반입된 상태.
  – 수입신고 시기는 규정되어 있으나, 수출신고 시기는 규정된 사항 없기에 실무적으로 판단.

- 수출 물품소재지 :

  – 수출신고 시점에 화물이 위치한 장소를 의미하며, 해당 장소를 관할하는 세관으로 수출신고.
  – 수출신고 당시 물품의 위치가 a) 성남 공장 혹은 b) 부산에 위치한 보세구역(CY, CFS)에 반입 완료된 상태라면 각각 해당 장소를 관할하는 세관으로 수출신고.

수출신고필증(수출이행)

※ 처리기간 : 즉시

제출번호	12312-11-123123U	(5)신고번호	(6)신고일자	(7)신고구분	(8)C/S구분
(1) 신 고 자	ABC관세사사무실 홍길동	000-00-00-00000000	2011-06-30	일반P/L신고	

(2)수 출 대 행 자	에듀트레이드허브	(9)거래구분 11 일반형태	(10)종류 A 일반수출	(11)결제방법 TT 단순송금방식	
(통관고유번호)	에듀트레이드허브-0-00-0-00 **수출자구분** C	(12)목적국 CN PR. CHINA	(13)적재항 KRINC 인천항	(14)선박회사 (항공사)	
수 출 화 주 (통관고유번호)	에듀트레이드허브 에듀트레이드허브-0-00-0-00-0	(15)선박명(항공편명)	(16)출항예정일자	(17)적재예정보세구역	
(주소)	서울 강남 논현 000-0 XX B/D #000	(18)운송형태 10 ETC		(19)검사희망일	
(대표자)	홍길동 **(소재지)** 111	(20)물품소재지 123 인천중구XX동 000			
(사업자등록번호)	211-87-00000				
(3)제 조 자 (통관고유번호)	카스톤 카스톤-0-00-0-00-0	(21)L/C번호		(22)물품상태 N	
제조장소	111 **산업단지부호** 111	(23)사전임시개청통보여부 A		(24)반송 사유	
(3)구 매 자 (구매자부호)	ABC COMPANY ABC00000	(25)환급신청인 2 (1 : 수출대행자/수출화주, 2 : 제조자) 간이환급 NO			

수출신고 시점과 물품소재지 II

[수출신고 당시 물품의 위치(소재지)]
'성남'이라면 해당 지역 관할지 세관

[운송과정 중 신고 불가]
물품소재지를 적재지로 허위로 잡고
수출신고 불가

[수출신고 당시 물품의 위치(소재지)]
'부산항 CFS/CY'라면 해당 지역 관할지 세관

Busan Port

[물품 소재지가 성남인 경우]

a) 관할지 세관으로서 성남 세관으로 수출신고

b) P/L(자동수리) or 서류제출 or 물품검사 중 하나로 지정

c) 물품검사로 지정되는 경우, '신고지 검사'보다는 '적재지 검사'로 진행

d) 결국 물품검사로 지정되면 신고받는 세관은 성남세관이나 해당 물품 검사하는 세관은 적재지 세관

e) 적재지 검사는 기본적으로 엑스레이 검사이며, 필요에 의해서 현품을 직접 확인할 수도(컨테이너 개장).

수출 건 허위신고로 인한 처벌 규정

■ 허위 신고 :

물품소재지 관할 세관으로 수출신고하여 신고 수리[1] 시점까지 해당 화물은 소재지에 반입되어 있어야. 만약 반입되지 않은 상태라면 '허위 신고'로 처벌받을 수 있음.

■ 처벌 규정 :

「수출통관사무처리에 관한 고시」 제53조(자체조사 및 고발의뢰)

① 세관장은 수출신고 물품이 다음 각 호의 어느 하나에 해당하는 때에는 「관세법」 등 위반혐의에 대하여 조사하여야 한다.

– 중 략 –

5. 제4조에 따른 물품소재지에 물품을 장치하지 아니하고 수출신고한 때

「관세법」 제276조(허위신고죄 등)

② 다음 각 호의 어느 하나에 해당하는 자는 물품 원가 또는 2천만 원 중 높은 금액 이하의 벌금에 처한다. [개정 2013.1.1., 2013.8.13., 2014.1.1.]

– 중 략 –

4. 제241조 제1항·제2항 또는 제244조 제1항에 따른 신고를 할 때 제241조 제1항에 따른 사항을 신고하지 아니하거나 허위신고를 한 자

---

1   본 부분에서의 '수리'의 의미는 수입자가 관세사를 통해서 관할지 세관에 수입신고하여, 해당 관할지 세관이 신고 내역을 접수하였다는 뜻으로 보면 되겠습니다. 물론 수입신고하여 세액 납부 후 수입해도 좋다는 허락과 같은 의미의 수리 혹은 수출신고하여 수출해도 좋다는 허락과 같은 의미의 수리도 있겠습니다.

수입신고 시기에 대해서

```
                    ┌──────────────────┐
                    │   수입신고 시기    │
                    └──────────────────┘
        ┌───────────────┬───────────────┴──────────────┬────────────────┐
```

출항 전 신고	입항 전 신고	보세구역 도착 전 신고 (반입 전 신고)	보세구역 장치 후 신고 (반입 후 신고)

	해상 FCL	해상 LCL	항공	수입요건 無	수입요건 有
입항 전	○	X	○	○	△
반입 전	○	△	○	○	△
반입 후	○	○	○	○	○

* 해상 FCL 건에서 '보세구역'은 CY, 해상 LCL 건에서 '보세구역'은 CFS(보세창고).

* 수입요건이란 '세관장확인물품'으로서 세관에 수입신고 전에 요건 확인을 받아야.

수입신고 후 정정, 보정, 수정 및 경정 청구

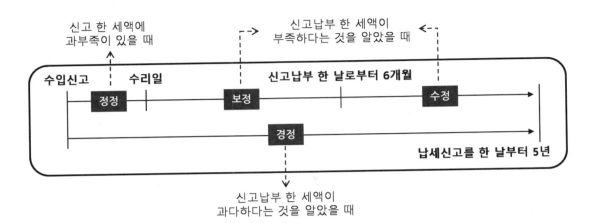

- 상기 신고는 해당 건에 대한 수입신고 대행한 동일 관세사 사무실에 요청해야.
- 보정 및 수정 신고 후 부족한 세액 납부 기한은 1일, 따라서 세액 확보 후 보정 혹은 수정 신고해야.
- 경정의 청구를 받은 세관장은 그 청구를 받은 날부터 2개월 이내에 세액을 경정하거나 경정하여야 할 이유가 없다는 뜻을 청구한 자에게 통지해야.

수입신고 누락 건과 보정신고·경정의 청구

■ 사례1) 보정신고

· 상황설명 : A, B 제품 함께 수입신고해야 하는데, A 제품만 수입신고하고 세액 납부 후 수리
완료.

　　　　　그러나 수입자는 수입신고 하지 않는 B 제품도 A 제품과 함께 수령.

· 보정신고 : 보정 신고하여 B 제품에 대한 세액 추가 납부.

　　　　　주의점은 보정(수정 신고도 마찬가지) 신고하면 추가 납부 세액의 납부기한은 1일.

■ 사례2) 경정의 청구(과오납 환급)

· 상황설명 : A, B 제품을 함께 수입신고하고 세액 납부 후 수리 완료.

　　　　　그러나 수입자는 통관 완료된 물품 수령해 보니, A 제품만 있고 B 제품 없음.

　　　　　애초에 외국 수출자가 B 제품 발송하지 않고 C/I 등 선적서류에 기재.

· 경정의 청구 : 경정의 청구하여 B 제품에 대한 납부 세액 돌려줄 것을 요구.

　　　　　수출자의 출고증, 본 상황에 대한 수출자의 confirm 이메일, 수입자의 입고증이
필요할 수도(객관적인 자료 필요).

FTA 사후협정세율 적용신청

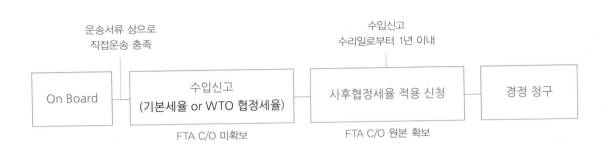

운송서류 상으로
직접운송 충족

수입신고
수리일로부터 1년 이내

On Board	수입신고 (기본세율 or WTO 협정세율)	사후협정세율 적용 신청	경정 청구

FTA C/O 미확보   FTA C/O 원본 확보

HS	340290-3000				
품명	조제 청정제				
수량단위	kg				
원산지표시	대상 [원산지제도운영에관한고시]				
적정표시방법	대상 [적정표시방법]				
관세				[관세율 적용순위]	
관세구분	관세율	단위당세액	기준가격	적용시작일	적용종료일
FEU1	3.2	0.0	0.0	2014.01.01	2014.06.30
FEF1 한·EFTA FTA협 정세율(선택1)	0	0.0	0.0	2014.01.01	2014.12.31
A 기본세율	8	0.0	0.0	2014.01.01	2014.12.31
C WTO협정세율	6.5	0.0	0.0	2014.01.01	2014.12.31
FAS1 한·아세안 FTA협 정세율(선택1)	0	0.0	0.0	2014.01.01	2014.12.31
FUS1	2.6	0.0	0.0	2014.01.01	2014.12.31

- 사후협정세율(수입신고 수리 후) 신청할 때 FTA C/O 원본 제출해야.
- 한–미 FTA 건에 대한 사후협정세율 신청할 때는 FTA C/O 사본 제출 가능.
- 수입신고 수리 전에 FTA 협정관세 적용 신청하는 경우는 FTA C/O 사본으로도 가능.

사후납부와 월별납부

- 기본적으로 세액 납부해야 수입신고 수리되고 수입신고필증 발행.
  반면 사후·월별 납부 업체(일정한 조건 갖추어야)는 수리받고 세액 납부 가능.

- **사후납부**

  - 운송서류 건건마다의 개별 담보 제공 or 포괄 담보 제공하기도.
  - 사후납부 업체는 수입신고 후 세액 납부 없이 수리받음.
  - 이후 그 수리일로부터 15일 이내에 세액 납부해야.

- **월별납부(사후납부의 형태)**

  - 수입신고 후 납부기한(15일)이 속하는 달의 월말에 일괄납부해야.

수입신고 수리일	사후납부 업체 세액 납부 기한	원별납부 업체 세액 납부 기한
3월 11일	수리일 기준으로 15일 이내	납부기한 15일이 속하는 달의 월말

[참고] '정정'은 수입신고 후 세액을 납부하기 전에 그 세액이 과부족 하다는 것을 알게 되었을 때 납세 신고한 세액을 바로 잡는 것이라 할 수 있다. 일반적으로 수입신고하고 세액을 납부해야 수리되는데, 사후납부 업체라든지 월별납부 업체는 수리받고 일정 기간 이후에 세액을 납부하니, 이들 업체는 수입신고 수리받고 세액 납부하기 전에 '정정' 진행하는 경우도 있다.

목재포장재의 열처리와 훈증

- 목재 포장재(Wood packaging material, WPM)란 목재 팔레트, 나무상자, 짐깔개(Dunnage), 목재 충진재 등 화물을 지지·보호 또는 운반하는 데 이용되는 목재 또는 목재 산물을 말한다.
- 가공한 목재, 예를 들어 합판을 이용한 포장은 IPPC 마크 필요하지 않음.
  (목재를 가공하지 않고 절단해서 그대로 사용하는 경우 IPPC 마크 필요)

* 출처 : 농림축산검역본부 홈페이지 http://www.qia.go.kr

 **[열처리]**
최소 온도가 56℃로 최소 30분
간 지속적으로 유지하면서 열로
서 병해충을 제거하는 방법.

 **[메틸브로마이드 처리(훈증)]**
메틸브로마이드라는 살충제로서 목재
의 병해충을 훈증하는 방법.

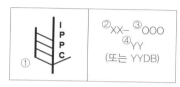

①: IPPC 심볼, ②: 국가 ISO 두자리 코드
③: 소독처리업체 고유번호 ④: 소독처리방법

▶ 목재로 만들어진 팔레트에도 열처리(TH) 혹은 훈증(MB) 처리하였음이 날인되어야.
▶ 소독처리마크는 나라마다 조금씩 다를 수 있다.
▶ 소독처리마크가 있으면 다른 증명서는 따로 필요하지 않음(우리나라).
▶ 목재포장재 자체에 2개면 이상 소독처리마크를 표시해야.

요건 미부합 목재포장재의 처분

국립식물검역소 지소와 출장소에서 수입화물을 무작위 추출하여 목재포장재에 소독처리마크가 표지되어 있는지, 병해충이 발견되는지를 검사하게 된다. 이때 요건 미부합된 경우, 목재포장재를 폐기하거나 반송해야 할 것이다.

그러나 화물과 포장재가 분리 가능한 경우에는 목재포장재만 처분되기도 한다.

[폐기 또는 반송]

    – 소독처리마크가 없는 경우
    – 소독명령을 받았으나 소독이 불가능하거나 소유자가 폐기 또는 반송을 원할 경우
    – 금지 병해충이 발견된 경우

■ IPPC 마크가 없을 때

내품과 분리 가능한 경우) 신고하고 입항지에서 목재포장 폐기 후 내륙운송 가능할 수도.
내품과 분리할 수 없는 경우) 농림축산검역본부 지역본부에 신고하면 내륙운송 가능할 수도.

IPPC 마크가 없는데 수입자가 사전에 신고하지 않고 세관 직원 및 보세구역 담당자에 의해서 농림축산검역본부로 신고된 경우, 과태료 발생할 수도.

[알아두기] 검역과 검사의 차이점은?

열처리 업체 현황 및 각국의 목재포장재 검역 요건

- 농림축산검역본부 : http://www.qia.go.kr

[참고] 한국의 A사가 가공하지 않은 목재(IPPC 마크 기재)로 포장된 물품을 수입하였다. 이후 A사는 해외
거래처로 수출하는 물품을 포장할 때, 해당 목재를 재활용할 수도 있다.

거래 물품과 나무 팔레트 함께 수입신고 하는 경우

■ 통상의 경우 : 목재포장재를 사용하더라도 C/I 작성할 때 거래 물품만 기재 후 해당 물품만 수입신고. 목재포장재가 거래 물품이 아니기에 C/I에 별도 기재하지 않음.

■ 목재포장재를 C/I에 별도 기재하여 수입신고 하는 경우

- 나무 팔레트의 HS Code는 4415.20-0000로 분류 가능.
- 4415.20-0000으로 분류되는 품목은 수입요건으로서 식물방역법이 존재.
- 따라서 요건 확인기관으로부터 요건 확인받고 이상 없으면 수입신고 가능.
- HS Code 상 요구되는 식물 방역법 충족 여부는 IPPC 마크와 별도의 문제.

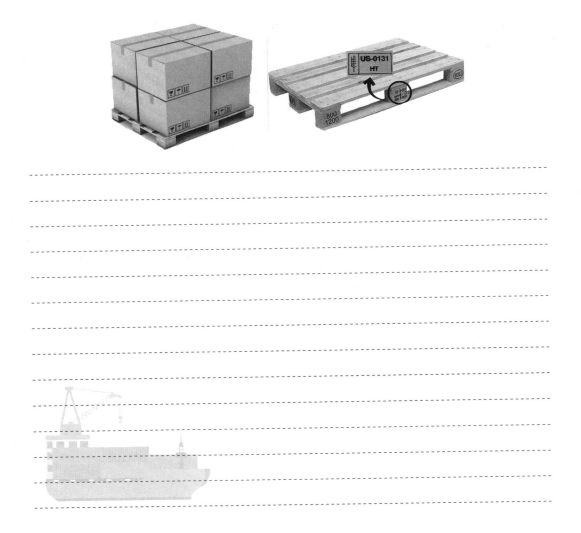

종가세와 종량세

[종전] 1품목 1세율 구조   수입물품에 대하여 단일한 관세율이 적용

[FTA] 1품목 多세율 구조   동일한 수입물품에 대하여 협정별[원산지]로 다른 관세율이 적용되고,
                        FTA 특혜세율 적용을 받기 위해서는 원산지증명서 필요

HS	391710-1000					
품명	경화 단백질의 것					
수량단위	kg					
원산지표시	대상 [원산지제도운영에관한고시]					
관세					**【관세율 적용순위】**	
관세구분	관세율	단위당세액	기준가격		적용시작일	적용종료일
A 기본세율	8	0.0	0.0		2012.01.01	2012.12.31
C WTO협정세율	6.5	0.0	0.0		2012.01.01	2012.12.31
FAS1 한·아세안 FTA협정세율(선택1)	0	0.0	0.0		2012.01.01	2012.12.31
FCL1 한·칠레FTA협정세율(선택1)	0	0.0	0.0		2012.01.01	2012.12.31
FEF1 한·EFTA FTA협정세율(선택1)	0	0.0	0.0		2012.01.01	2012.12.31
수입요건 [식품의약품안전청]	[식품위생법] . 식품 또는 식품첨가물과 식품용 기구 또는 용기·포장은 식품위생법 제9조의 규정에 의한 기준 및 규격에 적합한 것에 한하여 수입할 수 있으며, 수입할 때마다 식품위생법 제19조의 규정에 의거 지방식품의약품안전청장에게 신고하여야 한다.					
수출요건	수출요건 내역이 없습니다.					

HS	070610-1000					
품명	당근					
수량단위	kg					
원산지표시	대상 [원산지제도운영에관한고시]					
적정표시방법	대상 [적정표시방법]					
관세					**【관세율 적용순위】**	
관세구분	관세율	단위당세액	기준가격		적용시작일	적용종료일
A 기본세율	30	134	0.0		2013.01.01	2013.12.31
C WTO협정세율	40.5	0.0	0.0		2013.01.01	2013.12.31
FEU1	20	89	0.0		2013.01.01	2013.06.30
FPE1	21	93	0.0		2013.01.01	2013.12.31
FUS1	18	80	0.0		2013.01.01	2013.12.31
수입요건 [식품의약품안전청]	[식품위생법] . 식품 등 식품위생법 대상은 식품위생법 제19조의 규정에 의거 지방식품의약품안전청장에게 신고하여야 한다.					
수입요건 [국립식물검역원]	[식물방역법] . 식물검역기관의 장에게 신고하고, 식물검역관의 검역을 받아야 한다. (식물방역법 제10조의 규정에 의한 수입금지 지역으로부터는 수입할 수 없음.)					
수출요건	수출요건 내역이 없습니다.					

과세가격 관련 판례

물품의 가치를 높이는 요인은 과세가격에 포함되어야 할 것이다.

[대법원 2012.2.23. 2010도4355] 피고인이 중국의 A 회사에서 오토바이를 수입하면서 과세가격을 실제로 지급한 금액에서 A 회사의 금형 개발비를 누락시켜 신고함으로써 차액에 대한 관세를 포탈하였다고 하여 관세법 위반으로 기소된 사안에서….

물품 가격 + Engineering Fee

물품을 수입하여 국내에서 설치 위해서 수출자의 엔지니어(기술자)가 수입지로서 한국에 입국하여 해당 물품을 설치하는 경우, 해당 건의 인보이스에 '물품 가격 + Engineering Fee'를 함께 기재합니다. 그리고 Engineering Fee는 과세가격에 포함되지 않는다.

CIS 청구 이유와 과세가격에 미포함 I

• 인천向 화물에 대한 CIS(Container Imbalance Surcharge) 부과 사유는 인천항의 물동량이 수출화물보다 수입화물의 물동량이 많아 컨테이너 불균형을 초래하여 a) 국내 터미널 보관료(Storage) 상승, b) 공 컨테이너 이송량 증가, c) 임대 컨테이너 임대료 상승 등 국내 발생비용을 주원인으로 하여 선사의 운영 비용이 상승하였기 때문에 수입항 도착 이후의 발생비용으로서 과세가격에 가산되지 않는 것임.

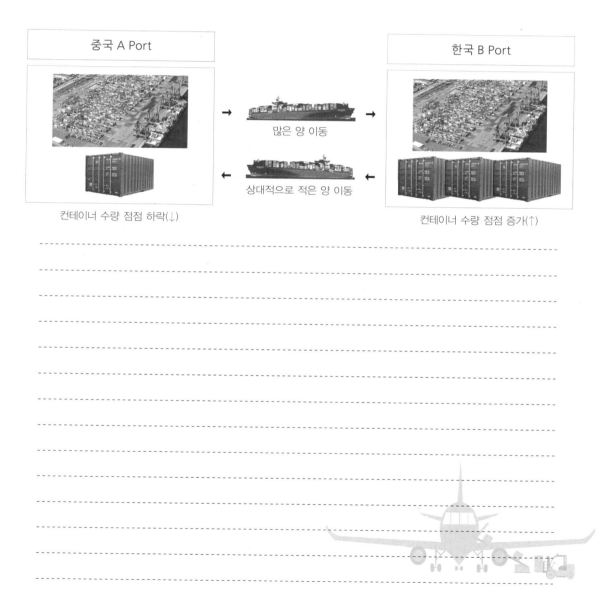

CIS 청구 이유와 과세가격에 미포함 II

■ CIC(Container Imbalance Charge(Surcharge))는 수입항 도착 이후의 운임으로서 과세되지 않는다.

출처 : 관세평가분류원, 관세평가과-3387(문서번호), 2014.11.17.(결정일자)

- 관세법 제30조(과세가격 결정의 원칙)에 따르면 구매자가 실제로 지급하였거나 지급하여야 할 가격에 '수입항까지'의 운임·보험료와 그 밖에 운송과 관련되는 비용을 가산하도록 되어있음.
- 동법 시행령 제20조 제5항에서는 수입항까지의 비용이란 당해 수입물품이 수입항에 도착하여 본선하역준비가 완료될 때까지 수입자가 부담하는 비용을 말한다고 규정.

BAF, CAF가 가산금액으로 포함되는 경우

■ C-Terms, D-Terms에서 BAF/CAF 수입지에서 발생한 경우 – 수입지 포워더가 수입자에게 청구

[체크] Ocean Freight를 포워더에게 직접 결제하는 자가 그 할증료까지 함께 청구받는 것 아님.

O/F는 수출자가 직접 결제하였으나 그 할증료(Surcharge)는 선사의 결정에 따라서 수입지에서 수출자에게 청구될 수도.

따라서…

실화주는 포워더에게 Shipment Booking 하는 구간에서 발생하는 O/F의 할증료의 종류가 무엇이 있으며 해당 할증료가 수출지 or 수입지에서 청구되는지 미리 체크할 필요.

(54)결제금액 (인도조건-통화종류-금액-결제방법)		CFR - USD - 25,000 - TT			(56)환 율	1,070.51
(55)총과세가격	$ 25,093	(57)운 임		(59)가산금액 100,000	(64)납부번호	0123-000-00-00-
	₩ 26,862,750	(58)보험료		(60)공제금액	(65)부가가치세과표	
(61)세종	(62)세 액	※ 관세사기재란		(66) 세관기재란		
관 세	1,746,080			- 이 물품을 수입통관 후 단순가공하거나 낱개·산물·		
개별소비세				분할 또는 재포장하여 판매하거나 시공할 경우, 관련		
교 통 세				법령에 의거 원산지표시를하여야 하고, 양도(양수자의		
주 세				재양도 포함)시에는 양수인에게 이 의무를 서면으로		
교 육 세				통보하여야 하며, 이를 위반시에는 관세법 제276조 및		
농 특 세				대외무역법 제54조에 의거 처벌을 받게 됩니다.		
부 가 세	2,860,880			- 이 물품은 사후심사결과에 따라 적용세율이 변경 될		
신고지연가산세				수 있습니다.		
미신고가산세						
(63)총세액합계	4,606,960	(67)담당자	홍길동	(68)접수일 2013-11-28	(69)수리일자	2013/11/2

INVOICE(운송비 청구서)

H.B/L NO.	ABB120120	M.B/L NO.	
VSL/VOY.	ANL / 830W	P.O.L.	QINGDAO, CHINA
PACKAGE	5 PT	P.O.D.	BUSAN, KOREA
GROSS WEIGHT	870.00 KG	MEASUREMENT	6.8 CBM
INCOTERMS	CFR BUSAN PORT	CONTAINER	LCL

DESCRIPTION	CUR	PER	RATE	AMT(CUR)	EX-RATE	AMOUNT(KRW)
B.A.F. (BUNKER ADJUSTMENT FACTOR)	USD	R/T	14.00	95.20	1050.20	99,979
C.A.F. (CURRENCY ADJUSTMENT FACTOR)	USD	R/T	5.00	34.00	1050.20	35,707
T.H.C. (TERMINAL HANDLING CHARGE)	KRW	R/T	5,500		1.00	37,400
W/F(WHARFAGE)	KRW	R/T	335		1.00	2,278
DRAYAGE CHARGE	KRW	R/T	7,500		1.00	51,000
DOC FEE (DOCUMENT FEE)	KRW	B/L	30,000		1.00	30,000
C.F.S. CHARGE	KRW	R/T	6,500		1.00	44,200
C.C.C. (CONTAINER CLEANING CHARGE)	KRW	R/T	2,000		1.00	13,600
H/C (HANDLING CHARGE)	USD	B/L	50.00	50.00	1050.20	52,510
TOTAL						366,674

D-Terms에서 과세가격 결정의 문제점 Ⅰ

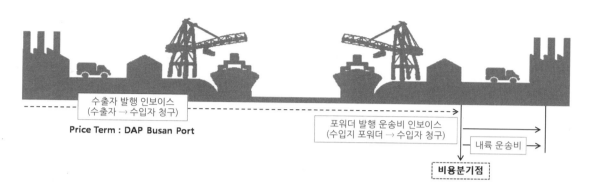

수출자 발행 인보이스
(수출자 → 수입자 청구)

Price Term : DAP Busan Port

포워더 발행 운송비 인보이스
(수입지 포워더 → 수입자 청구)

내륙 운송비

비용분기점

▲ DAP Busan Port 가격 USD100,000일 때, 과세가격에서 제외되는 가격을 제외 후 관세 계산해야 할 것. 그러나 실무적으로 DAP 총액에서 운송수단이 국내 터미널에 도착 후 발생하는 비용을 제외하는데 한계가 존재. 따라서 DAP 총액이 과세가격이 되어 관세 납부하는 경우 많음.

▲ 한국 수입자는 외국 수출자에게 DAP 조건으로 수입하면서 Cost Breakdown 요청하더라도 수출자가 받아들이지 않을 것. FOB 가격, O/F, 수입지 항구 부대비용 및 수입지 내륙운송비를 구분하게 되는데, O/F가 향후 하락하면 수입자가 수출자에게 하락한 O/F만큼 단가 인하 요청할 것이기 때문. 물론 기타 이유도 있을 것.

D-Terms에서 과세가격 결정의 문제점 II

판례·예규

제목 : DDP 조건의 가격을 국내 운송료와 관세를 제외한 CIF 가격으로 환산하여 신고할 수 있는지 여부

문서번호 : 관세평가과-2653
생성일자 : 2009.11.9.
키워드 : DDP 조건, 국내 운송료, 관세, 실제 지급금액
공개범위 : 일반공개

[거래개요]

– 한국 H사는 중국 P사와 열연가열로 내화물 공급과 관련하여 DDP 조건으로 구매계약을 체결하고 물품을 수입하면서, 실제 발생한 국내 운송료는 과세가격에서 공제하고 있으나 수입관세는 미공제 상태로 수입신고 중

질의내용 : DDP 조건의 가격을 국내 운송료와 관세가 공제되어 CIF 조건으로 수출자가 환산한 금액으로 수입신고하는 것이 가능한지에 대하여 질의

[회신내용]

1. 수입물품의 과세가격은 우리나라에 수출하기 위하여 판매되는 물품에 대하여 구매자가 실제로 지급하였거나 지급하여야 할 가격에 일정한 법정요소를 가산하여 조정한 거래가격(관세법 §30①)을 말하며, 구매자가 실제로 지급하였거나 지급하여야 할 가격이라 함은 당해 수입물품의 대가로서 구매자가 지급하였거나 지급하여야 할 총금액으로서, 수입항에 도착한 후 당해 수입물품의 운송에 필요한 운임·보험료 기타 운송에 관련되는 비용과 우리나라에서 당해 수입물품에 부과된 관세 등의 세금 기타 공과금 등이 있는 경우, 총금액에서 해당하는 금액을 명백히 구분할 수 있는 때에는 그 금액을 뺀 금액을 말합니다(법 §30②).

2. 귀사와 같이 수입물품의 가격조건이 DDP 조건인 경우 구매자가 실제로 지급하였거나 지급하여야 할 총금액에서 발행된 운임영수증 등에 의해 확인 가능한 국내 운송료와 수입신고 시 당해 수입물품에 대하여 실제 적용될 관세율을 곱하여 산출한 납부 예상 관세액을 공제한 금액을 과세가격으로 신고할 수 있을 것입니다. 끝.

사치품의 기준가격 적용과 개별소비세 계산

제품명	CIF 가격 (FOB+운임+보험료)	수량(Q'ty)	HS Code / 관세율	과세환율	수입 요건
뱀 가죽으로 만든 것	USD150,000	50 EA	4202.21-1010, 8%(기본세율)	₩1,050	有
* 내국세	부가세 10%, 개별소비세 20%, 교육세 30% [기준가격] 200만 원/개				

↓

과세가격	USD150,000 x ₩1,050 = ₩157,500,000
관세	₩157,500,000(과세가격) x 8%(관세율) = ₩12,600,000
개별소비세	[{₩157,500,000(과세가격) + ₩12,600,000(관세)} − {₩100,000,000(기준가격, 50EA x ₩2,000,000)} x 20%(개소세율) = ₩14,020,000
교육세	{₩14,020,000(개별소비세) x 30%(교육세율)} = ₩4,206,000
부가세	[{₩157,500,000(과세가격) + ₩12,600,000(관세)} + {₩14,020,000(개소세) + ₩4,206,000(교육세)}] x 10%(부가가치세율) = ₩18,832,600
세액합계	{₩12,600,000(관세) + ₩14,020,000(개별소비세) + ₩4,206,000(교육세) + ₩18,832,600(부가세)} = ₩49,658,600

향수(방향용 화장품) 등 개별소비세 과세 대상 제외

「개별소비세법」부칙

제1조(시행일) 이 법은 2016년 1월 1일부터 시행한다.

제2조(녹용, 방향용 화장품 및 사진기와 그 관련 제품에 대한 개별소비세의 부과에 관한 경과조치) 이 법 시행 전에 제조장에서 반출되었거나 수입신고된 녹용 및 방향용 화장품 및 사진기와 그 관련 제품에 대해서는 제1조 제2항 제1호 나목 및 다목, 제1조 제2항 제2호 가목 3) 및 제18조 제1항 제12호의 개정 규정에도 불구하고 종전의 규정에 따른다.

주류(와인) 수입에 따른 세액

• 주류와 교육세 발생될 수 있으며, 위스키와 과실수에 대한 주세와 교육세는 각각 다름.
  (관세사 통해서 확인 필요)

제품명	FOB 가격	운임	보험료	HS Code / 관세율	과세환율	수입 요건
붉은 포도주	USD300.00	₩2,000	₩500	2204.29.1000 30%(기본세율)	₩1,000	有

↓

과세가격	($300.00 x ₩1,000) + ₩2,000 + ₩500 = ₩302,500
관세	₩302,500(과세가격) x 30%(관세율) = ₩90,750
주세	{ ₩302,500(과세가격) + ₩90,750(관세) } x 30%(주세율) = ₩117,980
교육세	₩117,980(주세) x 10%(교육세율) = ₩11,800
부가세	{₩302,500(과세가격) + ₩90,750(관세)} + {₩117,980(주세) + ₩11,800(교육세)} x 10%(부가가치세율) = ₩52,300
세액합계	₩90,750 + ₩117,980 + ₩11,800 + ₩52,300 = ₩272,830

1-5강
양수도 계약과 수입 대행 계약

양수도 계약 진행 절차

수출지(외국)	수입지(한국)

수출자(Shipper, C)

수입자(Consignee, B), 양도자

B의 국내 거래처(A), 양수자

a) B와 C는 Sales Contract 작성
b) 인보이스, 팩킹리스트, 운송서류 전달
　　(모든 서류 Shipper C, Consignee B)
c) 물품 보세구역/창고 반입(수입신고 전)
d) B와 A 양수도 계약서 작성[2]

e) B는 A에게 C로부터 받은 선적서류 그대로 전달
　　(C의 정보 및 인보이스 상의 단가 노출 피할 수 없음)
f) A가 세관에 수입신고 하여 '수입자'
　　(C로 결제한 대금과 세관 수입신고 금액 일치 시켜야
g) A는 해당 건에 대한 세액 납부함으로 '납세의무자'
h) A가 포워더에게 운송비 결제 후 D/O 받음

---

[2]　　양수도 계약서 작성의 시기는 물품이 수입지의 터미널(항구/공항)에 입항하기 전에도 가능할 것입니다.

양수도 계약에 대한 이해

■ 수입신고 물품의 HS Code 상 요건 존재하면?

　– 양수자가 수입신고 전에 요건 확인받아야.

■ 양수도 계약서 작성 시점은?

　– 물품이 국내 터미널에 입항하기 전 혹은 보세구역에 반입되기 전에도 작성 가능.

■ 양수도 계약은 어떤 경우 이루어지나?

　– 수입자(B사)가 국내 업체로 헐값에 판매할 이유가 있을 때 & 대표가 2개 회사 소유.

양수도 계약서

양도자		양수자	
상 호	: ㈜에듀트레이드허브	상 호	: ㈜미래산업
사업자번호	: 123-00-12312	사업자번호	: 123-22-35365
주 소	: 서울시 강남구 XX동 XXX	주 소	: 서울시 서초구 XX동 XXX
대 표 이 사	: 홍길동	대 표 이 사	: 김철수

세 부 내 역

B/L No.	품명	규격	수량	포장	중량
XXXJKFLD8978	Sausage Casing	65mm Clear	100,000m	100 CTNs	550kg
		85mm Yellow	50,000m	50 CTNs	300kg
		135mm Black	50,000m	50 CTNs	350kg

㈜에듀트레이드허브는 상기 B/L(선하증권)의 물품을
㈜미래산업 앞으로 양·수도합니다.

양도자	양수자
명판·직인	명판·직인

수입 대행 계약에 대한 이해 I

■ '수입자' B(대행업체), '납세의무자' A(대행 의뢰자)의 경우

수출지(외국)	수입지(한국)

수출자(Shipper, C)　　　수입자(Consignee, B), 대행자　　　납세의무자(A), 대행 의뢰자

b) B사가 외국 Seller(C)와 매매계약

a) A사 외국 Seller와 매매계약하여 직접 수입하고 싶으나 사정에 의해서 B에게 대행 의뢰할 수도
c) C가 발행하는 C/I의 Consignee는 B사
d) 수입신고필증의 '수입자'는 B사
e) 수입신고필증의 '납세의무자'는 A사

[사례] L/C 거래할 때는 은행에 담보 제공 능력과 기본적으로 신용도가 있어야 L/C 개설 신청 가능하다. 그러나 A사는 그러한 능력이 안 돼서 L/C 개설 신청 가능한 B사에 대행 요청 가능할 것이다.

수입 대행 계약에 대한 이해 II

■ '수입자' A, '납세의무자' A의 경우 – B는 대행 수수료 취할 수.

수출지(외국)	수입지(한국)

수출자(Shipper, C)　　　수입자(Consignee, B), 대행 의뢰자　　　대행자(A)

b) B사가 외국 Seller(C)와 매매계약

a) B사는 외국 Seller로부터 받은 선적서류를 A사에 전달하여 수입통관에 대한 절차 대행 의뢰
c) 수입신고필증의 '수입자' 및 '납세의무자' B사

[대행 의뢰할 때 주의점] 대행자에게 대행 의뢰자가 외국 업체와의 선적서류 등의 자료를 전달함으로써 정보가 유출된다는 점

1-6강
명백히 반복 사용 가능한 포장 용기 면세

포장 용기에 대한 면세 I

■ 포장 용기가 명백히 반복적으로 사용될 수 있고, 또 어느 정도 가격이 있는 용기라고 가정.
예를 들면, 생맥주 통(ex. 케그), 가스 용기 등은 반복 사용 가능하며, 수출자가 내용물을 수입자에게 보내고, 그 용기는 다시 회수하는 경우[3].

■ 한국 업체가 수입자인 경우

• 인보이스에 내용물(유상)과 포장 용기(무상) 분리하여 작성 요청.
(만약 포장 용기의 가격이 상당하고, 내용물과 함께 수입되어 국내 소비자에게 판매된다면?)

• 포장 용기에 대해서 재수출 조건으로 수입신고 진행.
(무담보, 재수출 이행 기한 이내에 수출신고해야.)

• 운임은 과세물품(Draft Beer)에만 계산되도록 수입신고 진행.

No.	Item	Quantity	Value/USD	Remarks
1	Draft Beer	–	–	
2	Keg	–	–	F.O.C.
	Total Amount		–	

---

3   관련 규정. 「관세법 시행 규칙」 제50조(재수출면세대상 물품 및 가산세징수대상 물품)

포장 용기에 대한 면세 Ⅱ

■ 한국 업체가 수출자인 경우

- 인보이스 작성할 때 내용물(유상)과 포장 용기(무상) 분리하여 작성해야 할 것.
- 수출신고 할 때, 포장 용기에 대해서는 재입 조건으로 신고 진행.
- 수출신고 수리일로부터 2년 이내에 원상태로 재수입되면 세액 면세.

[참고]　반복적으로 사용되는 팔레트

　　　　팔레트는 일반적으로 수출자가 수출물품의 단가에 Packing Fee 명목으로 포함.
　　　　(거래 물품 단가에 팔레트 비용 포함) 결국 수입할 때 과세대상에 팔레트 비용도 포함되어 과세. 그러나 팔레트를 수출자가 반복 사용하는 경우도 있다(예, Steel Pallet).
이때 수출자는 물품 단가에 팔레트 비용을 포함하지 않고 C/I에 팔레트를 기재하고 단가는 무상. 수입신고할 때 재수출 조건으로 신고함에 있어 세관이 반복적으로 사용될 수 있는 용기로 판단해준다면 담보 제공하지 않고, 즉 무담보 조건으로 수입할 수 있을 것. 단, 재수출이행기한 이내로 수출신고해야.

국내 제조사가 수출자에게 FOB Busan Port로 견적

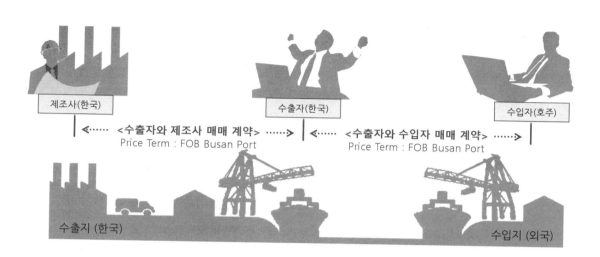

▲ 국내 제조사가 국내 수출자에게 FOB Busan Port로 견적하였다면, 한국 포워더는 제조사의 공장/창고에서 항구까지의 내륙운송비와 항구에서 On Board 전까지의 부대비용을 제조사에 청구해야 할 것이다. 그러나 실무에서 포워더는 내륙운송비만 제조사에 청구하고 부두에서 발생하는 부대비용은 수출자에게 청구하는 경우도 있으니 참고할 것.

수출신고필증 신고 중량과 보세창고 실측 차이

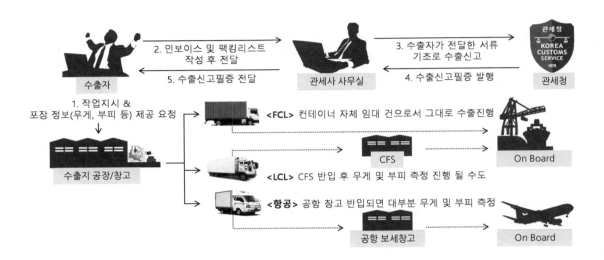

- OCEAN 수출(LCL) : 수출신고필증 중량과 적하목록 제출 중량은 100% 일치해야 선적 처리.
- AIR 수출 : 오차범위 인정. (100kg 미만 : +− 50%, 100kg 이상 : +− 30%, 30kg 이하 : 오차범위 구분 없음)
  → 해상 LCL 건은 오차범위 존재하면 정정해야 미선적 처리 안 됨.
  → Air 건은 오차범위 내에서의 차이라면 무조건 정정하지 않아도 선적 처리.

완제품과 반제품, 원재료와 부재료

■ 완제품과 반제품의 차이

  – 반제품은 쉽게 말해서, 그 제품 자체로 기능을 하지 못하는 제품으로서, Blank 상태의 제품이라 할 수 있다. 물론, 그 반제품 상태로 어느 정도의 기능은 할 수 있겠지만, 완제품이라고는 할 수 없는 제품이다. 좀 더 쉽게 설명하자면 불완전 완제품이라 해도 될 것이다.

■ 원재료와 부재료의 차이

  – 원재료는 생산품의 주요한 재료를 원재료, 부수적인 재료를 부재료로 할 수도 있다.
    예를 들어, 옷이라는 생산품에서 원단은 원재료이고, 단추는 부재료가 될 수도 있다.
  – 혹은 생산품에서 보이는 것과 보이지 않는 것으로 구분하기도 한다.
    즉, 물리적으로 결합한 것을 원재료로 보고, 화학적으로 결합한 것을 부자재로 보는 경우도 있다.

제 2 강
무역 운송 용어와 실무 사례

Detention Charge 발생과 COC 사용

CPT Chicago CY * C-Terms는 지정장소에서 발생하는 비용 포함하지 않음.

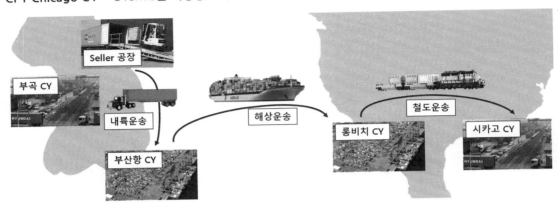

▲ 미국 수출 건은 선사에서 해상 운임에 '부산항 – 롱비치 항'에서 미국 내륙 CY(ICD)까지 포함 하기도.

▲ 공 컨테이너의 반납지가 시카고 CY로 지정되면 Detention Free Time 이내에 반납 가능할 것. 시카고 CY에서 반출된 공 컨테이너 반납지가 롱비치 CY로 지정되면 Detention Charge 상당히 발생할 것.

▲ CIP Chicago CY 역시 가능하나, 지정장소로서 수입지 항구/공항이 가능한 CFR 및 CIF는 사용 불가.

CPT Bishkek CY

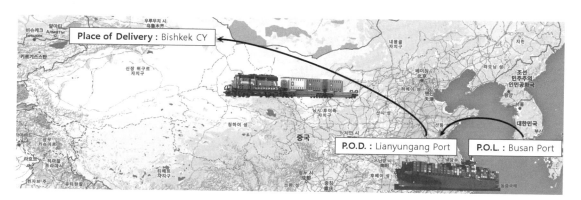

▲ 선사는 중앙아시아 내륙 서비스하지 않음. 따라서 연운항(Lianyungang Port) CY를 공 컨테이너 반납지로 설정. COC(Carrier's Own Container) 사용하면 Detention Charge 상당히 발생하기에 SOC(Shipper's Own Container)를 보유한 중앙아시아 서비스하는 포워더를 통하여 FCL 화물 운송 진행해야 할 것.

▲ 중앙아시아 서비스하지 않기에 선사 B/L(Master)에는 Place of Delivery로서 Bishkek가 기재되지 않고 포워더 B/L(House)에 Place of Delivery에 Bishkek CY 기재될 것.

Storage 및 Demurrage Free Time의 활용 Ⅰ

■ 수입지에서 L/G 발급받을 수 있는 L/C 혹은 추심(D/P, D/A) 결제 조건에서 수입지 항구 CY
에 FCL 화물 반입되었음에도, 은행으로 L/G 신청하여 조속히 반출하지 않는 이유는 바로
FCL 건은 Storage 및 Demurrage Charge에 대한 Free Time 존재하기 때문이다.

CY에 컨테이너 반입 But 은행에 B/L 미도착

↓

L/G 발행 요청(수입자가 은행으로)	→	발행된 L/G로 D/O 요청(수입자가 포워더에게)

↓

D/O 발행 후 컨테이너 반출 (수입신고필증 발행되어야)

Storage 및 Demurrage Free Time의 활용 II

■ 수입지에서 환율 변동이 심할 때, 입항한 주(Week)보다 그다음 주(Next Week) 수입신고 할 때의 과세환율이 낮아질 수 있다. 수입자는 이러한 환율 동향을 판단하여 입항한 주가 아닌 그다음 주에 수입신고 할 수 있고, 수입신고 당시에 과세환율이 낮아지면 과세가격이 상당했을 때 세액을 조금이라도 낮출 수 있다. 모두 Storage 및 Demurrage에 대한 Free Time이 존재하기 때문이다.

> 수입 관세 계산하는 기초로서 '과세가격' 계산할 때
> C/I 금액을 KRW으로 변경해야 하는데, 이때 '과세환율' 적용

컨테이너 운송에서 Bobtail 의미

■ (Bobtail[1]) 수출지에서 수출자는 공 컨테이너를 Door Order 하여 자신의 Door(공장/창고)에 일정 기간 보관하면서 생산된 물품을 순차적으로 적재하는 경우도 있다. 본 경우, 공 컨테이너를 수출자 Door까지 운송한 기사님은 차량의 헤드 부분과 컨테이너가 상차되어 있는 샤시(Chassis) 부분을 분리하여 샤시와 공 컨테이너만 수출자의 Door에 남겨두고 헤드 부분을 운전하여 Door에서 빠져나간다. 이후 수출 물품이 적입된 컨테이너의 CY 반입이 늦어지면 Detention Charge가 발생할 수도 있다.

[참고] FCL 건에서 실화주의 컨테이너 작업이 컨테이너 차량 기사님이 대기하는 3~4시간 이내에 완료되지 못하는 상황에서 Bobail이 일어날 수도 있다.

---

1   bob : 단발머리로 자르다, tail : 꼬리

Demurrage, Detention Charge I

항목 / Type			Free Time	Guided Tariff		
				Rate per day(KRW)		
				Over Day	20FT	40FT
IN/OUT	Demurrage	Dry	10	1~10	11,000	16,500
				11~20	22,000	33,000
				21~30	33,000	44,000
				31일 이후	44,000	55,000
		RF	3	1~	44,000	66,000
		OT&FR	3	1~	44,000	66,000
	Detention	Dry	6	1~10	8,500	13,000
				11~20	16,500	26,000
				21일 이후	22,000	33,000
		RF	3	1~	16,500	27,500
		OT&FR	3	1~	16,500	27,500

▲ Dry는 일반 컨테이너, RF는 냉동 컨테이너, OT는 Open Top, FR은 Flat Rack Container.
RT, OT, FR은 Free Time 및 요율에 있어 일반 컨테이너에 비해서 상당한 차이가 있음.

Demurrage, Detention Charge II

Combined 지역

기본적으로 Demurrage Charge와 Detention Charge는 다른 개념으로 각각 발생한다. 그래서 Free Time 역시 각각 제시된다.

그러나 특정 지역의 경우 'Combined 지역'이라 하여 Demurrage와 Detention을 통합하여 하나의 Free Time을 제시하는 경우가 있다. 예를 들어, 15일을 Free Time으로 주어졌다면 CY 반입 시점부터 CY 반출 시점까지(Demurrage), 그리고 CY에서 반출된 컨테이너로부터 물품을 적출하여 공 컨테이너를 지정된 반납지로 반납하는 시점(Detention)까지 합하여 Free Time 15일이 제시되고, 그 이전에 공 컨테이너 반납하면 특별한 비용 발생하지 않고, 이후 반납되면 하루 단위로 Detention Charge가 청구되는 개념이라 할 수 있다.

해상 건 Weight Cargo와 Volume Cargo - LCL

| Volume Cargo(부피 짐) | Measurement : 7 CBM, Weight : 1,000kg |

[부피가 차지하는 공간]

20FT DV

R.ton

[무게가 차지하는 공간]

20FT DV

운송비 계산할 때 미반영

| Weight Cargo(중량물) | Measurement : 3 CBM, Weight : 6,000 kg |

[부피가 차지하는 공간]

20FT DV

운송비 계산할 때 미반영

[무게가 차지하는 공간]

20FT DV

R.ton

Volume Cargo(부피 짐)	Measurement : 15 CBM, Weight : 7,000 kg

[부피가 차지하는 공간]

20FT DV

R.ton

[무게가 차지하는 공간]

20FT DV

운송비 계산할 때 미반영

Weight Cargo(중량물)	Measurement : 7 CBM, Weight : 18,000 kg

[부피가 차지하는 공간]

20FT DV

운송비 계산할 때 미반영

[무게가 차지하는 공간]

20FT DV

R.ton

항공 화물의 운임 계산 기준

■ 포워더를 통한 항공 운송 건

실화주가 포워더에게 항공 건으로 운송 요청하면 실제의 무게(Weight, 중량)와 부피를 중량으로 환산한 값(용적 무게) 중에 더 큰 값을 기준으로 항공 운임(Air Freight)을 계산하게 된다.

> 발송물의 부피를 중량으로 환산하는 방법 :
> 가로(cm) X 세로(cm) X 높이(cm) ÷ 6,000 = 용적무게(kg)

	1 CTN 기준	사이즈 : 가로 50cm, 세로 50cm, 높이 60cm 실제 중량 : 30kg	CBM : 0.5m X 0.5m X 0.6m = 0.15 CBM 용적 무게 : (50cm X 50cm X 60cm) ÷ 6,000 = 25kg
	8 CTNs 총 수량	CBM = 0.15CBM X 8CTNs = 1.2 CBM 실제 중량 : 30kg X 8 CTNs = 240kg 용적 무게 : 25kg x 8 CTNs = 200kg	→ 항공운임은 240kg을 기준으로 계산된다. 만약 용적 무게가 실제 중량보다 크면 용적 무게로 항공 운임은 계산 된다.

특송 화물의 운임 계산 기준

■ 특송을 통한 운송 건

발송물의 부피를 중량으로 환산하는 방법 :
가로(cm) X 세로(cm) X 높이(cm) ÷ 5,000 = 용적무게(kg)

2-3강
인코텀스로 해결할 수 없는 실무 사례

DAP(CFR) Busan Port에서의 보세창고비 I

- DAP Busan Port는 Busan Port에서 발생하는 비용 역시 해당 가격에 포함. 따라서 Busan Port 보세구역에 반입된 물품의 통관 지연으로 인한 추가적인 보세창고비를 Seller 혹은 Buyer가 부담할지의 문제 발생. 반면, CFR Busan Port는 비용분기점이 Busan Port에 배가 입항하는 순간까지이기 때문에 이러한 분쟁 없을 것.

Price Term : CFR Busan Port

Price Term : DAP 내륙지점

DAP(CFR) Busan Port에서의 보세창고비 II

- '추가적인 보세창고비'가 수입자의 늦은 수입신고로 인한 혹은 수입지 세관으로 인한 비용이라면 인코텀스 비용분기점으로 Seller의 부담인지, 혹은 Buyer의 부담인지 결론 내리기는 힘들 것. 따라서 매매계약서에 해결책 명시하는 것이 적절.

Price Term : CFR Busan Port

Price Term : DAP 내륙지점

수입지에서 통관 지연에 따른 추가 비용은 수출자와 수입자 중 누가 부담하는가?

→ 추가 발생되는 비용으로서 FCL 건은 Storage, Demurrage, LCL 및 항공 건은 보세창고료 등.
→ 매매계약서 작성할 때, 계약서에 명시하는 것이 적절.
  예) 가격조건이 비록 'DAP 내륙지점'이나 통관 지연에 따른 비용은 수입자가 부담한다.

EXW Warehouse 조건에서 수출자의 상차 의무

■ 인코텀스 2010에서의 EXW 설명

EXW 조건에서 수출자는 수출물품을 운송수단에 상차할 의무가 없다.

■ 수출자가 Door에 도착한 차량(운송수단)에 수출물품 상차해야.

  – 수출자가 차량에 수출물품을 상차하지 않으면 누구도 할 사람이 없다.
  – 차량 기사님은 차량 운전하는 사람으로서 상차 의무가 없다.
  – 수입자가 수출자의 Door까지 직접 와서 상차 할 수 없다.
  – 결국, 수출자가 위험을 부담하고 차에 짐을 실어야 하며, 그에 따른 비용은 EXW 가격에 포함해야 함.

■ 운송서류(B/L, 화물운송장)에도 표기되는 부지약관(Unknown Clause)

　- Shipper's Load, Count and Seal.　　　- Said to Contain

Pre-carriage by	Place of Receipt	Party to contact for cargo release		
		XXX Ultimo Road Sydney NSW 2000, Australia **TEL : 00-0000-0000　FAX : 00-0000-0000** **ATTN : GERRIT DEKKER**		
Vessel　　　Voy. No. **ISLET ACE　　832W**	Port of Loading **BUSAN, KOREA**			
Por of Discharge **SYDNEY, AUSTRALIA**	Place of Delivery	Final Destination (Merchant's reference only)		
Container No. Seal No. Marks and Numbers ABCU3030123 P411999 SYDNEY AUSTRALIA MADE IN KOREA C/NO. 1-35　PO#9332	No. of Containers or Pkgs **17 PLTS**	Kind of Packages ; Description of Goods **SHIPPER'S LOAD, COUNT & SEAL 1 X 40' CONTAINER S.T. BABY CARRIER COUNTRY OF ORIGIN : KOREA PRICE TERM : FOB BUSAN PORT "FREIGHT COLLECT"**	Gross Weight **820.00 KGS**	Measurement **28.5 CBM**

Container Portable Dock, 도킹 작업 Ⅰ

- Dock은 사전적인 의미로서 부두라는 뜻도 있지만, 화물 적재 플랫폼이라는 의미도 있다. 공장/창고는 화물을 Loading 혹은 Unloading 할 수 있는 장소가 있는데, 이곳을 Dock이라 한다. 특히, 보세창고는 이와 같은 Dock이 있으며, 이곳에서 도킹 작업이 이루어진다.

Container Portable Dock, 도킹 작업 II

▶ 좌측과 같이 컨테이너 차량과 지게차만 있는 경우, 지게차가 컨테이너 내부와 외부를 이동하면서 물품 적입/적출 작업을 할 수 없다.

리치 스태커(Reach Stacker)

Free Cargo와 Nomi Cargo의 의미 I

■ 의미 : 실화주에게 지정된 포워더 입장(Korean Forwarder)에서 해당 건의 화물은 Free Cargo이며, 해당 포워더는 상대국 파트너 포워더를 자유롭게 지정하는데, 이때 지정(Nomi)된 상대국 파트너 포워더(James Logistics) 입장에서 해당 건의 화물은 Nomi Cargo가 된다.

```
┌──────────────┐    c) 수입지 포워더가 수출지 포워더 지정(Nomi)    ┌──────────────┐
│   James      │- - - - - - - - - - - - - - - - - - - - - - - - -│   Korean     │
│   Logistics  │                                                  │   Forwarder  │
└──────────────┘                                                  └──────────────┘
       |                                                                  |
 e) 지정된 포워더 통해서 Shipment 진행                                 b) 수입자가
       |                                                            포워더 지정(Nomi)
       |                                                                  |
┌──────────────┐         a) 매매계약 체결                          ┌──────────────┐
│  Harry Int'l │- - - - - - - - - - - - - - - - - - - - - - - - -│  Edutradehub │
│   (수출자)    │     Price Term : FOB Sydney Port                 │   (수입자)    │
└──────────────┘                                                  └──────────────┘
       |                                                                  |
       |- - - - - - - - - - - - - - - - - - - - - - - - - - - - - - - - - |
            d) 수입자가 수출자에게 수출지의 지정된 포워더 통지
                     (Nominated Forwarder)
```

Free Cargo와 Nomi Cargo의 의미 II

- 실화주 간의 가격조건과 Free-Nomi Cargo

  EXW, F–Terms: Korean Forwader에게 Free Cargo

  C–Terms, D–Terms: James Logistics에게 Free Cargo

- Korean Forwarder 입장에서의 Free-Nomi Cargo 의미

  Free Cargo: Korean Forwader가 국내에서 영업하여 물량 확보.

  Nomi Cargo: Korean Forwader의 해외 파트너가 영업하여 물량 확보.

- CFR 조건으로 수입하는 수입자가 Korean Forwarder에게 운송 관련 업무 문의한다면?

  통상 CFR에서는 수출자가 수출지 포워더에게 Freight 견적 받으니 Korean Forwader 입장에서는 반갑지 않음.

2-5강
적하보험(Cargo Insurance)

적하보험료 산출 기준과 보험증권 발행 기준

■ 보험료(Premium) 산출 방법

  – 적하보험 계산 공식에 의해서 최종 계산된 적하보험료를 Premium이라 한다.
  – 수입 및 수출 보험료 산출 방법 동일 & 전 세계적으로 보험료 산출 방법 동일
  – Rate는 품목(HS Code[2])의 사고 통계를 기초로 결정

$$\text{적하보험료 = 인보이스 금액 x 희망이익 110\% x 구간요율 x 당일 최초공시환율}$$

■ 적하보험증권 발행 기준과 가입 시점

  – 발행 기준 : 하나의 운송서류(B/L, 화물운송장)당 하나의 적하보험증권 발행이 원칙
  – 가입 시점 : On Board 이전에 적하보험 가입이 원칙, 증권의 발행일 On Board 이전.

---

2   적하보험 가입할 때 실화주가 보험회사로 전달하는 HS Code는 참고사항. HS Code보다는 어떠한 품목인지 정
     확하게 알려주는 것이 중요.

화물의 특성에 의한 위험은 커버하지 않는 적하보험

■ 적하보험에서는 가입 화물(Cargo)의 특성에 따른 파손(Damage) 등은 커버하지 않음:

예를 들어, 유리는 그 특성이 깨질 위험이 있기에 적하보험 상품 중에 ICC(A), 즉 All Risk로 가입했더라도 유리가 파손되면 보험금 받을 수 없다. 그래서 만들어진 것이 특약.

■ Shortage는 부족손에 대한 담보:

고체화공품을 포장 상태로 운송할 때 화학작용으로 부풀어 올라서 터질 수 있다. 그러면 그에 따른 부족손(Shortage)이 발생할 수 있으며, 이러한 위험을 대비하여 특약으로서 Shortage를 추가할 수 있겠다.

■ Breakage는 깨질 위험이 있는 화물 담보:

도기 혹은 유리 등의 제품은 깨지기 쉬운 물품이다. no excess 또는 excess of 1%, 3%, 5% 적용. no excess는 전체 담보, 1%는 1%를 제외한 나머지 담보(1%를 자기 부담으로 보면 된다).

신용장에서 적하보험 증권 요구 문장 이해

■ L/C 46A Documents Required 조항

보기 1)

+ INSURANCE POLICY/CERTIFICATE MADE OUT TO THE ORDER OF 개설은행, FOR FULL CIF INVOICE VALUE PLUS 10 PCT COVERING INSTITUTE CARGO CLAUSES (A) WITH CLAIMS PAYABLE IN SOUTH KOREA IN THE CURRENCY OF THE DRAFT.

보기 2)

+ FULL SET OF INSURANCE POLICY OR CERTIFICATE, ENDORSED IN BLANK 110 PCT OF INVOICE VALUE STIPULATING CLAIMS TO BE PAYABLE IN KOREA IN THE CURRENCY OF THE DRAFT COVERING INSTITUTE CARGO CLAUSES; ALL RISK.

Marine Cargo Insurance Policy

Hangle Insurance

Policy No. HAG1122312   **Assured(s), etc** To The Order of 개설은행

Claim, if any, payable at HANGLE KOREAN INSURANCE CO. KOREA 22TH FLOOR, SAMWHA B/D, 2 GANGNAM-KU, SEOUL, KOREA TEL : +82 2222 1111, FAX : +82 2222 3333	Ref. No. INV. NO. L/C No.
Claims are payable in KRW	Amount insured hereunder
Survey should approved by HANGLE KOREAN INSURANCE CO. KOREA 22TH FLOOR, SAMWHA B/D, 2 GANGNAM-KU, SEOUL, KOREA TEL : +82 2222 1111, FAX : +82 2222 3333	EXCH @ 1795.2600 EUR 721.58 (WON 1,295,424) EUR 655.98 X 110%

Local Vessel or Conveyance	From	Conditions and Warranties
Ship or Vessel called the T.B.D.	Sailing on or about Sep. 22, 2009	INSTITUTE CARGO CLAUSE (ALL RISKS) EXCLUDING THE RISK OF SHORTAGE DUE TO BREAKAGE OF BOTTLE
at and from AMS, NETHERLAND	transhipped at	

Subject-matter Insured
85ML TRIGGER 20 BOXES TOTAL 26 BOXES
Marks and Numbers as per Invoice No. specified above.

Place and Date Signed in	No. of Policies Issued
SOUTH KOREA / Sep. 19, 2009	DUPLICATE

환적(T/S) 의미와 해상(항공) 운송 스케줄 이해

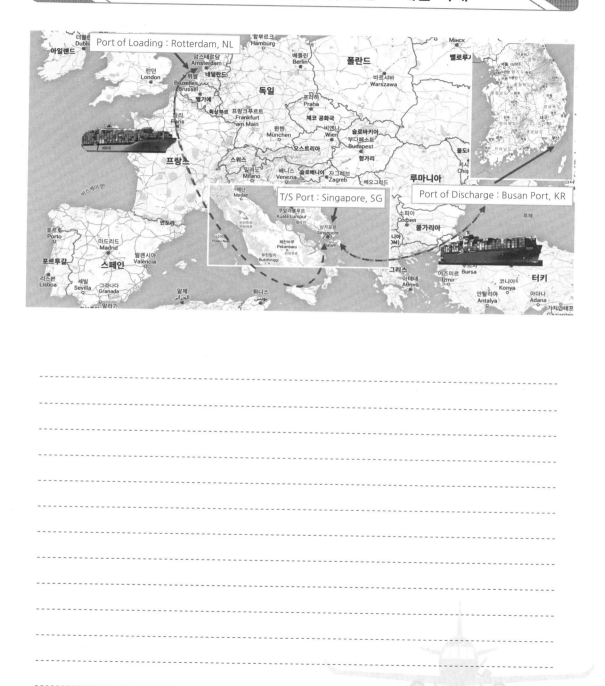

신용장(L/C)에서 환적(T/S) 금지 의미

44T Transhipment:	Allowed
44E Port of Loading:	Longbeach Port, CA
44F Port of Discharge:	Busan Port, KR

- L/C 44T 환적 조항에 Allowed 혹은 Prohibited 중에 하나가 기재되어도 전혀 문제 되지 않는다.
- 하나의 운송서류(B/L, 화물운송장)가 44E와 44F 조항에 기재된 구간을 커버하면, 실제로 환적이 운송 과정 중에 이루어졌다 하더라도 환적으로 보지 않는다.
- Shipment Booking 할 때부터 Long beach Port에서 Busan Port까지 운송 요청하면 환적 및 경유 되는 것 상관없이 하나의 운송서류로 해당 구간을 커버하게 된다.
- 수입자가 받은 운송서류의 Port of Loading이 신용장 44E 조항에서 요구되는 지점이 기재되지 않고 A Port가 기재되면, A Port가 위치한 국가에서 물품이 Shipment Booking 되어 On Board 되었다는 뜻으로서, 신용장이라는 계약서의 내용을 위반한 것이다.
- 실무자는 L/C에서 T/S 상관없이 44E와 44F 조항에서 요구되는 전 구간을 하나의 운송서류로 커버될 수 있도록 업무 진행해야 한다. 즉, 44E, 44F 구간에 대해서 직접운송 되어야 한다.

[결론] 미국에 위치한 물품을 Shipment Booking 해서 Busan Port로 가지고 와라.

컨테이너 운송과 운송서류 발행 Ⅰ - 내륙국가

a) B/L 발행장소 : FTA 수출체약국(B/L 우측 하단에 'Place and Date of Issue'에서 확인 가능)
b) Place of Receipt : 공란이 아닌 FTA 수출체약국의 특정 지점이 기재돼야.
c) Port of Loading : 인접국가의 Port 기재.
d) Port of Discharge : FTA 수입체약국의 Port 기재.

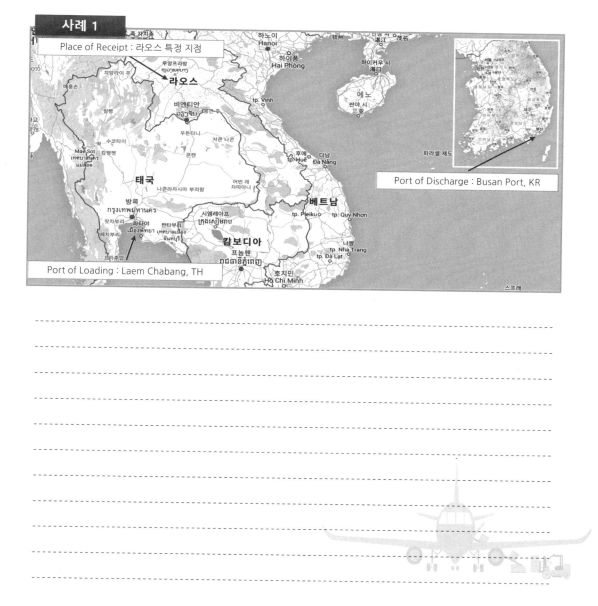

사례 1

Place of Receipt : 라오스 특정 지점

Port of Discharge : Busan Port, KR

Port of Loading : Laem Chabang, TH

■ '사례 2'에서 발행된 운송서류의 Place of Receipt에 공란 처리되었다면?

: 물품을 슬로베니아(SL)에서 생산 or 보관하고 있다가 슬로베니아에서 Shipment Booking 한 것으로 인식될 가능성 농후하다. FTA C/O에 원산지가 '스위스'라도 FTA 협정세율 적용 불가.

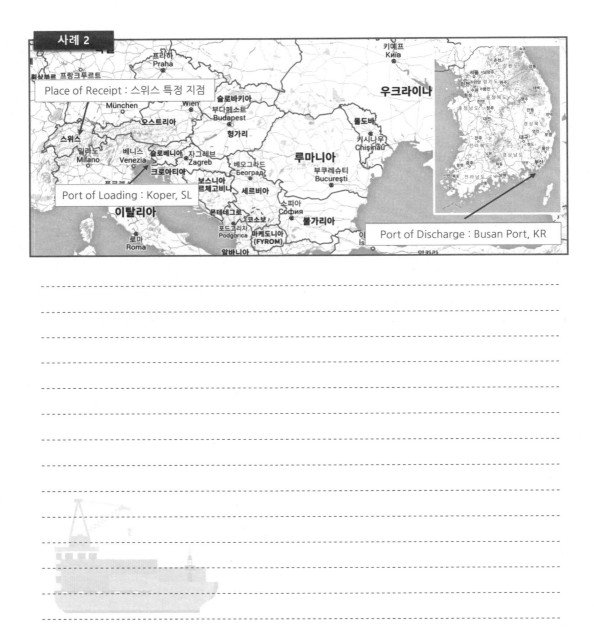

컨테이너 운송과 운송서류 발행 II - 중국&홍콩

- 중국과 홍콩은 다른 국가. 운송서류 P.O.L.에 홍콩 항 기재되면 Direct 운송 인정받지 못할 수도.
- 관례적으로 홍콩 인접 중국 지역에서 생산된 물품은 내륙운송 후 홍콩 항에서 On Board.
- 중국생산 물품이 홍콩 항에서 On Board 되더라도 Direct 운송 인정받기 위한 조건.
  a) 운송서류 발행장소 : 중국, b) Place of Receipt : 중국, c) P.O.L. : 홍콩, d) P.O.D. : 한국

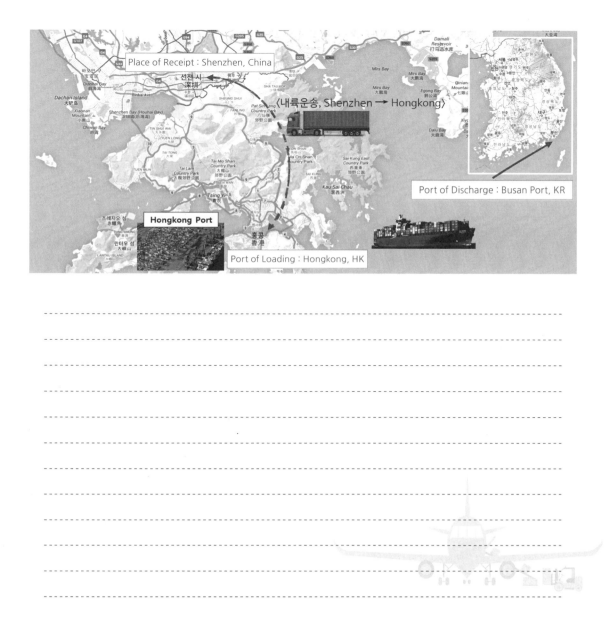

Shipper		B/L No. XXXJKFLD8978
KASTON		
Yousong Road Bao'an, Shenzhen, Guangdong, China		**Multimodal Transport Bill of Lading**
Consignee		
EDUTRADHUBE		Received by the Carrier from the shipper in apparent good order and condition unless otherwise indicated herein, the Goods, or the container(s) or package(s) said to contain the cargo herein mentioned, to be carried subject to all the terms and conditions appearing on the face and back of this Bill of Lading by the vessel named herein or any substitue at the Carrier's option and/or other means of transport, from the place of receipt or the port of loading to the port of discahrge or the place of delivery shown herein and there to be delivered unto order or assigns. This Bill of Lading duly endorsed must be surrendered in exchange for the Goods or delivery order. In accepting this Bill of Lading, the Merchant agrees to be bound by all the stipulations, exceptions, terms and conditions on the face and back hereof, whether written, typed, stamped or printed, as fully as if signed by the Merchant, any local custom or privilege to the contrary notwithstanding, and agrees that all agreements or freight engagements for and in connection with the carriage of the Goods are superseded by this Bill of Lading
xxx, Nonhyundong, Kangnamgu, Seoul, Korea		
Notify Party		
Same As Above		

Pre-carriage by	Place of Receipt	Party to contact for cargo release
	Shenzhen, China	ABB GLOBAL FORWARDING (KR) LTD
Vessel Voy. No.	Port of Loading	5F, NONHYEON B/D 123 5-KA KANGMAN 123-100 KOREA
HANJIN A 034E	Hong Kong, Hong Kong	TEL. : FAX :
Port of Discharge	Place of Delivery	Final Destination (Merchant's reference only)
Busan, Korea		

Exchange Rate	Prepaid at	Payable at	Place and Date of Issue
		Shenzhen, China	Shenzhen, China JUN. 22, 2014
	Total Prepaid in Local Currency	No. of Original B/L	In witness whereof, the undersigned has signed the number of Bill(s) of Lading stated herein. all of this tenor and date. one of which being accomplished, the others to stand void
		THREE / 3	
	Laden on Board the Vessel		
Vessel HANJIN A 034E		DATE JUN. 22, 2014	As Carrier ABC MARITIME CO., LTD.
Port of Loading Hong Kong, HK		BY	

제 3 강
운송서류의 이해와
D/O 받기까지의 과정

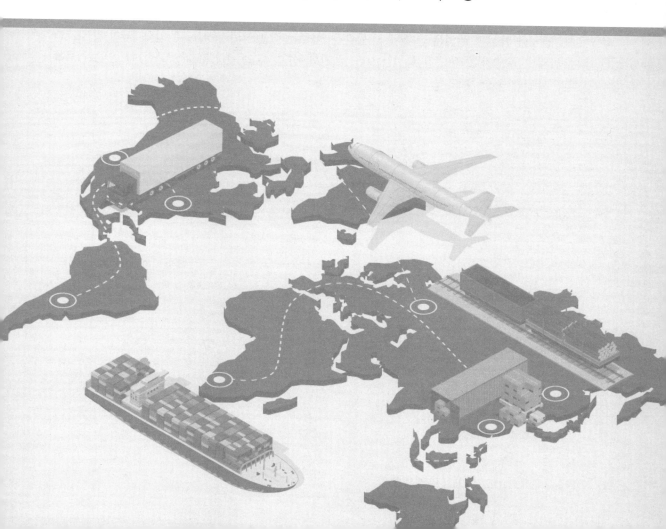

3-1강
C/I 및 운송서류 Shipper, Consignee 이해

| Seller
(외국환 청구자)
(결제받는 자) | → Commercial Invoice(C/I) →
Issued By Seller | Buyer
(외국환 결제자)
(결제하는 자) |

■ L/C 조건에서의 C/I 발행

Shipper	– Edutradehub
Consignee	– 운송서류(B/L, 화물운송장)의 Consignee와 일치 (예, To the order of 개설은행 등)
Notify Party	– Kaston(외국환 결제라로 인식함)

• L/C 건에서 화물의 주인은 은행이나, 세관은 '화주'를 C/I 상의 Notify로 인식. 따라서 Noitfy 에 기재된 '수입자'는 은행의 확인 없이도 세관에 신고 후 보세창고(CFS 포함)에 반입된 보세 화물 확인 가능할 수도.

Seller (외국환 청구자) (결제받는 자)	→ Commercial Invoice(C/I) → Issued By Seller	Buyer (외국환 결제자) (결제하는 자)

■ L/C 이외(T/T 등) 조건에서의 C/I 발행

Shipper	− Edutradehub	**Consignee**	− Kaston(외국환 결제자)

- C/I Consignee가 실화주라도 운송서류의 Consignee는 수입지 은행(추심결제) 혹은 제3의 화주(중개무역)가 될 수도.
- C/I의 Consignee(결제자) = Bill to 혹은 For Account & Risk of Messrs

Commerical Invoice - Shipper & Consignee Ⅱ

수출지 세관		수입지 세관

↑
수출신고
(수출대행자/화주)
↑

[세관에 수출/수입신고할 때]
Shipper : Edutradehub & Consignee : Kaston

↑
수입신고
(구매자)
↑

Shipper Edutradebhub		Consignee Kaston

↑
결제받음
(Beneficiary)
↑

[은행에 결제 사유 입증 할 때]
Shipper : Edutradehub & Consignee : Kaston

↓
결제 요청
(Applicant)
↓

거래은행	← ← ←	거래은행

수 입 신 고 필 증

（ 갑 지 ）

※ 처리기간 : 3일

(1)신고번호 12312-14-123123U	(2)신고일 2014/10/15	(3)세관.과 000-00	(6)입항일 2014/09/29	(7)전자인보이스 제출번호	
(4)B/L(AWB)번호 KKK20012312	(5)화물관리번호 14KK0000000-0000-000		(8)반입일 2014/09/29	(9)징수형태 11	
(10)신 고 인 ABC관세사사무실 홍길동		(15)통관계획 D 보세구역장치후	(19)원산지증명서 유무 N	(21)총중량 5,995KG	
(11)수 입 자 에듀트레이드허브 (에듀트레이드-0-00-0-00-0		(16)신고구분 A 일반 P/L 신고	(20)가격신고서 유무 Y	(22)총포장갯수 600GT	
(12)납세의무자 (에듀트레이드-0-00-0-00-0 / 211-87-00000)		(17)거래구분 11 일반형태수입	(23)국내도착항 KRPUS 부산항	(24)운송형태 10-FC	
(주소) 서울 강남 논현 000-0 XX B/D #000					
(상호) 에듀트레이드허브		(18)종류 K 일반수입(내수용)	(25)적출기 U.S.		
(전화번호)			(26)선기명 ABC LINE		
(이메일주소)					
(성명) 최규삼					
(13)운송주선인 ㈜ABC 포워딩		(27)MASTER B/L 번호 12300000000		(28)운수기관부호	
(14)해외거래처 AAA TRADING COMPANY					
(29)검사(반입)장소 00000000-XXXES (XX보세창고)					

- C/I의 Shipper는 '(14)해외거래처'이며, Consignee는 '(11)수입자'이다. 이들이 상호 매매계약을 체결하여 외국환 은행 통해서 외국환 결제를 한다. '(12)납세의무자'는 세액을 납부한 자이다.
- 외국환 결제 이루어지는 유상 신고 건이면, '(54) 결제금액' 부분에 TT, LU, LS 등으로 신고. 무상이면 GN.

수출신고필증(수출이행)

※ 처리기간 : 즉시

제출번호 12312-11-123123U	(5)신고번호 000-00-00-00000000	(6)신고일자 2011-06-30	(7)신고구분 일반P/L신고	(8)C/S구분
(1) 신 고 자 ABC관세사사무실 홍길동				
(2)수 출 대 행 자 에듀트레이드허브 (통관고유번호) 에듀트레이드허브-0-00-0-00 수출자구분 C	(9)거래구분 11 일반형태	(10)종류 A 일반수출	(11)결제방법 TT 단순송금방식	
수 출 화 주 에듀트레이드허브 (통관고유번호) 에듀트레이드허브-0-00-0-00-0	(12)목적국 CN PR. CHINA	(13)적재항 KRINC 인천항	(14)선박회사 (항공사)	
(주소) 서울 강남 논현 000-0 XX B/D #000	(15)선박명(항공편명)	(16)출항예정일자	(17)적재예정보세구역	
(대표자) 홍길동 (소재지) 111				
(사업자등록번호) 211-87-00000	(18)운송형태 10 ETC	(19)검사희망일 i		
(3)제 조 자 카스톤 (통관고유번호) 카스톤-0-00-0-00-0	(20)물품소재지 123 인천중구XX동 000			
제조장소 111 산업단지부호 111	(21)L/C번호	(22)물품상태 N		
(3)구 매 자 ABC COMPANY	(23)사전임시개청통보여부 A	(24)반송 사유		
(구매자부호) ABC00000	(25)환급신청인 2 (1 : 수출대행자/수출화주, 2 : 제조자) 간이환급 NO			

- C/I의 Shipper는 '(2)수출대행자, 수출화주'이며, Consignee는 '(3)구매자'이다. 이들 간에 외국환 결제가 이루어진다.
- 외국환 결제 이루어지는 유상 신고 건이면, '(11) 결제금액' 부분에 TT, LU, LS 등으로 신고. 무상이면 GN.
- 국내 제조 물품 수출의 경우, '(3)제조사'에 국내 제조사가 기재되어 있어야 해당 제조사가 관세 환급 신청 가능.

운송서류(B/L, 화물운송장) - Shipper & Consignee Ⅰ

Shipper (송화인)	→ 결제조건에 따라서 운송서류 전달 →	Consignee (화물인수자)

		B/L No. 000000000
Shipper EDUTRADEHUB		
Consignee Kaston		**Multimodal Transport**
Notify Party Same As Above		**Bill of Lading**
Pre-carriage by	**Place of Receipt**	
Vessel Voy. No. Hanjin 034E	**Port of Loading** Qingdao, China	Party to contact for cargo release
Port of Discharge Busan, Korea	**Place of Delivery**	Final Destination(Merchant's reference only)

운송서류(B/L, 화물운송장) - Shipper & Consignee II

■ L/C 이외(T/T 등) 조건에서의 운송서류(B/L, 화물운송장) 발행

Shipper	– Edutradehub
Consignee	– Kaston

Notify Party	– Same As Consignee

: L/C 조건을 제외한 대부분의 결제조건에서는 운송서류
　Consignee 기명식

■ L/C 조건에서의 AWB 발행

Shipper	– Edutradehub
Consignee (기명식)	– Consigned to 개설은행

Notify Party	– Kaston

: Consignee로서 권리는 개설은행에.
　수입자가 AWB 소지하더라도 개설은행의 배서
　받아야 D/O 요청 가능

- L/C 조건에서의 B/L 발행

Shipper	– Edutradehub
Consignee (기명식)	– (경우 1) To the order of 개설은행
	– (경우 2) 'To order of Shipper'
Notify Party	– Kaston

: C/I의 Shipper는 L/C '59 Beneficiary' 조항과 일치[1]

: 개설은행의 지시(배서)에 의해서 Consignee 지정

: Shipper의 지시(배서)에 의해서 Consignee 지정

: Arrival Notice(A/N, 도착통지) 받는 자

---

1 운송서류(B/L, 화물운송장)의 Shipper는 L/C의 Beneficiary 통상 일치하나, 중개무역에서는 불일치할 수도. Third Party B/L.

Notify Party는 A/N 받는 자, 도착보고와의 차이점?

Notify Party 의미	수입지(P.O.D., Airport of Destination)에 화물 도착 사실을 수입지 포워더에게 통지받는 자 일반적으로 Same As Consignee 즉, 수입지에서 화물 찾을 수 있는 권리가 있는 자(수화인)

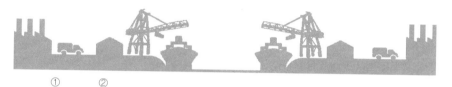

수입지 포워더　→ 도착 통지 →　　운송서류
　　　　　　　(A/N, Arrival Notice)　　Notify

↑
❶ 화물 도착

①　　②

도착보고 의미	수출지 내륙운송 기사님이 수출화물을 반입지(항공 건– 공항창고, LCL 건– CFS)에 도착시킨 후 해당 반입지 담당자에게 Packing List 전달하면서 수출화물이 정상적으로 도착했음을 보고/확인받는 것. 도착 보고 하지 않으면 미아 화물 될 수도(화인 없는 경우 가능성 증가). ① : 수출자는 Packing List 내륙운송 기사님께 전달, ② : 내륙운송 후 반입지에서 도착 보고 완료.

운송서류(B/L, 화물운송장)에 대한 이해 I

화주(수출자)	→ 1. 물품 전달 →	수출지 포워더	→ 2. 물품 전달 →	
	← 4. House B/L ←		← 3. Master B/L ←	

Line B/L

해상(By Vessel)

- 화주의 요청이 없으면 포워더는 On Board 화물의 소유권을 B/L 소지인이 주장할 수 있는 B/L Full Set(3부, 전통) 발행(Original B/L, OB/L, 유가증권).

- 때에 따라서 처음부터 유가증권 개념 없는 즉, On Board 화물의 소유권 주장할 수 없는/ 포기(Surrender)한 SWB(Seaway Bill, Express Bill) 발행되기도.

- OB/L로 발행하여 On Board 된 화물 소유권 주장하다가 상황에 따라 On Board 된 화물의 소유권 포기하기도(Surrendered, Telex Released).

운송서류(B/L, 화물운송장)에 대한 이해 II

화주(수출자)	→ 1. 물품 전달 → ← 4. House AWB ←	수출지 포워더	→ 2. 물품 전달 → ← 3. Master AWB ←	

Master Single

항공(By Air)

- AWB(Airway Bill, 항공화물운송장) 발행됨.
- 항공 건은 유가증권 개념 없음.
- On Board 된 화물의 소유권 주장할 수 없음.
- 화주의 요구와 무관하게 Surrender 되어 발행.
- 원본은 존재(For Carrier, For Shipper, For Consignee), 그러나 대부분 사본으로 발행.
- 원본과 유가증권 개념은 달리 봐야.

유가증권의 의미

유가증권이란...

유가증권은 금전적 가치가 있는 증서입니다. 본 증서는 비록 종이로 되어 있으나, 그 종이상의 금액에 대한 청구권 혹은 그 종이 상의 물품에 대한 소유권을 주장할 수 있는 증서가 됩니다.

예를 들어, 어음 혹은 수표는 화폐증권으로서 유가증권이며, 선하증권(B/L)은 상품증권으로서 역시 유가증권이 됩니다.

B/L(선하증권)

B/L 소지인은 B/L 상의 On Board 된 화물이 어디에 있던 소유권 주장할 수 있다. B/L은 유가증권으로서 원본으로 발행되면 Original B/L 혹은 OB/L이라 한다.

On Board 화물의 소유권과 Consignee 개념

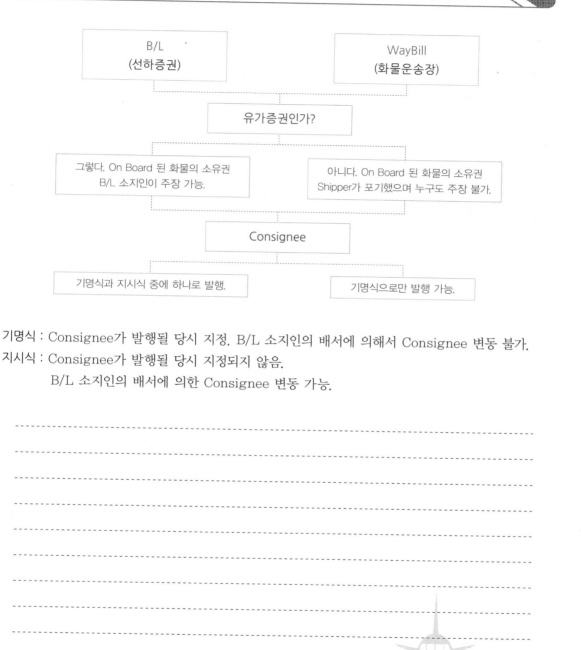

B/L (선하증권)	WayBill (화물운송장)

유가증권인가?

그렇다. On Board 된 화물의 소유권 B/L 소지인이 주장 가능.	아니다. On Board 된 화물의 소유권 Shipper가 포기했으며 누구도 주장 불가.

Consignee

기명식과 지시식 중에 하나로 발행.	기명식으로만 발행 가능.

기명식 : Consignee가 발행될 당시 지정. B/L 소지인의 배서에 의해서 Consignee 변동 불가.
지시식 : Consignee가 발행될 당시 지정되지 않음.
　　　　B/L 소지인의 배서에 의한 Consignee 변동 가능.

지시식 B/L - 유가증권 (Negotiable[2])

Shipper	EDUTRADEHUB
Consignee	To Order of Shipper
Notify Party	Kaston
Pre-carriage by	Place of Receipt

B/L No. 000000000

Multimodal Transport

Bill of Lading

Vessel Voy. No. Hanjin 034E	Port of Loading Qingdao, China	Party to contact for cargo release
Port of Discharge Busan, Korea	Place of Delivery	Final Destination(Merchant's reference only)

① 수출자(Shipper)가 배서 후 OB/L 전달. On Board 된 화물 소유권 이전
② B/L 전달받은 자(A사)가 소유권 확보 + 수입지에서 화물 찾을 수 있는 권리 확보
  (A사가 Consignee)
③ A사가 타사에 소유권 이전 위해서 A사 배서 후 OB/L B사에 전달 가능(A사가 Consignee)
④ 수입지 포워더는 D/O 발행할 때 OB/L 확보와 그 OB/L에 배서 여부 확인해야.

---

2   배서에 의한 유통 가능

기명식 B/L - 유가증권 (Non-Negotiable[3])

Shipper	EDUTRADEHUB	
Consignee	Kaston	**B/L No. 000000000**
Notify Party	Same As Consignee	
Pre-carriage by	Place of Receipt	**Multimodal Transport**
		Bill of Lading

Vessel Voy. No.	Port of Loading	Party to contact for cargo release
Hanjin 034E	Qingdao, China	
Port of Discharge	Place of Delivery	Final Destination(Merchant's reference only)
Busan, Korea		

① 수출자(Shipper)가 배서 없이 OB/L 전달. On Board 된 화물 소유권 Consignee에게 이전.

② B/L 전달받은 자(A사)가 소유권 확보 + 수입지에서 화물 찾을 수 있는 권리 확보.

　(A사가 Consignee)

③ Consignee로 기명된 자(A사) 이외의 자가 D/O 받기 위해서는 A사와의 양수도 계약서 필요.

④ 수입지 포워더는 D/O 발행할 때 OB/L 확보와 B/L 상의 Consignee가 누구인지 확인해야.

3　배서에 의한 유통 불가

기명식 화물운송장(Non-Negotiable) - 유가증권 아님

① 수출자(Shipper)가 Consignee에게 운송서류 전달(이메일 or 팩스).

② 이때 On Board 된 화물 소유권 이전 개념 아님. 소유권은 포기된 상태.

③ 운송서류 전달받은 Consignee(A사)가 화물 찾을 수 있으나, 타사가 A사와 양수도 계약 가능.

④ 수입지 포워더는 D/O 발행할 때 Consignee 확인해야.

　(B/L 존재하지 않기 때문에 회수 불가)

Q&A를 통한 운송서류 이해

[질문] B/L만 소지하고 있으면 수입지에서 화물 찾을 수 있나?

아니다. B/L 소지하고 있어도 Consignee가 아니면 D/O 요청 불가하다. 즉, B/L을 소지하고 있는 것은 On Board 된 화물의 소유권을 가지고 있다는 것이고, 수입지에서 화물을 찾을 권리가 있는 자로서 Consignee는 별도의 의미로 봐야 한다.

[질문] 기명식 B/L 발행 건에서 Consignee만 확인되면 B/L Copy로도 화물 찾을 수 있나?

아니다. B/L 발행 건은 Consignee로서 A사가 B/L 없이는 화물 못 찾는다(기 발행된 B/L 이 Surrender 처리되면 B/L 자체가 존재하지 않음). 이유는 비록 Consignee가 A사이나, On Board 된 화물의 소유권이 포기된 상황이 아니기 때문에 그 소유권을 전달 받아야 Consignee 는 화물을 찾을 수 있다. 따라서 Consignee로서 A사는 B/L 역시 확보해야 수입지 포워더에게 D/O 발행 요청할 수 있다.

[질문] 화물운송장 건에서 Consignee만 확인되면 화물운송장 Copy로도 화물 찾을 수 있나?

가능하다. 유가증권이 아닌 화물운송장은 Shipper뿐만 아니라 누구도 On Board 된 화물의 소유권 주장할 수 없다. 결국, 수입지 포워더는 수입지에서 화물을 찾는 자로서 Consignee만 확인되고, 해당 Consignee가 운송비 결제하면 D/O 발행한다.

[질문] B/L 건에서 수입지에 도착한 화물을 수출자는 컨트롤 할 수 있는가?

기명식이든, 지시식이든 상관 없이 B/L을 수출자가 소지하고 있으면, 그 화물이 어디에 있든 상관 없이 B/L 소지인으로서 수출자가 소유권 주장할 수 있다. 화물의 소유권이 B/L 소지인으로서 수출자에게 있는 이상 Consignee는 수입지 포워더에게 D/O 발행 요청할 수 없다.

[질문] 기명식과 지시식은 무엇을 의미하나?

기명식은 발행될 당시부터 Consignee가 지정된 운송서류이며, 지시식은 a) On Board 된 화물의 소유권을 주장할 수 있는 B/L, b) 그 소지인의 배서에 의해서 Consignee가 변경될 수 있는 운송서류이다. 그러한 의미에서 기명식은 배서를 통하여 On Board 된 화물의 소유권과 Consignee로서의 권리가 소지인에서 타사로 넘어갈 수 없는(Non-Negotiable) 반면, 지시식은 On Board 된 화물의 소유권 및 Consignee로서 권리가 모두 소지인의 배서에 의해서 타사로 넘어갈 수 있다(Negotiable).

결국, On Board 된 화물의 소유권이 포기된 화물운송장은 지시식과는 거리가 멀며, On Board 된 화물의 소유권을 주장할 수는 있으나, 애초에 기명식으로 발행되는 기명식 B/L은 소지인이 B/L을 타사에 전달하면 On Board 된 화물의 소유권은 넘어가나, 배서를 한다 해도 Consignee는 변동될 수 없다.

[질문] 화물운송장은 왜 기명식으로만 발행되는가?

화물운송장은 On Board 된 화물의 소유권을 소지인 및 그 외 누구도 주장할 수 없다(Surrendered). On Board 된 화물의 소유권이 포기된 것이니 배서를 통하여 소유권이 넘어갈 수 없고, Consignee로서 권리도 넘어갈 수 없을 것이다. 결국, 화물운송장 소지인이 배서하여 Consignee를 지정할 수 있는 지시식으로 애초에 발행될 수 없다.

[질문] 기명식 B/L 발행 건에서 Consignee가 D/O 요청할 때 B/L 필요한가?

기명식 B/L이 지시식 B/L과 다른 점은 B/L 소지인의 배서에 의해서 수입지에서 화물 찾을 수 있는 권리가 타사에 양도 가능한가이다. 기명식 B/L이 비록 B/L 소지인의 배서에 의해서 Consignee가 변동될 수 없으나, 지정된 Consignee가 수입지에서 화물을 찾기 위해서는 B/L을 수입지 포워더에게 전달해야 한다. 수입지 포워더는 On Board 된 화물의 소유권이 포기되었는지 혹은 살아 있는지 확인 후, 살아 있다면 화물의 주인(B/L 발행 건은 B/L을 소지한 자)으로부터 B/L을 회수해야 하고, 해당 B/L의 Consignee를 확인 후 D/O 발행해야 하겠다.

[질문] 지시식 B/L이 발행된 경우, D/O 발행할 때 수입지 포워더의 확인 사항은?

On Board 된 화물의 소유권이 살아 있으니 수입지 포워더는 해당 B/L을 회수해야 하며(Full Set 중에 1부 회수하여 D/O 발행하면 나머지 2부 무효처리), Consignee가 지시식이기 때문에 배서되어 있는지 확인 후 최종 Consignee에게 운송비 결제받고 D/O 발행해야 할 것이다. 이때 B/L Consignee 부분에서 누구의 지시에 의해 Consignee가 지정되는지 확인해야 한다. 예를 들어, 'To Order' 혹은 'To Order of Shipper'라면 최초 배서인은 수출자가 되며, 'To the Order of 개설은행'이면 최초 배서인은 개설은행이 된다. 다시 말해서, 그들의 배서/지시에 의해 Consigee가 결정되는 것이며, 그 Consignee가 다시 배서한 B/L을 타사에 전달하면 Consignee는 다시 변경된다.

[질문] 기명식 운송서류(B/L, 화물운송장)는 Consignee가 절대 변경될 수 없는가?

기명식 운송서류는 애초 발행될 때부터 Consignee가 지정되며, 해당 운송서류 소지인의 배서를 통하여 Consignee가 변경될 수 없다. 그러나 Consignee로 지정된 자가 자신의 국내 거래처와 양수도 계약서를 작성한다면 수입지에서 양도자(Consignee의 국내 거래처)가 수입지 포워더에게 D/O 발행 요청 가능하다. 이때 기명식 B/L 발행 건이면 양도자는 양수자로부터 인수한 B/L을 수입지 포워더에게 전달해야 한다.

[질문] AWB도 원본이 존재한다. AWB라도 원본이면 유가증권이 아닌가?

AWB는 기본적으로 사본으로 발행되나 Shipper의 요청이 있으면 포워더는 AWB 원본 발행하기도 한다(AWB 원본은 For Carrier, For Shipper, For Consignee 3부 발행). 그러나 원본이 유가증권을 뜻하지는 않는다. AWB는 화물운송장으로서 On Board 된 화물의 소유권을 AWB 소지인이 주장할 수 없기에 유가증권이 아니다. 그러나 유가증권으로서 B/L은 원본 발행된다. 그래서 Original B/L(OB/L)이라 한다.

운송서류 관련 정리

■ 운송서류 소지인이 On Board 된 물품의 소유권 주장

구분	가능(유가증권 O, Surrender 처리 X)	불가능(유가증권 X, Surrender 처리 O)
해 상	– B/L(기명식, 지시식 모두 해당)	– Express Bill, SWB(해상화물운송장) – Surrendered, Telex Released
항 공	–	– AWB(항공화물운송장)

■ 물품의 소유권 포기(Surrender) 시점

구분	On Board 이전	On Board 이후
해 상	– SWB, Express Bill ▶ B/L 발행 없이 권리 포기 　(On Board 이전에 수출자가 결제받음, T/T)	– Surrendered, Telex Released ▶ B/L 발행 후 권리 포기 　(On Board 이후 수출자가 결제받음, T/T)
항 공	– AWB(항공화물운송장) ▶ 수출자가 권리 포기 여부 결정 못함	–

■ 지시식과 기명식에 대한 이해 운송서류 관련 정리

구 분	지시식(Negotiable, 유통 가능)	기명식(Non-Negotiable, 비유통 가능)
해 상	– B/L	– B/L – SWB, Express Bill – Surrendered, Telex Released
항 공	–	– AWB(항공화물운송장)
D/O 발행 조건	– 배서 + B/L 회수 + 운송비 결제	– 물품 인수자와 운송서류 Consignee 상호 일치 – B/L은 회수, 화물운송장은 Consignee 확인 – 운송비 결제
기타	–	– 양수도 계약 진행 가능

[참고] 수출자는 수입자와의 결제조건에 따라 B/L 3부(전통, Full Set)를 모두 수입자에게 전달하며, 수
입자는 수입지에서 3부 중 1부를 수입지 포워더에게 제출하고 운송비 결제하면 D/O 발행된다(물론
Consignee 확인되어야). 이후 3부 중 나머지 2부는 무효 처리된다.

3-3강
운송구조 이해- 실화주, 포워더, 선사/항공사

운송 구조 (기본)- 통상의 경우(Master 근거로 House 발행) Ⅰ

수출지 상황

선사/항공사 (A)		포워더 (B)		실화주 (C)
	A와 B의 운송 계약		B와 C의 운송 계약	

a) 운송서류(Master) 발행
(Shipper 수출지 포워더, Consignee 수입지 포워더)

b) Master를 근거로 House 발행
(Shipper 수출자, Consignee 수입자)

▲ 선사/항공사가 포워더에게 Master 발행하고 포워더가 실화주에게 House 발행.

▲ 선사/항공사는 포워더와 계약(Master)하는 것이고 포워더는 다시 실화주와 계약(House)하는 관계.

▲ 실화주 입장에서 House는 거래 포워더가 발행한 운송서류이며, 포워더 입장에서 House는 자신이 발행한 운송서류.

▲ 포워더 입장에서 Master는 자신의 윗대에서 발행한 운송서류.

▲ Master와 House를 구분하는 경우는 통상 House가 발행된 경우라 할 수 있음.

FCL 건
수출자 공장/창고

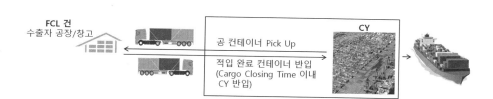

공 컨테이너 Pick Up

적입 완료 컨테이너 반입
(Cargo Closing Time 이내
CY 반입)

CY

벌크 Vessel		컨테이너 Vessel
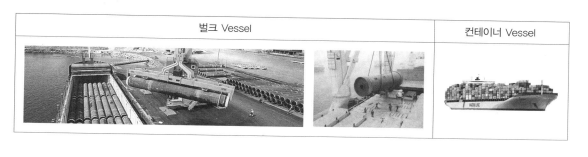		

수출지 상황

```
콘솔사, 혼재업자 (A)  ────────────  포워더 (B)  ────────────  실화주 (C)
                    Shipment Booking        소량화물 Shipment Booking

        a) 운송서류(Master) 발행              b) Master를 근거로 House 발행
```

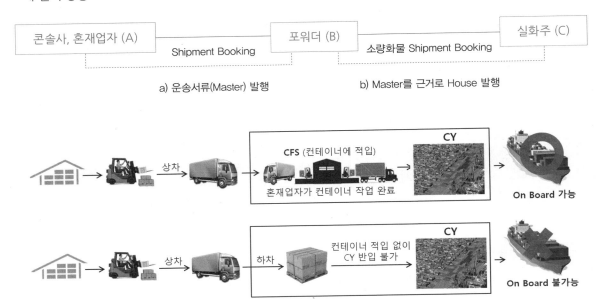

[참고] 규격화된 컨테이너에 적입할 수 없을 정도의 큰 사이즈의 화물을 벌크라 할 수 있으며, 이러한 화물은 컨테이너 Vessel이 아닌 벌크 Vessel을 통하여 운송될 것이다[4]. 벌크의 또 다른 의미로서 컨테이너에 적입 가능한 사이즈의 화물이나 포장을 하지 않은 상태로 컨테이너에 적입되는 화물 역시 벌크라고 말하고 있다.

---

4 Flack Rack Container에 적입되는 화물 역시 벌크라 할 수 있다. 다시 말하면 Flat Rack Container는 벌크 화물을 운송할 때 사용되는 컨테이너라고도 할 수 있겠다.

FCL 건과 LCL 건 Shipment Booking

■ Door Order 하지 않는 FCL 건

– 실화주 요청에 의해서 or 상황에 의해서 CFS로 화물 반입하여 컨테이너 작업할 수도.

– 내륙운송은 탑차(컨테이너 박스에 차량에 탑재된 차) 혹은 카고차(화물차) 활용하여 진행.

• 수출자는 포워더에게 Shipment Booking 후 Container Booking No. 받으면, 내륙운송 기사님께 Container Booking No.와 Container 픽업지(Pick up 장소) CY 정보 전달.

• CFS에 수출 물품 반입하여 CFS에서 적입 작업하니 기사님께 CFS 주소 역시 전달.

• 지정된 CFS로 공 컨테이너 반입되면 적입(Stuffing, Vanning), Shoring 및 Sealing(혼재업자가 대행하며 CFS Charge라는 명목으로 비용 청구할 수도) 후 반입지로 지정된 CY로 Shuttle 운송 진행.

CFS를 활용하는 FCL 건의 Term에 대한 이해

포워더는 수출자에게 FCL 건 Shipment Booking 받으면 선사로 Shipment Booking 한다. 이때 수출자가 공 컨테이너 Door Order 하지 않고 탑차 혹은 카고 차량으로 CFS로 반입 후 컨테이너 작업을 원할 때가 있다. 이러한 상황에서 선사는 자신과 제휴된 CFS로 수출 화물 반입하여 컨테이너 작업 후 CY로 이동하는 것이 가능하다고 하는 경우(A)도 있고, 별도의 CFS 섭외를 제안하여 활용할 것을 요구하는 경우(B)도 있다.

• **CFS/CFS Term** [경우 A]	– 선사가 자신과 제휴한 CFS로 화물 반입하여 작업 후 CY 반입 가능하다 한 경우. – 선사가 CFS 비용, 셔틀비용(CFS에서 CY까지 운송비) 및 O/F 일괄적으로 포워더에게 청구. – 선사의 책임 구간은 수출지 CFS에서 수입지 CFS까지.
• **CY/CY Term** [경우 B]	– 선사가 별도의 CFS를 활용하여 작업 후 CY 반입 요구한 경우. – 선사는 O/F 청구하고, CFS 관련 비용은 CFS에서 별도로 포워더에게 청구. – 선사의 책임 구간은 수출지 CY에서 수입지 CY까지.

FCL 건과 LCL 건 D/O 발행 과정

| 콘솔사, 혼재업자 (A) | 포워더 (B) | 실화주 (C) |

a) 운송비 결제 후 Master D/O   b) 운송비 결제 후 House D/O

FCL 건
수입자 공장/창고

수입신고 수리 및 D/O 발행 후
컨테이너 반출

CY

적출 완료 공 컨테이너 반납
(Detention Free Time 이내)

CFS (컨테이너에서 적출)

LCL 건
수입자 공장/창고

수입신고 수리 및 D/O 발행 후 반출

Line B/L 발행

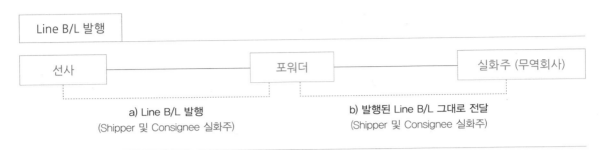

| 선사 | 포워더 | 실화주 (무역회사) |

a) Line B/L 발행
(Shipper 및 Consignee 실화주)

b) 발행된 Line B/L 그대로 전달
(Shipper 및 Consignee 실화주)

▲ 선사와 실화주 간의 운송 계약.

▲ 포워더는 중간에서 단순히 운송 서비스 대행하는 역할.

▲ 수출자와 수입자 사이의 결제조건이 L/C일 때, L/C 46A 조항에서 Line B/L을 요구하는 경우가 있음.

■ 해상 건, 지시식 B/L 요구

46A Documents Required :

+ FULL SET OF CLEAN ON BOARD OCEAN B/L ISSUED AND SIGNED BY THE MASTER AND/OR CARRIER OR HIS AGENT SHOWING FREIGHT COLLECT MADE OUT TO THE ORDER OF 개설은행 NOTIFY APPLICANT BEARING OUR CREDIT NUMBER.

운송 구조(예외) - Line B/L, Master Single Ⅱ

Master Single 발행

| 항공사 | ──────── | 포워더 | ──────── | 실화주 (무역회사) |

a) Master Single 발행
(Shipper 및 Consignee 실화주)

b) 발행된 Master Single 그대로 전달
(Shipper 및 Consignee 실화주)

▲ 항공사와 실화주 간의 운송 계약.

▲ 포워더는 중간에서 단순히 운송 서비스 대행하는 역할.

3-4강
결제조건에 따른 운송서류 발행과 처리

결제조건에 따른 선적서류 처리 - 결제조건 이해

결제조건 : T/T

```
┌─────────────┐              ❶             ┌─────────────┐
│    수입자     │ ······················· │    수출자     │
│ (Applicant) │     결제조건: T/T         │(Beneficiary)│
└─────────────┘                          └─────────────┘
```

a) T/T in Advance
b) T/T 30% with Order, 70% Before Shipment
c) T/T 7 Days After B/L Date
d) T/T 45 Days After B/L Date

결제조건 : L/C

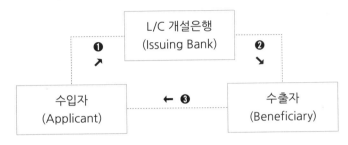

❶ 거래은행으로 담보 제공하고 L/C 개설 요청
❷ L/C 조건과 일치하게 수출하면 은행(Drawee)이 수출자에게 대금 결제하겠다의 의미로 L/C 전달
❸ 수익자는 은행 믿고 L/C 조건과 일치하게 수출 이행

결제조건 T/T, B/L(기명식) 발행과 처리

수출지

수입자

c) B/L 전달하지 않음
물품은 수입지로 향하고 있으나 물품의 소유권은 수출자에게 있음.
수출자는 On Board 된 물품의 소유권 포기(Surrender)하지 않음.

↑ b) B/L 인수 From 포워더
(발행된 상태 그대로)

a) On Board 완료

[수입지 터미널 도착 전]
물품 주인 수출자

[수입지 터미널 반입]
물품 주인 수출자

결제조건 T/T, 화물운송장(기명식) 발행과 처리

┌─────────┐   → c) Shipment Advice(선적통지) 하면서 운송서류 전달 →   ┌─────────┐
│ 수출지 │ .... │ 수입자 │
└─────────┘   (By Fax 혹은 E-mail)   └─────────┘
     │
     │   [On Board 된 물품 권리 포기하였음에도 운송서류 전달 이유?]
     ┊   a) 수출지에서 On Board 된 사실 수입자에게 입증
↑ 운송서류 인수 From 포워더   b) 수입지에서 물품 찾는 자로서 Consignee가 수입자라는 사실 확인
   (By Fax 혹은 E-mail)
     ┊
     ┊   : 수출자가 On Board 물품에 대한 권리 포기(Surrender)
   a) On Board 완료   – On Board 이후 Surrender: OB/L을 Surrender 처리
                            – On Board 이전 Surrender 처리: SWB, AWB

결제조건 L/C, 운송서류(B/L, 화물운송장) 발행과 처리

■ 해상 건, 지시식 B/L 요구

A. 은행 지시식(수출자 배서하지 않음)

46A Documents Required :

　+ Full Set of Clean On Board Ocean Bill of Lading made out to the order of 개설은행 marked freight prepaid notify applicant.

B. Shipper 지시식 (수출자 배서)

[경우 1] 백지 배서

46A Documents Required:

↓　　+ Full Set of Clean On Board Ocean Bill of Lading made out to order and endorsed in blank marked freight collect notify applicant.

B/L Consignee: To Order

↓

Shipper의 배서:

(Delivery) to ABC Company	→ 피배서인(Endorsee)
Harry Trading	→ 배서인(Endorser)
(Signature)	

* 상기 '배서인' 부분은 배서인으로서 Shipper의 명판/도장 날인.

* Endorsed in Blank로서 무기명배서(Blank Endorsement).

[경우 2] 기명식 배서

46A Documents Required:
↓ + Full Set of Clean On Board Ocean Bill of Lading made out to order and endorsed to ABC Company ~

B/L Consignee: To Order
↓

Shipper의 배서:

(Delivery) to ABC Company	→ 피배서인(Endorsee)
Harry Trading	→ 배서인(Endorser)
(Signature)	

[경우 3] 지시식 배서

46A Documents Required:
↓ + Full Set of Clean On Board Ocean Bill of Lading made out to order and endorsed to the order of 개설은행 ~

B/L Consignee: To Order
↓

Shipper의 배서:

To order of 개설은행
Harry Trading
(Signature)

■ 항공 건, AWB 요구(기명식)

46A Documents Required :

+ AIRWAY BILL CONSIGNED TO 개설은행 MARKED FREIGHT PREPAID NOTIFY APPLICANT.

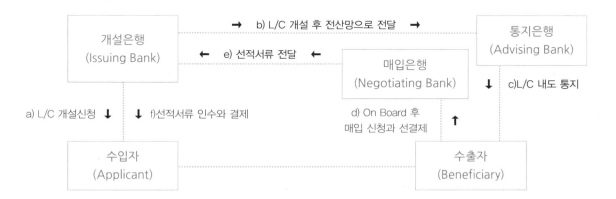

- L/C 개설 신청할 때: 개설은행은 수입자의 매출액, 신용도, 자금력 평가 후 L/C 개설 신청 받아줌.
- 매입 신청할 때: 매입은행은 L/C와 선적서류의 일치 여부, 수출자의 신용도, 개설은행의 신용도 평가 후 선결제(매입은행은 Drawee 아님)

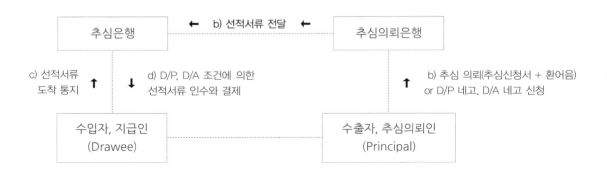

추심은행 ← b) 선적서류 전달 ← 추심의뢰은행

c) 선적서류 도착 통지 ↑ ↓ d) D/P, D/A 조건에 의한 선적서류 인수와 결제

b) 추심 의뢰(추심신청서 + 환어음) or D/P 네고, D/A 네고 신청 ↑

수입자, 지급인 (Drawee) ┄┄┄ 수출자, 추심의뢰인 (Principal)

- 추심과 네고(매입)의 차이점.
- 환가료의 개념(매입신용장 Usance 조건에서 발행되는 환어음 할인료와는 다른 개념).
- D/P 네고 & 수입자의 선적서류 인수 지연에 따른 수출자가 부담하는 환가료 추가 발생 가능성.

■ OB/L(기명식) 발행된 경우

유가증권으로서 Consignee가 수입자로 발행되더라도 위험하지 않음

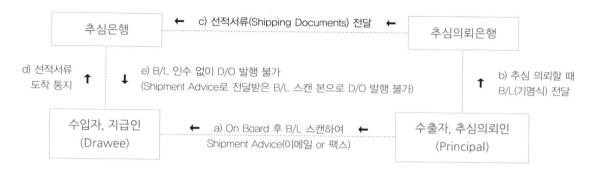

■ AWB 혹은 SWB 발행된 경우 :

Consignee 수입자로 발행되면 위험.

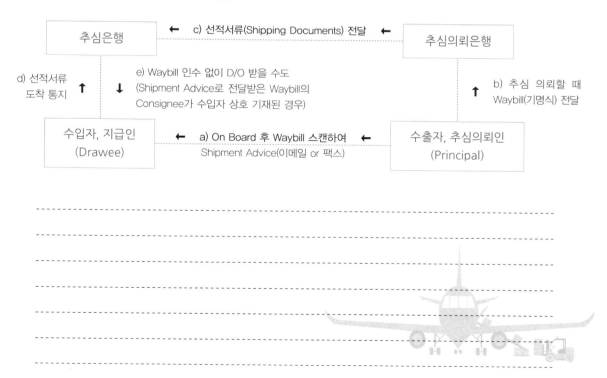

운송서류의 발행과 D/O 발행까지

```
┌─────────────┐        ┌─────────────┐   →  →  →         ┌─────────────┐
│   포워더    │        │   포워더    │                   │  보세구역   │
│  (수출지)   │        │  (수입지)   │  e) D/O 및 수입신고필증 전달[5]  └─────────────┘
└─────────────┘        └─────────────┘                          │
      ↓                    ↑    ↓                                │
a) 운송서류 발행/전달    d) 포워더: Notify에 A/N(도착통지) + 운송비 청구서 전달    f) 반출 가능
      ↓                    수입자: 운송서류 및 수입신고필증 전달 + 운송비 결제       │
┌─────────────┐             ↑    ↓                                │
│   Shipper   │  → → →  ┌─────────────┐                          │
└─────────────┘         │  Consignee  │──────────────────────────┘
      b) 결제조건에 따라    └─────────────┘
         서 운송서류 전달      ↑    ↓
                         c) 수입자: 관세사에게 수입신고 의뢰
                            관세사: 수입자에게 수입신고필증 전달
                              ↑    ↓
                         ┌─────────────┐
                         │   관세사    │
                         └─────────────┘
```

---

5   보세창고에 장치된 화물의 반출 경우라면 보세창고료 결제해야 보세창고는 화물을 반출해준다.

기명식 B/L 및 화물운송장의 소유권 이전과 D/O 발행

- Consignee 이외의 자에게 소유권 이전 불가(양·수도 계약 제외) -

- Non-Negotiable은 유통 불가로서 a) B/L의 Consignee가 기명식으로 발행된 경우, b) B/L이 아닌 Waybill(화물운송장)이 발행된 경우, 혹은 c) OB/L을 Surrender 처리한 경우, 모두 Shipper의 배서에 의한 On Board 된 물품의 소유권을 양도할 수 없는 양도 불가, 즉 Non-Negotiable.

지시식 B/L의 소유권 이전과 D/O 발행

- Shipper의 배서를 통한 소유권 이전 가능, Consignee가 지정되지 않음 -

A. 결제조건: L/C 이외

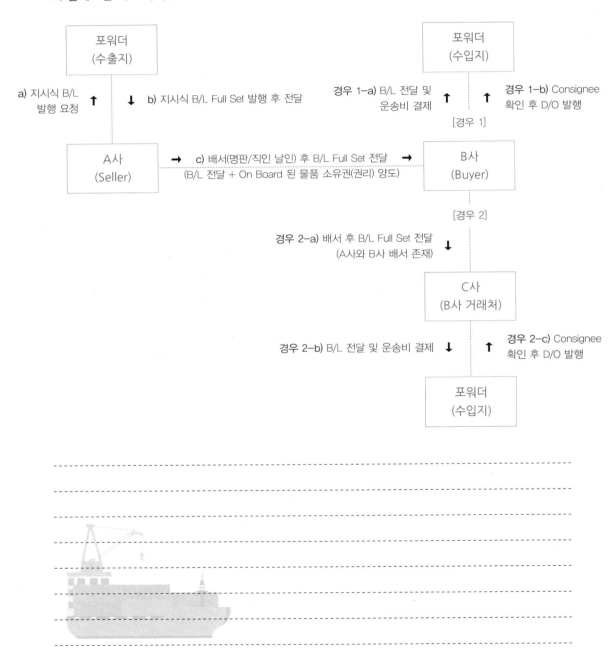

B. 결제조건: L/C

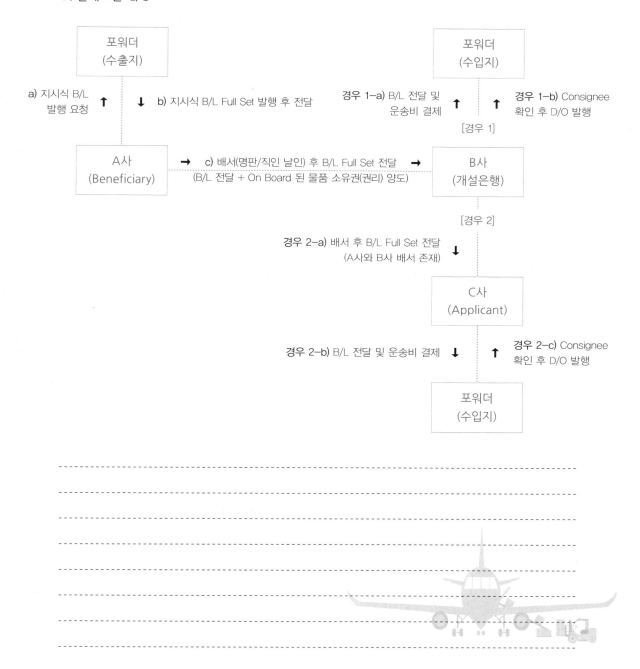

제 4 강

원산지증명서의 종류와
직접운송의 필요성

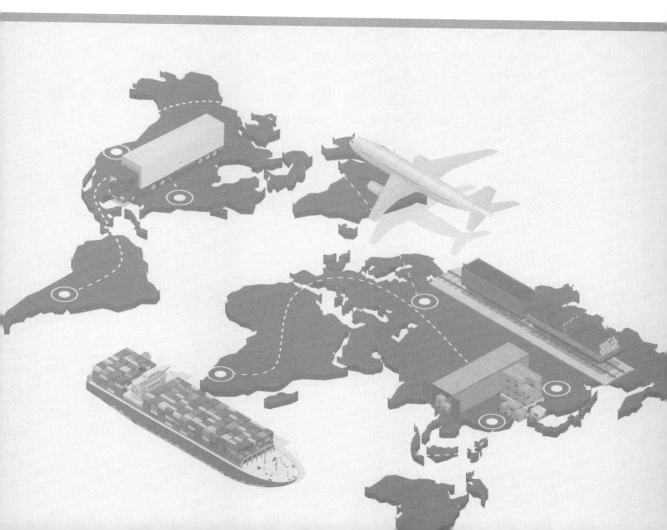

4-1강
원산지의 중요성과 원산지증명서(C/O) 이해

원산지증명서(C/O, Certificate of Origin) 기본 내용 I

- 의미: 현품의 원산지를 서류상으로 증명하는 서류. 발행된 C/O와 현품의 원산지 일치해야.
- Q&A:

[질문] 거래 건당 수출지에서 C/O를 발행하여 수입자에게 반드시 전달해야 하는가?

[답변] – '일반적'으로 선적서류(Shipping Documents)로서 C/I, P/L 및 운송서류가 하나의 Set로 발행되며, 이러한 선적서류를 기초로 수출지 및 수입지에서 통관 진행 가능.
　　　– '예외적'으로 수입지가 중동 국가이면, 일반(비특혜) C/O를 특별히 요구하기도. 이유는 중동 국가는 수입통관할 때 일반 C/O 필요.

[질문] C/O 발행은 어떤 기준으로 누가 발행하는가?

[답변] – C/O는 비특혜(일반)와 특혜로 구분. 특혜 C/O 중 대표적인 C/O는 FTA C/O.
　　　– 비특혜 C/O는 상공회의소 무역인증서비스센터에서만 발행되며, 특혜 C/O는 상공회의소와 세관에서 발행.
　　　– 비특혜 C/O 발행 기준은 수출신고필증이 발행되고 수출신고필증 '(46)원산지' 부분이 KR(대외무역법에 의한 원산지 결정)로 되어 있으면 가능.
　　　– FTA C/O 발행기준은 FTA 협정별·HS 6단위 별로 규정된 원산지 결정기준에 의해 원산지 물품이라는 사실을 신청자(수출자 or 제조사)가 원산지 입증서류로 입증하면 가능.

원산지증명서(C/O, Certificate of Origin) 기본 내용 II

[질문] 비특혜 C/O와 특혜 C/O의 공통점과 차이점은 무엇인가?

[답변] – (공통점) 비특혜 및 특혜 C/O 모두 현품의 원산지를 서류로서 증명.

  – (차이점) 비특혜 C/O로는 수입지에서 양허세율 적용받을 수 없으나, 특혜 C/O로서 FTA C/O로는 양허세율 적용받을 수.

[질문] 물품이 중국에서 On Board 되어 한국으로 수입되면 한-중 FTA C/O를 받아야 하나?

[답변] – FTA 수입체약국의 수입자는 거래 물품이 HS Code를 통해 한-중 FTA 양허품목인지 등을 확인 후 FTA 수출체약국의 수출자에게 한-중 FTA C/O 요구해야.

  – 중국에서 수입하는 품목이 한-중 FTA 양허대상 물품이나, 한-중 FTA C/O가 발행되지 않거나 or 발행된 FTA C/O가 협정에서 정하는 양식과 기재요령에 의해 발행되지 않으면 FTA 협정세율 적용받을 수 없다.

HS	340290-3000				
품명	조제 청정제				
수량단위	kg				
원산지표시	대상 [원산지제도운영에관한고시]				
적정표시방법	대상 [적정표시방법]				
관세				[관세율 적용순위]	
관세구분	관세율	단위당세액	기준가격	적용시작일	적용종료일
FEU1	1	0.0	0.0	2016.01.01	2016.06.30
FUS1	0	0.0	0.0	2016.01.01	2016.12.31
FCA1	0	0.0	0.0	2016.01.01	2016.12.31
A 기본세율	8	0.0	0.0	2016.01.01	2016.12.31
C WTO협정세율	6.5	0.0	0.0	2016.01.01	2016.12.31

* 참고) FCA: 한-캐나다 FTA 협정세율, FCN : 한-중 FTA 협정세율

원산지증명서(C/O, Certificate of Origin) 기본 내용 III

[질문] 원산지증명서와 원산지(포괄)확인서의 차이점은?

[답변] – (원산지증명서) 수출국의 수출자가 수입국의 수입자에게 공급하는 물품에 대한 원산지를 대외적으로 증명하는 서류. 기관발급(일반 및 FTA C/O) or 자율발급(FTA C/O).

– (원산지(포괄)확인서) 국내의 공급자가 국내의 구매자에게 공급하는 물품의 원산지를 증명하는 Local 용 C/O. 공급자가 입증서류로 원산지 확인 후 발급 가능.

[질문] 원산지증명서의 발행 기준은?

[답변] – 수출신고 기준으로 발행(「원산지제도 운영에 관한 고시」 제24조 2항 참고)

– 수출신고 물품이 A와 B인데, A만 원산지 물품이라면 발행되는 C/O 상에 제품 A만 존재해야.

[질문] 원산지(포괄)확인서에서 '포괄'의 의미는 무엇인가?

[답변] – (발행기준) 국내 공급자가 국내 구매자에게 물품을 공급하는 건 by 건으로 발행.

– 동일 공급자가 동일 구매자에게 동일 물품을 동일 조건하에서 공급할 때, 12개월의 범위에서 포괄기간을 정해서 해당 기간 내에 반복적으로 공급하는 모든 건에 대해서 원산지 증명.

– 결론적으로 포괄기간을 설정하지 않은 원산지확인서는 하나의 공급 건에 대해서만 원산지 증명하며, 포괄기간이 설정된 원산지포괄확인서는 포괄기간 내에 공급된 모든 건에 대해서 하나의 원산지포괄확인서로 원산지 증명하는 것이라 할 수 있다.

원산지증명서의 종류

```
        ┌─────────────────────┐
        │      원산지증명서       │
        └─────────────────────┘
          ┌───────────┴───────────┐
```

특혜 C/O: FTA 원산지증명서	비특혜 C/O: 일반 원산지증명서
- 수입신고 할 때 관세 혜택받을 수(FTA 협정세율). - FTA C/O 발행자는 FTA 원산지 결정기준을 충족하고 있음을 입증하는 입증서류 확보해야. - FTA 별로 기관발급(상공회의소 or 세관) 혹은 자율발급.	- 수입신고 할 때 관세 혜택을 받을 수 없음. - 수출신고필증 '(46)원산지' 부분에 KR로 되어 있으면 상공회의소 통해서 발급받을 수 있음.

[공통사항] – 현품의 원산지를 서류로 증명하는 서류(원산지증명서).
         – 현품의 원산지(예, Made in France)와 C/O 상의 원산지 일치해야.

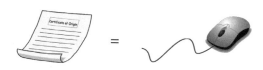

• 원산지증명서(Certificate of Origin)를 줄여서 통상 C/O라 하나, COO라 하는 경우도 있음.

현품, 일반 C/O 및 FTA C/O의 원산지결정기준

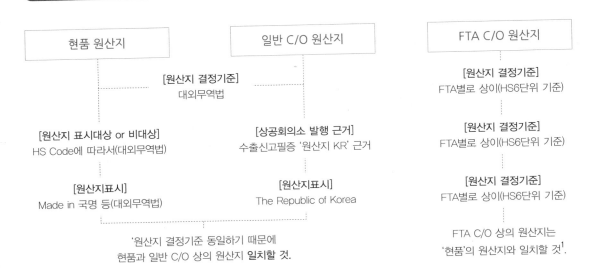

현품 원산지	일반 C/O 원산지	FTA C/O 원산지
	[원산지 결정기준] 대외무역법	**[원산지 결정기준]** FTA별로 상이(HS6단위 기준)
[원산지 표시대상 or 비대상] HS Code에 따라서(대외무역법)	**[상공회의소 발행 근거]** 수출신고필증 '원산지 KR' 근거	**[원산지 결정기준]** FTA별로 상이(HS6단위 기준)
[원산지표시] Made in 국명 등(대외무역법)	**[원산지표시]** The Republic of Korea	**[원산지 결정기준]** FTA별로 상이(HS6단위 기준)

'원산지 결정기준 동일하기 때문에
현품과 일반 C/O 상의 원산지 **일치할 것.**

FTA C/O 상의 원산지는
'현품'의 원산지와 일치할 것[1].

▶ 현품의 원산지 판정기준에 따라 결정된 원산지(KR)은 수출신고필증 '원산지' 부분에 KR로 적용되고, 이러한 수출신고필증의 내용에 근거하여 상공회의소 무역인증서비스센터는 일반 C/O를 발행한다.

---

1   FTA 원산지 결정기준이 대외무역법 원산지 결정기준보다 충족하기 까다로움.

일반 C/O와 FTA C/O 발행 과정

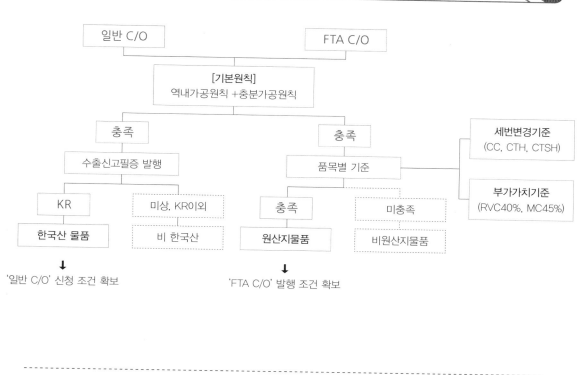

```
        일반 C/O              FTA C/O

              [기본원칙]
         역내가공원칙 +충분가공원칙

         충족                  충족              세번변경기준
                                              (CC, CTH, CTSH)
      수출신고필증 발행         품목별 기준
                                              부가가치기준
    KR      미상, KR이외    충족      미충족   (RVC40%, MC45%)

 한국산 물품   비 한국산   원산지물품   비원산지물품

      ↓                        ↓
'일반 C/O' 신청 조건 확보    'FTA C/O' 발행 조건 확보
```

수출신고필증(적재전)

UNI-PASS

※ 처리기간 : 즉시

제출번호	12312-11-123123U	(5)신고번호			고구분	(8)C/S구분
(1) 신 고 자	ABC관세사사무실 홍길동	000-00-00-00000000		2011-06-30	일반P/L신고	

(9)거래구분 11	(10)종류 A	(11)결제방법	TT

수출대행자 에듀트레이드허브
(통관고유번호) 에듀트레이드허브-0-00-0-00 **수출자구분** C

수출화주 에듀트레이드허브
(통관고유번호) 에듀트레이드허브-0-00-0-00-0
(주소)　국내 위치 제조사
(대표자)
(사업자등록번호) 21　00000　(소재지) 111

제조사 카스톤
(통관고유번호) 카스톤-0-00-0-00-0
제조장소 111　　산업단지부호 111

(3) 구 매 자 ABC COMPANY
(구매자부호) ABC00000

구매자 ; C/O 상의 Consignee

> **<C/O 상의 Shipper>**
> 각 당사자 중
> 무역인증서비스센터에
> 서명등록 된 자가
> EDI로 일반 C/O 신청

> 수출신고필증 신고번호

(12)목적	...	(14)선박회사 (항공사)
...CN	단순송금방식	(17)적재정보세구역
(18)운송		희망일

(20)물품소재지
123 인천중구XX동 000

(21)L/C번호	(22)물품상태	N

(23)사전임시개청통보여부 A (24)반송 사유

(25)환급신청인 2 (1 : 수출대행자/수출화주, 2 : 제조자)
간이환급 NO

(26)품명	CLEANING PREPARATINOS	(28)상 표	NO
(27)거래품명	CLEANING PREPARATINOS		

(29)모델·규격	(30)성분	(31)수량	(32)단가 (USD)	(33)금액 (USD)
ULTRA LIQUID SOAP A TYPE		원산지, KR	35.55	10,665.00

(34)세번부호	3402.90-3000	(35)순중량	24.0 (KG)	(36)수량		(37)신고가격(FOB)	$ 10,665.00 \\ ₩ 11,198,250
(38)송품장번호	PI-11003	(39)수입신고번호		(46)원산지	KR--	(41)포장갯수(종류)	

FTA C/O 발행을 위한 세번변경 및 부가가치기준 이해

BOM(Bill of Material, 소요부품명세서)

- 생산품: Spark Plug(HS 8511.10)
- 적용협정 : 한-아세안

부품명 (재료명)	품목번호 (HS Code)	원산지	수량	단가	가격 (원)	생산자 /공급자	증빙서류
Mechanical seals	8484.20	한국 (역내산)	1	2,600	2,600	태산(주)	원산지 (포괄)확인서
Gasket	8484.10	한국 (역내산)	1	6,400	6,400	태산(주)	원산지 (포괄)확인서
Ceramic Insulator	8547.10	중국 (역외산)	2	1,500	3,000	TS Trading	세금계산서
역 내 산					9,000		
역 외 산					3,000		
합 계					12,000		

원가산출내역서

제조 및 총원가						목표 이익		EXW 가격		내륙 운송비 등		FOB 가격
직접원가				제조 간접비 등	+		+		+		+	
직접재료비		직접 노무비	직접 경비									
역내산	역외산											
9,000	3,000	1,300	1,000	1,500		3,000		20,000		1,500		21,500

4-2강
FTA 협정세율 적용과 직접운송

FTA 협정세율 적용받기 위한 조건은 무엇인가?

- 경로: 관세청 홈페이지(http://customs.go.kr/) → Quick Menu(우측 중간 부분) → '품목분류' 클릭 → 상단 메뉴 '세계HS' 클릭 → 검색창에서 원하는 HS Code 검색 → 다음과 같은 내용 확인 가능

HS	340290-3000					
품명	조제 청정제					
수량단위	kg					
원산지표시	대상 [원산지제도운영에관한고시]					
적정표시방법	대상 [적정표시방법]					

	관세				[관세율 적용순위]	
관세구분	관세율	단위당세액	기준가격		적용시작일	적용종료일
FEU1	3.2	0.0	0.0		2014.01.01	2014.06.30
FEF1 한·EFTA FTA협정세율(선택1)	0	0.0	0.0		2014.01.01	2014.12.31
A 기본세율	8	0.0	0.0		2014.01.01	2014.12.31
C WTO협정세율	6.5	0.0	0.0		2014.01.01	2014.12.31
FAS1 한·아세안 FTA협정세율(선택1)	0	0.0	0.0		2014.01.01	2014.12.31
FUS1	2.6	0.0	0.0		2014.01.01	2014.12.31

FTA C/O와 운송서류의 역할 Ⅰ

[FTA C/O]
FTA 수출체약국에서 On Board 되기 전
원산지 결정기준 충족 사실 증명

On Board

[운송서류(B/L, 화물운송장)]
On Board 후 추가 가공하지 않았기에
FTA C/O 상의 원산지 변동 없음 증명

입항

FTA 수출체약국

FTA 수입체약국

FTA C/O와 운송서류의 역할 II

■ On Board 되기 전 원산지 증명 서류: **원산지증명서(C/O)**

원산지증명서는 FTA 수출체약국에서 On Board 되기 전에 FTA 원산지 결정기준을 충족하였다는 사실을 증명하는 서류로서, On Board 이후 FTA 수입체약국으로 물품이 도착 전에 추가적인 가공 공정을 거쳤다는 사실은 증명하지 못한다.

■ On Board 후 추가 가공 없음을 증명하는 서류: **운송서류(B/L, 화물운송장)**

On Board 후 추가적인 가공 공정을 거치면 수출체약국에서 발행된 C/O와는 달리 해당 물품의 원산지는 변경될 것이다. On Board 후 추가적인 가공 공정을 거치지 않았다는 사실은 운송서류(B/L 혹은 화물운송장)에 의해서 증명된다(직접운송원칙).

FTA C/O 및 운송서류 발행 어떻게?

FTA C/O

Shipper : a) FTA 수출체약국에 위치한 자로서

b) FTA C/O 상의 물품이 FTA 원산지 결정기준을 충족하고 있음을 입증할 수 있는 자.

FTA C/O 상의 Shipper는 매매계약서 상 수출자(Seller)가 아닐 수도(중개무역). 원산지 입증 서류를 일정 기간 보관(5년)하면서 사후 검증에도 대비해야 할 것.

Consignee : FTA 수출체약국에 위치한 자로서 FTA 협정세율을 적용받는 자.

운송서류(B/L 혹은 화물운송장)

Place of Issue: FTA 수출체약국
Port of Loading/Airport of Departure: FTA 수출체약국
Port of Discharge/Airport of Destination: FTA 수입체약국

[참고] FTA 수출체약국이 내륙국가로서 인근 국가 항구에서 On Board 하는 경우는 운송서류의 Place of Receipt에 FTA 수출체약국이 기재되고, P.O.L.에 인근 국가 항구, P.O.D.에 FTA 수입체약국이 기재되어야 할 것. 물론, 본 경우 운송서류의 Place of Issue는 FTA 수출체약국이어야 할 것.

[알아두기] 직접운송원칙 충족하기 위해서

A. 수출체약국에서 수입체약국 간의 구간이 하나의 운송서류로 커버되어야.
B-1. 해상 건: 운송서류의 Port of Loading 수출체약국, Port of Discharge 수입체약국이어야.
B-2. 항공 건: AWB의 Airport of Departure 수출체약국, Airport of Destination 수입체약국이어야.

FTA C/O의 Shipper와 Consignee 의미

\<FTA C/O의 Shipper\>
FTA 수출체약국 위치 + 원산지 입증 가능한 자

\<FTA C/O의 Consignee\>
FTA 수입체약국 위치 + FTA 협정세율 적용 받는 자

Original(Duplicate/Triplicate)

1. Goods Consigned from(exporter's business name, address, country)	Reference No.
2. Goods Consigned to(Consignee's name, address, country)	**KOREA-ASEAN FREE TRADE AREA PREFERENTIAL TARIFF CERTIFICATE OF ORIGIN** (Combined Declaration and Certificate) **FORM AK** Issued in _____ (country) See Notes Overleaf
3. Means of transport and route(as far as known) Departure date Vessel's name/Aircraft etc. Port of Discharge	4. For Official Use ☐ Preferential Treatment Given Under KOREA-ASEAN Free Trade Area Preferential Tariff ☐ Preferential Treatment Not Given (Please state reason/s) Signature of Authorized Signatory of the Importing Country

5. Item number	6. Marks and numbers on packages	7. Number and type of packages, description of goods(including quantity where appropriate and HS number of the importing country)	8. Origin criterion (See notes overleaf)	9. Gross weight or other quantity and Value (FOB only when RVC criterion is used)	10. Number and date of invoices
///////	////////////	CERAMIC Goods 100 BOX (Size : 3mm-4mm) [HS CODE : 6901.20-9000]	CTH	1,800 KGS ///////////	IN-11035 2011-05-25 ///////////

End Of page.

EDUTRADEHUB
#000 XX building 111-1 Nonhyundong Kangnamgu Seoul Korea Tel: (02) 0000-0000   Fax: (02) 0000-0000

Shipper
EDUTRADEHUB
#501 Samwha building 213-7 Nonhyundong
Kangnamgu Seoul Korea
Tel: (02) 0000-0000 Fax: (02) 0000-0000

Consignee
KASTON
ABC 2 NL-1322 BC AAA NETHERLANDS
Tel : +31 (0) 00 00 0000 Fax : +31 (0) 00 00 0000

Payment Term : T/T 35 Days After B/L Date

INVOICE

Number / Date
IV-13029-A / May. 10. 2013
Customer P.O. No. / Date
AA001 / Apr. 28. 2013
Customer No.
A-001
Your Contact Person
David Choi / +82 2 0000 0000
E-Mail : david@edutradehub.com

Price Term : FOB Busan Port. Korea

No	Description	Quantity	U'Price / pc	Value/USD	Remarks
1	Baby Carrier	50 CTNs (6 pcs/CTN)	EUR 39.00	EUR 11,700.00	KR
	Total Amount			**EUR 11,700.00**	

EDUTRADEHUB

Preferential Declaration of Origin

The exporter of the products covered by this document (010-13-000000) declares that, except where otherwise clearly indicated, these products are of KR preferential origin.

\<FTA C/O Description 상의 물품\>
FTA 원산지결정기준을 충족한 원산지 물품.
비원산지 물품이 FTA C/O에 기재되어 있으면 부적절.
FTA C/O 상의 Shipper는 원산지 입증 서류 갖추어 사후검증 대비해야 할 것.

해상 건, B/L 혹은 해상화물운송장 발행

Shipper Kaston 1234 East 0th Street Los Angeles, CA 00011, United States		B/L No. XXXJKFLD8978

Consignee

EDUTRADEHUB
xxx, Nonhyundong, Kangnamgu, Seoul, Korea

Multimodal Transport Bill of Lading

Received by the Carrier from the shipper in apparent good order and condition unless otherwise indicated herein, the Goods, or the container(s) or package(s) said to contain the cargo herein mentioned, to be carried subject to all the terms and conditions appearing on the face and back of this Bill of Lading by the vessel named herein or any substitute at the Carrier's option and/or other means of transport, from the place of receipt or the port of loading to the port of discharge or the place of delivery shown herein and there to be delivered unto order or assigns. This Bill of Lading duly endorsed must be surrendered in exchange for the Goods or delivery order. In accepting this Bill of Lading, the Merchant agrees to be bound by all the stipulations, exceptions, terms and conditions on the face and back hereof, whether written, typed, stamped or printed, as fully as if signed by the Merchant, any local custom or privilege to the contrary notwithstanding, and agrees that all agreements or freight engagements for and in connection with the carriage of the Goods are superseded by this Bill of Lading

Notify Party

Same As Above

Pre-carriage by	Place of Receipt LONGBEACH, CA CY
Vessel Voy. No. ISLET ACE 832W	Port of Loading LONGBEACH, CA
Port of Discharge BUSAN, KOREA	Place of Delivery BUSAN, KOREA CY

Party to contact for cargo release

XXX JUNG-GU SEOUL 111-111 KOREA
TEL : 00-0000-0000   FAX : 00-0000-0000
ATTN : HONG GIL-DONG

Final Destination (Merchant's reference only)

Exchange Rate	Prepaid at	Payable at DESTINATION	Place and Date of Issue LONG BEACH, USA MAY. 28, 2013
	Total Prepaid in Local Currency	No. of Original B/L THREE / 3	In witness whereof, the undersigned has signed the number of Bill(s) of Lading stated herein, all of this tenor and date, one of which being accomplished, the others to stand void

Laden on Board the Vessel

Vessel ISLET ACE 823W	DATE MAY. 28, 2013	As Carrier ABC MARITIME CO., LTD.
Port of Loading LONG BEACH, USA	BY	

▶ 선적항(Port of Loading)
: 한—미 FTA 수출체약국에 위치해야.

▶ 양륙항(Port of Discharge)
: 한—미 FTA 수입체약국에 위치해야.

▶ 운송 발행 장소
: 한—미 FTA 수출체약국.

▶ B/L Date가 'MAY. 28. 2013'로 기재.
B/L Date 기준으로 FTA 수입체약국
까지의 합리적인 Transit Time을 기존
으로 직접운송 원칙 충족 여부 판단
될 수도.

항공 건, 항공화물운송장 발행

Shipper's name and Address Kaston 1234 East 0th Street Los Angeles, CA 00011, United States				Not negotiable Air Waybill (Air Consignment Note) Issued by **ABC Air Freight Service**						
				It is agreed that the goods described herein are accepted in apparent good other and condition (except as noted) for carriage SUBJECT TO THE CONDITIONS OF CONTRACT ON THE REVERSE HEREOF THE SHIPPER'S ATTENTION IS DRAWN TO THE NOTICE CONCERNING CARRIER'S LIMITATION OF LIABILITY. Shipper may increase such limitation of liability by declaring a higher value for carriage and paying a supplemental charge if required. as carrier						
Consignee's name and Address EDUTRADEHUB xxx, Nonhyundong, Kangnamgu, Seoul, Korea				Also Notify SAME AS CONSIGNEE						
				Copies 1,2 and 3 of this Air Waybill are originals and have the same validity						
Airport of Departure ATLANTA, GA		Airport of Destination INCHEON AIRPORT		Special Accounting Information /// ALL CHARGE COLLECT ///						

to
ICN
	By first Carrier
	OZ
		to	by	to	by	Currency
						USD
							WT/VAL
							PPD COLL
							     X
								Other
								PPD COLL
								      X
									Declared
									Value for Carriage
									N.V.D
										Declared
										Value for Customs

Total Other Charges Due Agent		Shipper certifies that the particulars on the face hereof are correct and that insofar as any part of the consignment contains dangerous goods, such part is properly described by name and is in proper condition for carriage by air according to the applicable Dangerous Goods Regulations
Total Other Charges Due Carrier		
		.... Signature of Shipper or his Agent
Total Prepaid	Total Collect	28, MAY. 2013 ATLANTA, USA
Currency Conversion Rates	CC Charges in Dest. Currency	
		Executed on (Date) at (Place) Signature of Issuing Carrier
For Carrier's Use only at Destination	Charges at Destination	Total Collect Charges
		ABC - 123123123

▶ 출발공항(Airport of Departure)
  : 한–미 FTA 수출체약국으로서 미국에 위치한 공항

▶ 도착공항(Airport of Destination)
  : 수입체약국으로서 한국에 위치한 공항.

▶ Airport of Departure로서 ATLANTA 공항에서 외국으로 나가는 항공기에 적재한 날짜(On Board Date, B/L Date)로서 '28, MAY. 2013'이 기재되어 있음.

▶ 수입지로서 우리나라까지의 운송에 소요되는 합리적인 기간이 직접운송 충족여부 확인할 때 고려될 수도.

FTA 사후협정세율 적용신청

운송서류 상으로
직접운송 충족

수입신고
수리일로부터 1년 이내

| On Board | 수입신고
(기본세율 or WTO 협정세율) | 사후협정세율 적용 신청 | 경정 청구 |

FTA C/O 미확보   FTA C/O 원본 확보

HS	340290-3000					
품명	조제 청정제					
수량단위	kg					
원산지표시	대상 [원산지제도운영에관한고시]					
적정표시방법	대상 [적정표시방법]					

관세				[관세율 적용순위]	
관세구분	관세율	단위당세액	기준가격	적용시작일	적용종료일
FEU1	3.2	0.0	0.0	2014.01.01	2014.06.30
FEF1 한·EFTA FTA협정세율(선택1)	0	0.0	0.0	2014.01.01	2014.12.31
A 기본세율	8	0.0	0.0	2014.01.01	2014.12.31
C WTO협정세율	6.5	0.0	0.0	2014.01.01	2014.12.31
FAS1 한·아세안 FTA협정세율(선택1)	0	0.0	0.0	2014.01.01	2014.12.31
FUS1	2.6	0.0	0.0	2014.01.01	2014.12.31

- 사후협정세율(수입신고 수리 후) 신청할 때 FTA C/O 원본 제출해야.
- 한–미 FTA 건에 대한 사후협정세율 신청할 때는 FTA C/O 사본 제출 가능.
- 수입신고 수리 전에 FTA 협정관세 적용 신청하는 경우는 FTA C/O 사본으로도 가능.

4-3강
원산지 표시 방법

현품에 대한 원산지 표시 방법 Ⅰ

원산지 표시 원칙

「대외무역관리규정」 제76조(수입 물품 원산지 표시의 일반원칙) ① 수입 물품의 원산지는 다음 각 호의 어느 하나에 해당하는 방식으로 한글, 한자 또는 영문으로 표시할 수 있다.

1. '원산지: 국명' 또는 '국명 산(産)'
2. 'Made in 국명' 또는 'Product of 국명'
3. 'Made by 물품 제조자의 회사명, 주소, 국명'
4. 'Country of Origin : 국명'
5. 영 제61조의 원산지와 동일한 경우로서 국제상거래 관행상 타당한 것으로 관세청장이 인정하는 방식

현품에 대한 원산지 표시 방법 II

물품을 포장단위로 판매하는 경우 「원산지제도운영에 관한 고시」

제5조(원칙적인 원산지표시 방법) ④ 현품 또는 최소포장에 원산지표시를 하여야 하는 물품을 포장단위로 판매하는 경우에는 그 판매포장에도 원산지표시를 하여야 한다. 다만, 소비자가 수입 후 거래 또는 판매 시에 현품 또는 최소포장 그대로 원산지를 확인할 수 있는 물품(예: 안경, 신발, 가방, 의류 등)은 판매포장에 원산지를 표시하지 아니할 수 있다.

- 품목별 원산지 표시방법 지정 : 「원산지제도운영에 관한 고시」 제10조

HS	물품명	적정표시방법	비 고
0409	천연 꿀	• 소매용 최소포장에 원산지표시 • 포장상자, 용기 등에 원산지표시	원산지표시 의무이행요구
3923	플라스틱제 포장용기	• 현품에 원산지표시	
6304	침대덮개	• 현품에 원산지표시	
6504 ~ 6506	모자	• 현품에 라벨 봉제 원산지표시	
8212	면도기, 면도날	• 현품에 원산지표시 • 면도날은 소매용 최소포장에 원산지표시 허용	

원산지 표시 위반 행위에 따른 과징금

위반행위의 종류와 과징금의 금액(제60조 제1항 관련)

위반행위	근거 법조문	과징금 금액
1. 법 제33조 제2항을 위반하여 단순한 가공활동을 거침으로써 해당 물품 등의 원산지 표시를 손상하거나 변형한 자(무역거래자 또는 물품 등의 판매업자에 대하여 법 제33조 제4항이 적용되는 경우는 제외한다)가 그 단순 가공한 물품 등에 당초의 원산지를 표시하지 아니하거나 다르게 표시한 행위	법 제33조의2 제2항	해당 위반물품 등의 수출입 신고 금액(판매업자의 경우에는 판매한 물품 등과 판매하지 아니한 물품 등을 구분하여 판매한 물품 등의 매출가액과 판매하지 아니한 물품 등의 매입가액을 합한 금액을 말한다)의 100분의 10에 해당하는 금액이나 1억 원 중 적은 금액
2. 법 제33조 제3항에 따른 원산지의 표시 방법을 위반한 행위	법 제33조의2 제2항	해당 위반물품 등의 수출입 신고 금액의 100분의 10에 해당하는 금액이나 2억 원 중 적은 금액
3. 무역거래자 또는 물품 등의 판매업자가 법 제33조 제4항 제1호를 위반하여 물품 등의 원산지를 거짓으로 표시하거나 원산지를 오인(誤認)하게 하는 표시를 하는 행위	법 제33조의2 제2항	해당 위반물품 등의 수출입 신고 금액(판매업자의 경우에는 판매한 물품 등과 판매하지 아니한 물품 등을 구분하여 판매한 물품 등의 매출가액과 판매하지 아니한 물품 등의 매입가액을 합한 금액을 말한다)의 100분의 10에 해당하는 금액이나 3억 원 중 적은 금액
4. 무역거래자 또는 물품 등의 판매업자가 법 제33조 제4항 제2호를 위반하여 물품 등의 원산지 표시를 손상하거나 변경하는 행위	법 제33조의2 제2항	해당 위반물품 등의 수출입 신고 금액(판매업자의 경우에는 판매한 물품 등과 판매하지 아니한 물품 등을 구분하여 판매한 물품 등의 매출가액과 판매하지 아니한 물품 등의 매입가액을 합한 금액을 말한다)의 100분의 10에 해당하는 금액이나 3억 원 중 적은 금액
5. 무역거래자가 법 제33조 제4항 제3호를 위반하여 원산지표시대상 물품에 대하여 원산지 표시를 하지 아니하는 행위	법 제33조의2 제2항	해당 위반물품 등의 수출입 신고 금액의 100분의 10에 해당하는 금액이나 2억 원 중 적은 금액

한-EU FTA 원산지신고서 문안의 원산지 표시

[한-EU FTA 원산지신고서 문안에서의 원산지 인정 범위][2]

– 협정문에 있는 당사자명 (예) THE FEDERAL REPUBLIC OF GERMANY

– 국제적으로 통용되는 국가명 (예) GREECE

– 당사자 국가의 ISO 코드 (예) IT

– 'EU' 표기, 'EC' 및 'European Community' 표기

– 원산지가 영국인 제품: 'UK' 표기(협정문상 표기된 약어)

– EU 측 각 당사자 언어 협정문에 표기된 'EU' 표기

  (예) – 스페인, 프랑스, 이탈리아, 폴란드, 포르투갈, 루마니아, 말타: 'UE' 표기

   – 라트비아, 리투아니아: 'ES' 표기

   – 그리스: 'EE' 표기

   – 불가리아: 'EC' 표기

---

2   경로 : 관세청 FTA PORTAL(http://www.customs.go.kr/portalIndex.html) 접속 → 상단 메뉴 'FTA 자료실' 클릭 → 메뉴 '협정별 집행지침' → '한-EU FTA 운영지침' 다운로드 가능.

EDUTRADEHUB #000 XX building 111-1 Nonhyundong Kangnamgu Seoul Korea   Tel: (02) 0000-0000

Shipper

EDUTRADEHUB
#501 Samwha building 213-7 Nonhyundong
Kangnamgu Seoul Korea
Tel: (02) 0000-0000 Fax (02) 0000-0000

Consignee

KASTON
ABC 2 NL-1322
BC AAA NETHERLANDS
Tel : +31 (0) 00 00 0000 Fax : +31 (0) 00 00 0000

INVOICE

Number / Date
IV-13029-A / May. 10. 2013

Customer P.O. No. / Date
AA001   / Jun. 1. 2013

Customer No.
A-001

Your Contact Person
David Choi / +82 2 0000 0000
E-Mail : david@edutradehub.com

Payment Term : T/T 35 Days After B/L Date

Price Term : FOB Busan Port, Korea

No	Description	Quantity	Unit Price	Value/USD		Origin
1	BABY CARRIER	200 CTNs	EUR 39.00	EUR	7,800.00	KR
Total Amount				**EUR**	**7,800.00**	

Preferential Declaration of Origin

The exporter of the products covered by this document (010-13-000000) declares that, except where otherwise clearly indicated, these products are of KR preferential origin.

EDUTRADEHUB

[생각해보기]

- 한–EU FTA 건에서 EUR6,000의 기준은 어떻게 되나?

- 하나의 운송 건에 대해서 한–EU FTA 원산지 결정기준을 충족한 물품과 비충족한 물품이 혼재되는 경우, 원산지신고서 문안을 기재하는 C/I는 어떻게 발행해야 하는가?

- 한–EU FTA 협정세율을 사후에 적용할 때, 한–EU FTA C/O 원본을 제출해야 하는데….

- 독일 수출자가 발행한 C/I의 원산지신고서 문안의 원산지 부분은 EU로 되어 있다면, 현품에도 MADE IN EU로 되어 있어도 문제 없는가?

제 5 강
반송 재수출 재수입의 이해와 사례

5-1강
반송(Ship back)의 의미와 실무 사례

반송의 의미와 반송신고필증

■ 반송의 의미

국내에 도착한 외국물품이 수입통관절차를 거치지 아니하고 다시 외국으로 반출되는 것을 말한다. (반송과 환적(T/S)은 그 의미가 다르다.)

■ 통관의 의미

관세법에 따른 절차를 이행하여 물품을 수출·수입 또는 반송하는 것을 말한다.

수입신고필증	수출신고필증	반송신고필증
수입신고 및 세액 납부 후 수리 받고 국내 반입	수출신고 및 수리 완료 ('적재전'과 '수출이행'으로 구분)	국내 보세구역에 반입 후 외국으로 다시 On Board 진행 건.

▲ 수출신고필증과 반송신고필증은 그 양식이 동일하나, '거래구분'의 코드가 다르다. 일반 유상 수출의 경우 '거래구분'은 11번이며, 반송은 78번(반송) 혹은 79(중계무역)으로 구분할 수 있다.

반송(Ship Back) 신고 과정과 사례 I

- 필요 서류 :

  반송 사유서, 반송 신고를 위한 C/I와 P/L, 기타 외국 업체와의 반송에 대한 이메일 서신

- 필요 조건 :

  수입 건에 대한 D/O 받아야(B/L 발행 건이면 B/L 확보해야), 반송에 대한 외국 업체의 동의

중국(A국)

[경우 1]
A국에서 C국으로 이동한 화물이 다시 A국으로.

한국(C국)

[경우 3]
A국에서 물품을 C국으로 이동.
(본 구간에 대한 운송서류 발행)
이후 C국에서 반송 신고하여
D국으로(중계무역).

미국(D국)

태국(B국)

[경우 2]
A국에서 C국으로 이동한 화물이 B국으로.
A국 Seller가 반송 거부하여 C국 Buyer는 타국으로서 C국의
Buyer 찾아서 C국 세관에 반송 신고(유상. 중계무역 형태)

중국(A국)

한국(C국)

미국(D국)

태국(B국)

▶ FCL이면 C국 CY에서 Storage 및 Demurrage Charge 발생할 수도 있으며, LCL이면 C국에서 Drayage Charge, CFS Charge, 보세창고료가 발생될 수 있음. 물론, C국 터미널에서 발생하는 THC, Wharfage 등의 부대비용은 FCL 및 LCL 구분 없이 당연히 추가 발생될 것 (FCL은 per Container, LCL은 per R.ton).

▶ A국에서 A가 Shipment Booking 하여 C국까지 물품을 발송할 때 운송서류가 발행(Shipper A, Consignee C)되고, C국의 보세구역에 반입된 물품에 대해서 C가 다시 Shipment Booking 하여 물품이 B국/D국으로 이동됨에 따라 운송서류가 새롭게 발행.

(B국으로 반송(중계무역)될 때: Shipper C, Consignee B)

(D국으로 반송(중계무역)될 때: Shipper C, Consignee D)

계약 상이(위약) 반송 I

- **FCL**

– 기본적으로 입항지 CY에 반입되어 보관(장치)되며, CFS로 운송 위해서 D/O 있어야.
  따라서 FCL 건 수입신고 전에 물품 확인 위해서는 운송서류 확보 및 운송비 결제해야. D/O
  발행 후 CY에서 CFS로 이동하면 Drayage Charge, CFS Charge 및 창고료 추가 발생.
– 수입신고 후 물품검사 지정되는 경우, CY에서 물품 확인 못하고 검사장으로 이동해야.
  이때 물품에 문제가 있으면 수입신고 취하 후 반송 진행 가능.
– 적하목록 제출하고 관리 대상 지정되어 검사장에서 검사했는데 문제 있을 때 반송 진행 가능.

계약 상이(위약) 반송 II

- LCL

– 기본적으로 CFS로 반입. CY에서 CFS까지 보세운송될 때 House D/O 없어도 가능.
– CFS(컨테이너 적출/적입 작업 진행되는 보세창고)에서 물품 확인 후 수입신고 or 반송 신고.

- 항공

– 기본적으로 공항 보세창고로 반입되어 보관.
– 물품 확인 후 수입신고 or 반송 신고.

▲ 상기 모든 경우의 반송을 위해서 수입 건의 운송서류 확보하고 운송비 결제 후 D/O 발행되어야.
▲ 하나의 운송 건에서 일부만 불량이라면 나머지 정상품은 수입신고 하고 불량에 대해서만 반송 가능.

수입요건 불충족 반송 및 기타 사례

가공식품의 부적합 통지와 반송

입항 → 보세구역 반입 → 식품 등의 수입신고 ↗ 적합(수입신고 가능) → 수입신고 → 세액납부 → 수입신고필증 발행
↘ 부적합(수입신고 불가능) → 반송신고 → 기존 수출국 or 제3국
↘ 폐기처분(비용 부담해야!)

[반송 진행 후 환급받는 세액]

반송은 수입신고 및 세액 납부하지 않은 외국 물품 상태 그대로 최초 수출국 혹은 제3국으로 보내는 것이다. 국내에서 납부한 세액이 없으니 당연히 환급받을 세액도 없다.

[기존 수출국으로 반송하는 경우]

해외 거래처와 반송에 대한 필요성을 이메일로 확인하고 해외 거래처로부터의 반송에 대한 Confirm을 이메일로 받은 이후에 한국 세관으로 반송신고 및 포워더에게 Shipment Booking 해야 할 것이다.

중계무역 사례

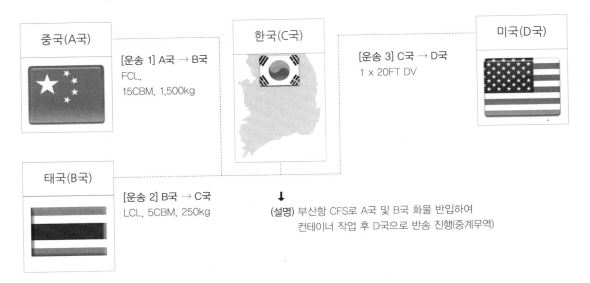

중국(A국)

[운송 1] A국 → B국
FCL,
15CBM, 1,500kg

한국(C국)

[운송 3] C국 → D국
1 x 20FT DV

미국(D국)

태국(B국)

[운송 2] B국 → C국
LCL, 5CBM, 250kg

↓
(설명) 부산항 CFS로 A국 및 B국 화물 반입하여
컨테이너 작업 후 D국으로 반송 진행(중계무역)

▲ 한국(C국) 소비자가 사용하는 물품이 아니기 때문에 반송되는 물품에 원산지 표시는 하지 않아도 된다.
   (한국세관이 문제 삼지 않음, 실제 수입국에서는 문제 될 수 있으니 중개자가 체크할 필요)
▲ 반송 물품에 원산지 표시가 있는 경우, 보세창고 내에서 원산지를 한국으로 변경 불가하다.
   (한국에서 추가가공 하지 않았기 때문)
▲ '운송 1' 및 '운송 2'에 대해서 한국(C국) Consignee는 각각의 운송서류 확보 후 운송비 결제하고 각각의 운송서류 건에 대해서 각각 D/O 발행되어야 반송 가능.
▲ 반송되는 건은 기본적으로 운송서류(B/L, 화물운송장)가 2회 각각 발행되니 Switch 할 이유가 없다.

5-2강
재수출의 의미와 실무 사례

재수출에 대한 이해와 사례 I

■ 기본 내용 : 수입신고필증 있어야. 수입신고필증 없는 상태에서 수출하면 재수출 아님.
그리고 사유서 필요할 수도. 재수출 건은 수입신고 된 물품과 동일함을 입증해야
하며, 국내에서 가공 공정 거치지 않아야.

재수출 조건 신고	수입신고 수리받기까지 과정	재수출이행기한
• Repair 후 재수출 • 전시회 출품 후 재수출 • Test(검사) 후 재수출	• 재수출 조건으로 수입신고 하는 사유 입증 　(예, 전시회 팸플릿 세관 제출) • 세액만큼의 담보 제공 　(서울보증보험 통해서 납세보증보험 가입) • 세관은 재수출 조건으로 수입하는 사유 확인 　후 재수출 이행기한 설정. • 수입한 물품과 동일한 물품이 재수출되어야. 　(수입신고필증의 품명, 단가 및 HS Code는 수 　출신고 할 때와 동일해야) 　(수입신고필증에 Serial No.가 있다면 수출신 　고 할 때 역시 동일해야)	• 이행기한 이내에 수출 　신고 하고 수출신고 수 　리일로부터 30일 이내 　On Board 해야 • 수출이행 후 담보 해 　제 신청 • 이행보고

▲ 수입신고 당시부터 애초에 다른 용도로 사용하지 않고 수입한 원상태 그대로 재수출 조건으로
신고. 따라서 세액만큼 담보 설정하고 그 용도에 맞게 사용 후 원상태로 재수출 이행하면 담
보 해제 가능.

▲ 수입신고 당시 신고 한 이외의 용도로 사용하기 위해서는 용도 변경 신청 후 세액 즉시 납부해야.

▲ 도난 등으로 국내 어딘가에 존재하는 경우, 세액 납부해야.

▲ 재해 등의 사유로 멸실(천재지변이나 화재 등)되거나 미리 세관장의 승인을 얻어 폐기한 때에는
세액 징수하지 않음.

▲ 상기 각각의 상황에서 수입신고필증의 단가와 수출신고 단가는 일치하며 재수출 C/I 작성할
때 신고 물품은 모두 무상(F.O.C., N.C.V.).

▲ Repair 후 재수출 건에서 C/I 작성할 때 물품(무상)과 Repair Fee(유상)를 구분하여 작성.

재수출에 대한 이해와 사례 II

구분	수입신고	재수출신고할 때 필요 사항	재수출이행기한	관세환급 신청
• 계약 상이 물품 (위약물품) (무상 신고)	• 일반수입 • 세액납부	• 수입신고필증 • HS Code, 품명, 단가, Serial No. 변동 없어야. • 수입한 원상태 그대로 수출해야. • 계약상이 물품이라는 사실 입증 하는 자료.(수출자와의 이메일 서신, 사진 등)	• 수입신고수리 일로부터 1년 이내에 보세구역 반입해야.	• 수출신고수리일로부터 5년 이내 (관세법)
• 원상태 수출 (유상 신고)	• 일반수입 • 세액납부	• 수입신고필증 • 수출신고는 유상 신고해야. • HS Code, 품명, Serial No. 변동 없어야. • 수입한 원상태 그대로 수출해야.	• 수입신고수리 일로부터 23개월 이내 수출 이행해야	• 수출신고수리일로부터 2년 이내 (관세환급특례법)

▲ 재수출될 것이라는 상황 고려하지 않고 일반수입신고 진행. 따라서 정상적으로 세액 납부.

▲ 수입한 물품과 동일한 물품이 국내에서 소비되지 아니하고 수입한 원상태 그대로 재수출됨을 입증해야(동일성 입증).
  따라서 수입신고필증 상의 HS Code(HS Code가 변하면 추가가공 한 것), 품명, Serial No. 등은 수출신고 할 때와 동일해야.

▲ 위약 건은 무상(F.O.C.) 수출되니 수입신고필증의 단가와 수출신고 할 때의 단가는 일치해야할 것이나, 원상태 수출 건은 외국으로 판매하는 것으로서 유상 신고된다. 따라서 수입신고필증의 단가보다 수출신고 할 때의 단가가 높아야 한다.

재수출 조건 수입신고 C/I 작성

No.	Item	Quantity	Unit Price	Value/USD
Shipper Edutradehub			**Consignee** Kaston	
1	Auto Labeling Machine Type 150	1 Set	USD 55,000.00	USD 55,000.00
	Total Amount			USD 55,000.00

No Commercial Value

For Exhibition KINTEX 2015 Jun. 1 ~ 2015 Jun. 10

- 물품의 가격 신고는 정상적인 가격으로 한다.
- 외국환 거래가 이루어지는 거래가 아니기에 무상(N.C.V.) 신고 한다.
- 전시회 기간(Repair 기간, Test 기간)을 C/I에 기재하여 세관이 재수출이행기한 설정에 기초를 삼게 한다.
- 전시회 출품되는 물품과 함께 수입되는 기타 다른 물품에 대해서도 수입신고 하는데, 그러한 물품에 대해서는 세액 납부한다.
- 전시회(Repair, Test) 종료 후 재수출신고하면, P/L(자동수리)가 아니라 서류제출 혹은 물품검사로 지정될 것(동일성 입증).

전시회 기간 중 물품이 판매되는 경우

경우 1) 일반 전시장
재수출 조건 수입신고
수입신고 수리 (내국 물품)
전시회장까지 일반운송
전시회 출품
국내업체(B사)와 물품 판매 계약 (수입자 A사)
A사 용도 외 사용 신청
A사가 수입신고 및 세액 납부
B사에게 국내 거래로 판매

경우 2) 보세 전시장
보세운송 신청
보세운송 진행 (외국 물품)
국내업체(B사)의 구매 의사
수입자(A사)와 B사 간에 양수도 계약서 작성
B사가 수입신고 및 세액 납부

[참고] '경우 2'에 대한 다른 방법
외국 수출자와 매매계약한 수입자로서 A사가 수입
신고 하여 세액 납부 후 마진 붙여서 국내 거래로
국내 거래처로서 B사에 공급할 수도.

Repair 완료 후 재수출 신고 건 C/I 작성

No.	Item	Quantity	Value/USD	Remarks
	Shipper Edutradehub		**Consignee** Kaston	
1	Auto Labeling Machine Type 150	1 Set	USD 55,000.00	F.O.C.
2	Repair Fee		USD15,000	
	Total Amount		USD 15,000.00	

- 한국에서 수출된 물품 Repair를 위해 재수출 조건으로 재수입 후 Repair 완료하여 재수출되는 경우.
- Repair 목적 재수입신고 할 때, 수출신고필증의 품명, 단가, HS Code, Serial No.(존재하면)와 일치해야(동일성 입증).
- Repair 후 재수출 조건으로 수입한 물품은 다른 용도로 사용할 수 없다.
- Repair 후 재수출신고할 때는 수입신고필증의 품명, 단가, HS Code, Serial No.(존재하면)와 일치해야(동일성 입증).
- Repair Fee를 결제받는 경우, Repair Fee에 대해서 '유상' 신고하며 외국환 은행 통해서 결제받을 때 C/I 등으로 입증해야.
- C/I에 유상과 무상이 함께 기재되는 경우, 유상에 대한 금액만 합계(Amount)에 포함한다. (무상 건만 C/I에 기재되면 모든 무상 물품 금액이 합계에 포함된다.)

원상태 수출(유상)의 이해

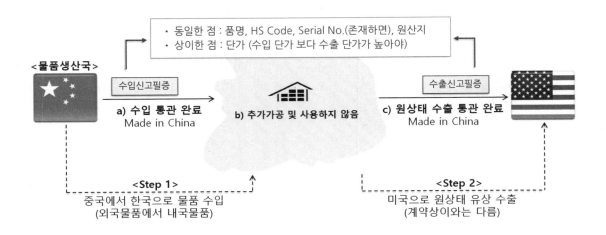

- 동일한 점 : 품명, HS Code, Serial No.(존재하면), 원산지
- 상이한 점 : 단가 (수입 단가 보다 수출 단가가 높아야)

<물품생산국>

수입신고필증

a) 수입 통관 완료
Made in China

b) 추가가공 및 사용하지 않음

수출신고필증

c) 원상태 수출 통관 완료
Made in China

<Step 1>
중국에서 한국으로 물품 수입
(외국물품에서 내국물품)

<Step 2>
미국으로 원상태 유상 수출
(계약상이와는 다름)

- 관세환급특례법 상 관세환급 건으로 분류되는 '원상태 수출'과 '국내제조 후 수출' 건의 관세환급은 기본적으로 '유상' 수출되어야.
- '원상태 수출' 건의 제조사는 '미상'이며 원산지는 한국산이 아니다.
- '국내 제조 후 수출' 건은 기본적으로 '제조사'가 관세환급 신청하여 받지만, '원상태 수출' 건은 수출자가 관세환급 신청하여 받는다.
- 수입신고필증의 품명, HS Code 및 Serial No.(존재하면)는 수출신고 할 때와 동일해야. 그러나 유상 수출 건으로 단가는 수입신고필증의 단가와 비교해서 높아야 한다. 단가 동일하면 관세환급 받기 어려울 수도(유상 판매로 보지 않음).

5-3강
재수입의 의미와 실무 사례

재수입 면세를 위한 기본 조건 이해 Ⅰ

■ 기본 내용 :

– 수출신고필증 있어야. 수출신고필증 없는 상태에서 수입하면 재수입 아님(재수입 면세 불가).
– 재수입 건은 수출신고 된 물품과 동일함을 입증해야 하며, 해외에서 가공 공정 거치지 않아야.
– 위약물품, Test 후, 전시회 출품 후, Repair 후 재수입 모두 수출신고필증과 재수입신고할 때 HS Code 동일.
– 사유서 필요할 수도. 재수입되는 사유(이유)를 관할지 세관으로 설명하기 위해서.

재수입 면세를 위한 기본 조건 이해 II

[재수입 건 Check Point]

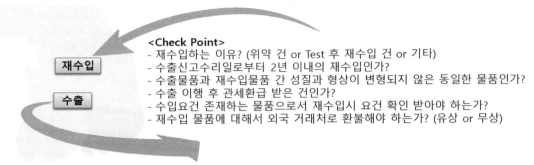

\<Check Point\>
- 재수입하는 이유? (위약 건 or Test 후 재수입 건 or 기타)
- 수출신고수리일로부터 2년 이내의 재수입인가?
- 수출물품과 재수입물품 간 성질과 형상이 변형되지 않은 동일한 물품인가?
- 수출 이행 후 관세환급 받은 건인가?
- 수입요건 존재하는 물품으로서 재수입시 요건 확인 받아야 하는가?
- 재수입 물품에 대해서 외국 거래처로 환불해야 하는가? (유상 or 무상)

재수입

수출

- 원산지가 Made in Korea 물품이 한국으로 재수입되더라도 수입신고 하여 세액 납부해야.
  (외국물품에서 내국물품으로 만들어야)
- 관세법에서 말하는 재수입 면세는 재수입에 따른 '관세' 면세를 말하는 것이며, 부가세 면세는
  부가가치세법에서 확인 가능.

재수입에 따른 부가가치세의 납부와 면세

- 수출신고필증상으로 유상 신고된 물품의 재수입의 경우는 부가세 납부하며, 무상 신고된 물품의 재수입의 경우에는 부가세 면세.

「부가가치세법」

법 제27조(재화의 수입에 대한 면세) 다음 각 호에 해당하는 재화의 수입에 대하여는 부가가치세를 면제한다.

12. 수출된 후 다시 수입하는 재화로서 관세가 감면되는 것 중 대통령령으로 정하는 것. 다만, 관세가 경감(輕減)되는 경우에는 경감되는 비율만큼만 면제한다.

시행령 제54조(다시 수입하는 재화로서 관세가 감면되는 것의 범위) 법 제27조 제12호 본문에 따른 수출된 후 다시 수입하는 재화로서 관세가 감면되는 것은 사업자가 재화를 사용하거나 소비할 권한을 이전하지 아니하고 외국으로 반출하였다가 다시 수입하는 재화로서 「관세법」 제99조에 따라 관세가 면제되거나 같은 법 제101조에 따라 관세가 경감되는 재화로 한다[1].

---

1   관세법 제99조는 '재수입면세'이며 제101조는 '해외임가공물품 등의 감세'입니다.

재수입 면세 사례 Ⅰ - 위약물품(계약상이)

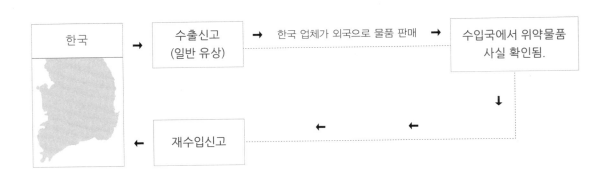

한국	→	수출신고 (일반 유상)	→	한국 업체가 외국으로 물품 판매	→	수입국에서 위약물품 사실 확인됨.
						↓
	←	재수입신고	←	←	←	

- 위약물품이라는 사실 입증 해야, 위약물품이라는 사실 기재된 이메일 및 사진 자료 등
- 수출신고필증 상의 품명, 단가, HS Code 및 Serial No.(존재하면)가 재수입신고 할 때와 동일 해야(동일성 입증).
- 해외에서 추가적인 가공 혹은 사용 흔적이 없어야 한다(수출한 원상태로 재수입되어야).
- 수출신고 했을 때 '유상' 신고했으니 재수입할 때 부가세는 납부해야.
- 수출신고수리일로부터 2년 이내 재수입되면 관세 면세 가능하나, 가능한 한 빨리 재수입되어야 세관으로부터 의심을 덜 받음.
- 위약물품으로 확인된 물품을 한국으로 재수입하는 것과 정상적인 물품으로서 대체품(Replacement) 수출은 연관시키지 말 것.
- 위약물품으로 한국으로 재수입 후 Repair 하여 재수출한다면, 세액만큼 담보 설정 후 재수출 이행기한 이내에 수출 이행.

재수입 면세 사례 II - 판매부진

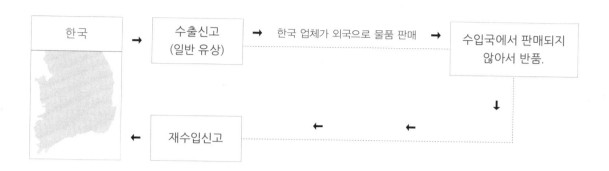

- 판매부진으로 인한 재수입이라는 사실 입증해야. 이메일 등으로.
  수출신고필증상의 품명, 단가, HS Code 및 Serial No.(존재하면)가 재수입신고 할 때와 동일
  해야(동일성 입증).
- 해외에서 추가적인 가공 혹은 사용 흔적이 없어야 한다(수출한 원상태로 재수입되어야).
- 수출신고 했을 때 '유상' 신고했으니 재수입할 때 부가세는 납부해야.
- 수출신고수리일로부터 2년 이내 재수입되면 관세 면세 가능하나, 가능한 한 빨리 재수입되어
  야 세관으로부터 의심을 덜 받음.

판매부진 재수입 면세 판례

판례 · 예규	
제 목	재수입면세 적용 여부 민원질의
구 분	통관기획과- 6693(결정일자 : 2010-08-25)
내 용	재수입면세 적용 여부 민원질의(통관기획과- 6693, '10.8.25) ■ 질의요지 • 의류 및 신발류 수출 후 판매부진에 따른 구매거절 사유로 재수입 시 재수입면세 적용 여부 ■ 회신내용 • 우리나라에서 수출된 물품으로서 '해외에서 제조·가공·수리 또는 사용되지 아니하고 수출신고수리일부터 2년 내에 다시 수입되는 물품'으로 수출물품과 재수입물품 간 성질과 형상이 변경되지 않는 등 동일성이 확인되는 경우 재수입면세가 가능함.

Repair 후 재수입 I - 하자보증기간 부재

한국		수출신고 (일반 유상)	a) 수입신고 및 세액 납부 후 수리 받음 Auto Labeling Machine 과세가격 10억	독일
	→	재수출신고 (무상 신고)	b) 국내에서 사용 중 고장 발생 외국 Seller에게 재수출(재수입 조건으로 수출신고)	
	←	재수입신고 (Repair Fee 유상)	c) Repair 완료 후 재수입 Auto Labeling Machine 무상 신고 및 면세('a'에서 이미 납부) 물품 가격 상승분에 대해서 과세(Repair Fee, 왕복 운임, 보험료)	

- 재수출 및 재수입이 동일 물품이라는 사실을 수입신고필증 및 수출신고필증으로 입증해야. (품명, 단가, HS Code 및 Serial No. 동일해야)
- 'c)' 재수입신고 할 때, C/I에 재수입 물품(F.O.C.)과 Repair Fee(유상) 각각 기재하여 신고해야.
- 'b)' 무상 건으로서 FOB로 신고되니 신고필증 '(46)운임(₩)'에 운임 미기재됨. 따라서 'c)'에서 왕복운임은 재수입될 때의 운임의 곱하기 2. (수출 및 수입 모두 '무상(GN)'으로 신고하면 가격조건은 FOB)
- 'a)'에서 한-EU FTA C/O 확보하여 한-EU FTA 협정세율 적용받았다면, 'c)' 건의 C/I에도 원산지신고서 문안 기재되면 협정세율 적용 가능.

Repair 후 재수입 II - 하자보증기간

하자보증기간 부재

A) 한국에서 수출되는 물품(USD100)
B) 외국에서 A를 수리하는 비용
 (USD50 Repair Fee)
C) 왕복 운임
D) 적하보험료

관세 =
과세가격(B+C+D) x 'A' HS Code 상 관세율

하자보증기간

A) 한국에서 수출되는 물품(USD100)
B) 외국에서 A를 수리하는 비용
 (USD50 Repair Fee)
C) 왕복 운임
D) 적하보험료

관세면세 위해서
하자보증기간이 명시된 매매계약서 제출해야.

만약 거래 물품의 매매계약 상의 하자보수보증기간(수입신고 수리 후 1년에 한한다)[2] 중에 하자가 발견되거나 고장이 발생하여 외국의 매도인(기존 수출자[3])에게 물품을 재수출하고 매도인의 부담으로 Repair 후 한국으로 재수입한다면, 해당 물품의 수출신고 가격으로서 USD100과 왕복 운임 및 적하보험료 그리고 여기에 Repair Fee(가공 또는 수리의 비용에 상당하는 금액)에 대해서도 과세하지 않는다[4].

---

2 매매계약서상 하자 보증 기간이 1년 넘어도(예, 2년 이상) 수입신고 수리 후 1년 이내에 매도인의 부담으로 Repair가 이루어져야 재수입 면세받을 수.

3 예를 들어 일본 Seller와 한국 Buyer 간에 매매계약 체결하여 한국으로 기계를 수입하였는데, 그 기계가 고장 나서 일본으로 Repair 위해 발송하였고 Repair 후 한국으로 재수입되는 상황이라면, 여기서 말하는 '매도인'은 일본 Seller.

4 2015.02.06 관세법 시행령 개정. 개정되기 전에는 Repair Fee에 대해서 수입신고 물품의 HS Code 상 관세율을 곱하여 과세하였다. 즉, 수출물품의 수출신고가격과 왕복 운임 그리고 보험료에 대해서만 면세되었다.

Repair 후 재수입 III - FTA 협정문

한-미 FTA 협정문

제2.6조
수리 또는 개조 후 재반입되는 상품

1. 어떠한 당사국도, 다음의 경우에 관계없이, 수리 또는 개조를 위하여 자국 영역에서 다른 쪽 당사국의 영역으로 일시적으로 수출된 후 자국 영역으로 재반입되는 상품에 대하여 그 상품의 원산지와 관계없이 관세를 적용할 수 없다.

    가. 수리 또는 개조를 위하여 그 상품을 수출한 당사국의 영역에서 수리 또는 개조가 이루어질 수 있는지 여부, 또는

    나. 수리 또는 개조가 그 상품의 가치를 증가시켰는지 여부

2. 어떠한 당사국도 수리 또는 개조를 위하여 다른 쪽 당사국의 영역으로부터 일시적으로 반입된 상품에 대하여 그 상품의 원산지와 관계없이 관세를 적용할 수 없다.

3. 이 조의 목적상, '수리 또는 개조'는 다음의 작업이나 공정은 포함하지 아니한다.

    가. 상품의 본질적인 특성을 파괴하거나 새로운 또는 상업적으로 다른 상품을 만드는 것, 또는

    나. 미완성 상품을 완성 상품으로 변형하는 것

재수입 및 재수출에 대한 정리

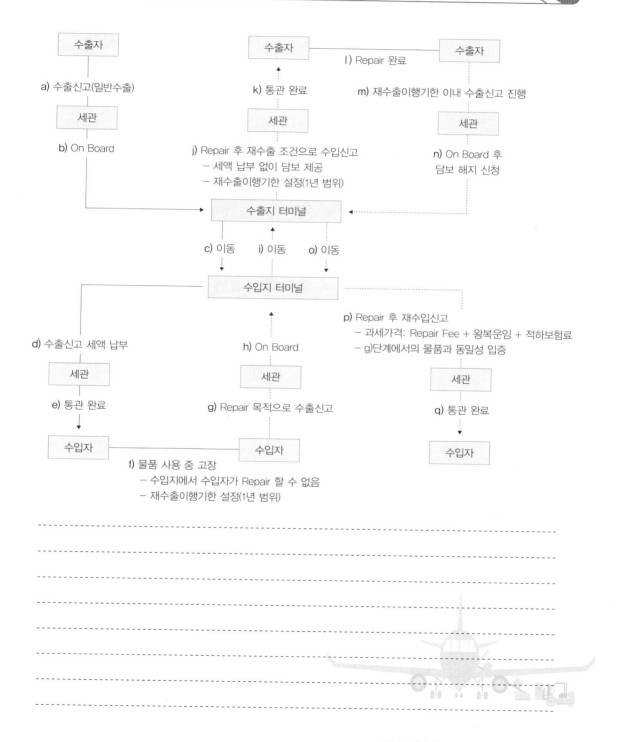

수출자

a) 수출신고(일반수출)

세관

b) On Board

수출지 터미널

c) 이동   i) 이동   o) 이동

수입지 터미널

d) 수출신고 세액 납부

세관

e) 통관 완료

수입자

f) 물품 사용 중 고장
 – 수입지에서 수입자가 Repair 할 수 없음
 – 재수출이행기한 설정(1년 범위)

수출자

k) 통관 완료

세관

j) Repair 후 재수출 조건으로 수입신고
 – 세액 납부 없이 담보 제공
 – 재수출이행기한 설정(1년 범위)

l) Repair 완료   수출자

m) 재수출이행기한 이내 수출신고 진행

세관

n) On Board 후
 담보 해지 신청

h) On Board

세관

g) Repair 목적으로 수출신고

수입자

p) Repair 후 재수입신고
 – 과세가격: Repair Fee + 왕복운임 + 적하보험료
 – g)단계에서의 물품과 동일성 입증

세관

q) 통관 완료

수입자

제 6 강
관세환급에 대한 이해

6-1강
관세 납부와 환급에 대한 이해

- 관세 납부 이유: 수입신고 물품이 국내에서 소비될 것을 전제하에 미리 납부, 국내에서 소비되지 않고 수출되면 납부한 관세 환급.

- 알아두기
  - 관세환급 신청은 외국으로 나가는 배/비행기에 물품을 적재한 이후 진행.
  - 수출이행 후 관세환급 신청을 수출신고와 별도로 하지 않으면 환급 못 받음.
  - 관세환급 신청한다고 무조건 환급되는 것은 아니고 일정한 조건 갖추어야.

[참고] 관세법상의 관세환급으로서 '경정의 청구'(과오납 환급)
경정의 청구는 한국세관에 수입신고 한 수입자가 신고납부한 세액이 과다한 것을 인지했을 때, 입증서류를 갖추어서 세관으로 과다하게 납부한 세액을 돌려줄 것을 요구하는 것이다. 따라서 이는 한국에서 외국으로 수출 이행 후 관세환급 신청하는 건과는 구분된다 할 수 있다.

```
                    ┌─────────────────┐
                    │   경정의 청구    │
                    └─────────────────┘
                             │
            ┌────────────────┴────────────────┐
┌────────────────────────┐      ┌──────────────────────────┐
│ 가격신고 혹은 HS Code   │      │  FTA 건, 사후협정세율 신청 │
│      잘못 신고          │      │   (FTA C/O 원본 필요)     │
└────────────────────────┘      └──────────────────────────┘
```

관세환급에 대한 이해 II

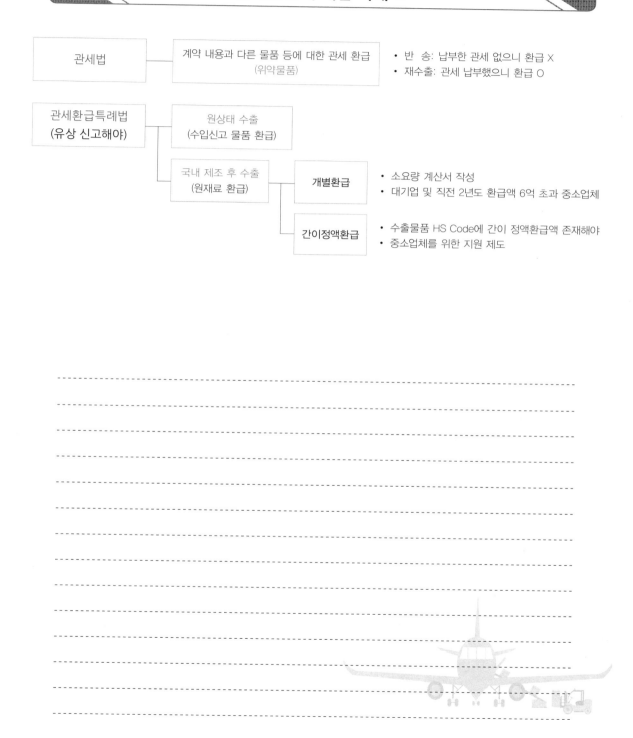

관세법	계약 내용과 다른 물품 등에 대한 관세 환급 (위약물품)	• 반 송: 납부한 관세 없으니 환급 X • 재수출: 관세 납부했으니 환급 O

관세환급특례법 (유상 신고해야)	원상태 수출 (수입신고 물품 환급)		
	국내 제조 후 수출 (원재료 환급)	개별환급	• 소요량 계산서 작성 • 대기업 및 직전 2년도 환급액 6억 초과 중소업체
		간이정액환급	• 수출물품 HS Code에 간이 정액환급액 존재해야 • 중소업체를 위한 지원 제도

관세환급에 대한 이해 III

- 관세법상 환급 건으로서 위약물품 재수출
  - (수출신고) 수입신고 수리일로부터 1년 이내에 보세구역 반입.
  - (관세환급 신청) 수출신고수리일로부터 5년 이내에 환급 신청해야.

- 관세환급특례법상 환급 건
  - (수출신고) 수입신고 수리일로부터 23개월 이내에 이루어져야.
  - (관세환급 신청) 수출신고수리일로부터 2년 이내에 환급 신청해야.

- 수출 이행 후 관세환급 받는 자
  - (국내 제조 후 수출) 기본적으로 '제조사'가 관세환급 받는다.
  - (위약물품 및 원상태 수출) '수출자'가 관세환급 받는다.

관세환급 기본 조건, '유상' 신고해야

- 관세환급 받기 위해서 기본적으로 수출신고는 '유상'으로 해야.

  즉, 해외 거래처로 물품 판매 해야 하며, 수출신고필증 있어야 관세 환급 신청 가능.

- '무상' 신고 건에 대해서도 예외적으로 관세환급 가능한 경우 있음.

  - 「수출용 원재료에 대한 관세 등 환급에 관한 특례법 시행규칙」 제2조
    - 전시회 출품 목적으로 수출되었다가 해외 전시장에서 판매된 경우.
    - 수출된 물품이 계약조건과 서로 달라서 반품된 물품에 대체하기 위한 물품의 수출.
    - 해외 구매자와의 수출 계약을 위하여 무상으로 송부하는 견본용 물품의 수출.

관세환급 신청과 환급 받는자

구분		국내제조 유무	관세 환급 신청자/받는자	유/무상 (수출신고)	수출신고필증	
					제조사	처리
수입한 원상태	원상태 수출[1]	X	수출자	유상	'미상' 처리	수출자 보관
국내 제조 후 (원재료)	완제품 구입 (기납증 발행 X)	O	제조사	유상	실제 제조사	제조사에 전달
	완제품 구입 (기납증 발행 O)	O	수출자	유상	'미상' 처리	수출자 보관
	임가공 의뢰[2]	O	수출자[3]	유상	수출자[4]	수출자 보관

1 외국으로부터 수입하여(세액 납부 후 수리받은 건) 국내에서 사용하지 않고 수입한 원상태 그대로 수출. 단, 무상이 아닌 유상 수출해야.

2 수출자가 국내 제조사에 '주요한 원재료'를 제공하면서 임가공 의뢰한 물품을 구입하여 수출한 경우.

3 국내 제조사에 임가공 의뢰한 수출자.

4 국내 제조사에 주요한 원재료를 공급하여 임가공 의뢰한 자로서 수출자가 해당 건의 수출신고필증 상의 제조사가 됩니다.

관세환급 신청과 수출신고필증

수출신고필증(수출이행)

UNI-PASS

※ 처리기간 : 즉시

제출번호	12312-11-123123U	(5)신고번호	(6)신고일자	(7)신고구분	(8)C/S구분
(1) 신 고 자	ABC관세사사무실 홍길동	000-00-00-00000000	2011-06-30	일반P/L신고	

(2)수 출 대 행 자	에듀트레이드허브	(9)거래구분 11 일반형태	(10)종류 A 일반수출	(11)결제방법 TT 단순송금방식
(통관고유번호)	에듀트레이드허브-0-00-0-0(**수출자구분** C	(12)목적국 CN PR. CHINA	(13)적재항	(14)선박회사
수 출 화 주	에듀트레이드허브	(15)선박명(항공편명)		
(통관고유번호)	에듀트레이드허브-0-00-0-00-0		유상신고 되어야.	
(주소)	서울 강남 논현 000-0 XX B/D #000		무상(GN)이면 기본적으로 관세환급 불가	
(대표자)	홍길동	(소재지) 111	(18)운송형태	
(사업자등록번호)	211-87-00000		10 ETC	(19)검사희망일
(3)제 조 자	카스톤	(20)물품소재지		
(통관고유번호)	카스톤-0-00-0-00-0	123 인천중구XX동 000		
제조장소 111	산업단지부호 111	(21)L/C번호	(22)물품상태 N	
(3)구 매 자	ABC COMPANY	(23)사전임시개청통보여부 A	(24)반송 사유	
(구매자부)	C00000	(25)환급신청인 2 (1 : 수출대행자/수출화주, 2 : 제조자) 간이환급 NO		

● 품명·규격 : 999/999)

- 원상태 수출 : 미상 (제조사 외국에 위치)
- 국내제조 후 수출 : 국내 제조사 기재되어 있어야 환급 신청 가능

(28)
- 원상태 수출 : 수출자가 환급신청인
- 국내제조 후 수출 : 제조사가 환급신청인

(29)모델·규격	(30)성분	(31)수량	(32)단가 (USD)	(33)금액 (USD)
ULTRA LIQUID SOAP A TYPE		300 (EA)	35.55	10,665.00
		● 원상태 수출 : KR 아님 (국내 가공 X) ● 국내제조 후 수출 : KR (국내 가공 O)		
(34)세번부호	3402.90-3000	(35)순중량 24.0 (KG)	(36)수량	(37)신고가격(FOB) $ 10,665.00 ₩ 11,198,250
(38)송품장번호	PI-11003	(39)수입신고번호	(46)원산지 KR--	(41)포장갯수(종류)

수출 이행 기간과 관세 환급 신청 기간

- 수입한 물품의 수출 이행에 따른 관세 환급을 받기 위해 수입신고수리일의 연월(Year/Month)에서 23개월 플러스한다.
- 이렇게 확인된 연도의 월 말일(Last Day)까지가 수출이행기간이라 할 수 있다.
- 이후 수출이행기간 이내에 세관에 수출신고하여 수리받으면, 수출신고수리일 기준 향후 2년 이내까지 관세 환급 신청 가능.

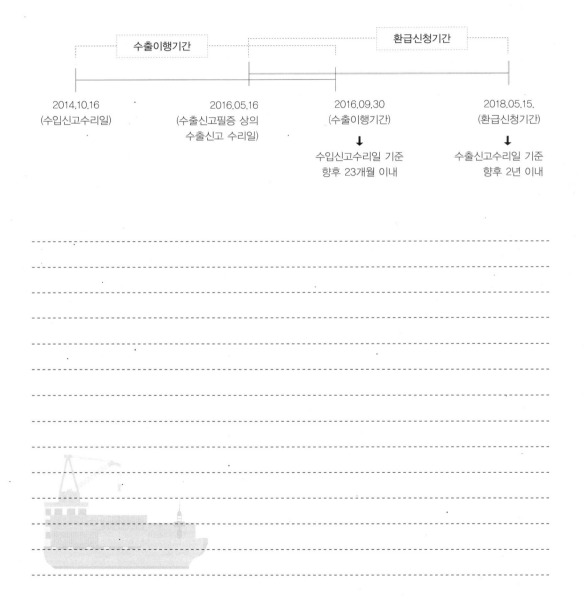

간이 정액환급에 대한 이해 Ⅰ

- 유상 수출되어야 하며, 국내에서 제조된 사실 확인 되어야.
  (수출신고필증으로 '유상' 신고 확인 및 '제조사' 기재되어야).
- 국내에서 충분한 가공 공정 거쳐야 함.
- 수출신고 물품의 HS Code 상 간이 정액환급액 존재해야.
- 관세환급 신청인이 간이 정액환급 업체이어야.
- 중소기업으로서「관세환급 특례법시행규칙」제12조(간이 정액환급률표의 적용대상) 요건 갖춘 자.
- '중소기업등기준검토표' 및 '공장등록증' 제출

HS	340290-3000				
품명	조제 칭징제				
원산지표시	대상 [원산지제도운영에관한고시]				
관세				[관세율 적용순위]	
관세구분	관세율	단위당세액	기준가격	적용시작일	적용종료일
A 기본세율	8	0.0	0.0	2015.01.01	2015.12.31
수입요건	수입요건 내역이 없습니다 .				
수출요건	수출요건 내역이 없습니다 .				
간이정액환급액					
적용일자	중지일자		규격		만원당환급액.
2014.01.14	2015.01.04		조제 칭징제		80
2015.01.05			조제 칭징제		70

[알아두기]

- 수출신고필증 FOB 1만원 당 간이 정액환급액 환급 신청.
- HS Code 상 간이 정액환급액 내역이 없는 품목은 개별환급 신청.

■ 환급신청일 연도의 직전 2년

2013년	2014년	2015년
↓	↓	↓
환급액 6억 이하	환급액 6억 이하	15년 1월 1일부터 환급신청일까지 환급액 6억 이하

■ 관세환급 특례법 시행규칙

제12조(간이 정액환급률표의 적용대상) 영 제16조 제2항 전단에서 '기획재정부령이 정하는 자'란 「중소기업기본법」 제2조 제1항에 따른 중소기업자로서 다음 각 호의 요건을 모두 갖춘 자를 말한다.

1. 환급신청일이 속하는 연도의 직전 2년간 매년도 환급실적(기초 원재료납세증명서 발급실적을 포함한다. 이하 이 조에서 같다)이 6억 원 이하일 것.
2. 환급신청일이 속하는 연도의 1월 1일부터 환급신청일까지의 환급실적(해당 환급신청일에 기초 원재료납세증명서의 발급을 신청한 금액과 환급을 신청한 금액을 포함한다)이 6억 원 이하일 것. [전문개정 2015.3.6.]

간이 정액환급에 대한 이해 III

| 국내 제조사
(A사, 갑) | → 물품공급가 1,000만 원 →
← 수출신고필증 전달 ←
(제조사 A사, 원산지 KR) | 국내 수출자
(B사, 을) | → (수출신고) →
FOB 금액 : 1,000만 원 + B사 마진
← 수출신고필증 발행 ← | 세관 |

→ (관세환급 신청) →
"B사의 수출신고 FOB 금액 기준으로 간이정액환급 신청.
제조사(A사)가 직접 수출 후 환급 신청할 때의 FOB금액보다 높을 것."

▲ 직접 수출도 하는 제조사(간이 정액환급 업체)가 국내 수출자에게 물품 공급할 때, 제조사는 수출자에게 공급 물품의 HS Code 전달. (수출자가 직접 수출한 수출신고필증의 HS Code와 수출자에게 전달 받은 수출신고필증의 HS Code가 일치해야)

▲ 수출자가 하나의 운송서류(B/L, 화물운송장) 건으로 수출함에 있어, 2개 이상의 국내 거래처 (제조사) 물품을 수출할 때는 제조사별로 수출신고. (하나의 수출신고필증 '제조사'에는 2개 이 상의 제조사 기재 불가, 제조사별로 수출신고필증 발행하여 해당 제조사에게 전달해야.)

계약 상이 물품(위약물품) 재수출과 대체품(Replacement)

Step 1
매매계약
조제청정제 100CTNs
3402.90.3000 6.5%

Step 2
100 CTNs에 대해서
수입신고 후 세액 납부
수입통관 완료

70CTNs 정상 물품

Step 3
30CTNs
불량/오더와 상이한 물품

Step 6
수출신고 수리일로부터
5년 이내 환급 신청

Step 5
경우 1) 위약물품 재수출신고

경우 2) 보세구역에서 폐기처분

Step 4
수입신고 수리일로부터
1년 이내에 보세구역 반입

Step 7
관세환급

[참고] 위약물품과 대체품은 서로 연관시키면 안 된다.
- 위약물품 건에 대해서 관세환급 여부와 상관없이 대체품은 새로 수입되는 건이며, 정상
단가로 수입신고 후 세액 납부해야 한다.
- 위약 건으로 수출했다 해서 대체품을 반드시 수입해야 하는 것은 아님.

관세법 제106조(계약 내용과 다른 물품 등에 대한 관세 환급)

① 수입신고가 수리된 물품이 계약 내용과 다르고 수입신고 당시의 성질이나 형태가 변경되지 아니한 경우 해당 물품이 수입신고 수리일부터 1년 이내에 다음 각 호의 어느 하나에 해당하면 그 관세를 환급한다. [개정 2011.12.31.]

1. 외국으로부터 수입된 물품: 보세구역에 이를 반입하였다가 다시 수출할 것.

이때 수출은 수입신고 수리일부터 1년이 지난 후에도 할 수 있다.

[조세심판원 2010.12.31, 2010관0019] 계약 상이 물품을 수입신고수리일부터 1년 이내에 보세구역에 반입하였으나 수출은 1년 이내에 이루어지지 않은 경우 계약 상이환급 신청에 대해 환급 결정을 취소하고, 가산금을 포함한 관세 등을 추징, 고지한 처분은 잘못된 것이다.

관세법 제106조(계약 내용과 다른 물품 등에 대한 관세 환급) II

② 제1항에 따른 수입물품으로서 세관장이 환급세액을 산출하는 데에 지장이 없다고 인정하여 승인한 경우에는 그 수입물품의 일부를 수출하였을 때에도 제1항에 따라 그 관세를 환급할 수 있다.

[설명] 예를 들어, A라는 제품 100개를 주문하여 수입신고 후 세액 납부하고 물품을 받았는데, 2개가 불량이라고 가정해 보자. 그래서 2개를 수출자에게 재수출하는 상황이라면, 2개(총 수량 중 일부 수량만 위약)에 대해서만 위약물품 재수출로 신고하여도 관세 환급을 받을 수 있다는 내용이다.

관세법 제106조(계약 내용과 다른 물품 등에 대한 관세 환급) III

③ 제1항과 제2항에 따른 수입물품의 수출을 갈음하여 이를 폐기하는 것이 부득이하다고 인정하여 그 물품을 수입신고 수리일부터 1년 이내에 보세구역에 반입하여 미리 세관장의 승인을 받아 폐기하였을 때에는 그 관세를 환급한다.

[설명] 예를 들어, 주문한 물품 100개를 세액 납부하고 수리를 모두 받았는데 2개가 불량이다. 수출자에게 재수출 후 관세 환급받기를 원했는데, 수출자가 해당 물품의 가격보다 운송비가 더 많이 발생한다는 이유로 거부하고 있다(물론 대체품(Replacement)으로서 2개는 수일 내로 다시 발송 예정.). 이러한 경우 수입자는 해당 물품을 재수출하지는 않지만, 수입신고 수리일로부터 1년 이내에 보세구역에 반입하여 폐기처분 하더라도 국내에서 소비되지 않았기에 관세 환급을 받을 수 있다. 이때 폐기처분 비용은 수입자가 부담해야 한다. 아울러 향후 수입되는 대체품 2개에 대해서는 수입신고 하여 세액 납부해야 하며, 최초 불량 2개의 건과 대체품 2개의 건은 연관성이 없다고 생각해야겠다.

관세법 제106조(계약 내용과 다른 물품 등에 대한 관세 환급) Ⅳ

④ 수입신고가 수리된 물품이 수입신고 수리 후에도 지정보세구역에 계속 장치되어 있는 중에 재해로 멸실되거나 변질 또는 손상되어 그 가치가 떨어졌을 때에는 대통령령으로 정하는 바에 따라 그 관세의 전부 또는 일부를 환급할 수 있다.

[심사청구 2010.12.10, 관심 제2010-27호] 수입신고 수리 후 특허보세구역에 보관 중에 있던 물품이 화재로 멸실된 경우 관세법 제106조 제4항 규정에 의거 멸실된 장소가 지정보세구역이 아니라는 이유로 청구인의 관세환급신청을 거부한 처분은 적법하다[5].

■ 계약 상이 물품 환급 신청 기한

「납세심사 사무처리에 관한 고시」

제4-3-2조(환급신청기한) 계약내용 상이 수출물품에 대한 환급청구권은 당해 수출신고수리일로부터 5년간 행사하지 아니하면 소멸시효가 완성한다.

---

5   지정보세구역은 국가가 운영하는 보세구역이며, 특허보세구역은 일반 기업이 일정 조건을 갖춘 후에 관할지 세관으로부터 특허를 받아서 운영하는 보세구역을 말합니다.

제 7 강
컨테이너 Door 작업 및 CFS 활용

7-1강
FCL 화물의 컨테이너 Door 작업

FCL 수출 컨테이너 픽업 I

Step 3. 적입작업 (수원 공장)

Step 2. 내륙운송
(부곡 CY → 수원 공장)

Step 1. 픽업 (부곡 CY)

Step 4. 내륙운송
(수원 공장→ 부산항 CY 반입)

Step 5. 부산항 CY 반입

[수출 건 FCL 컨테이너 Door 도착 시간]

• 수출자의 Door가 경기도 권이고 출항지가 부산
  항일 때, 일반적으로 컨테이너 차량은 Door에
  오후 시간대 도착.

[공장/창고 직원과 사전 협의 사항]

• Door로 컨테이너 차량 들어올 때 사전 준비 사항
  – 공장 입구와 공장 내부 작업 공간 확보(차량 진
    입로 등)
  – 작업자와 작업 시간 합의 및 지게차 등 장비 확보

[컨테이너 기사님의 대기 시간]

• Door에 도착 후 통상 3~4시간 정도
  – 컨테이너 사이즈 등의 상황에 따라 대기시간
    다를 수 있으며, 대기시간 초과 시 Waiting
    Charge 발생 기준 및 비용 다를 수 있기 때
    문에 포워더 통해서 운송사에 사전 체크 및
    협의 필요.

FCL 수출 컨테이너 픽업 II

SHIPPING SCHEDULE

PORT	VESSEL NAME	CLOSING TIME	ETD	ETA	CARRIER
BUSAN	YM EMINENCE	5/8 AM	05월 10일	06월 1일	COSCO
SYDNEY	029E				

40FT X 1 BOOKING NO : 6075829411	
작업일자 : 5월 7일	
PICK UP : 부곡 CY	반입 : 허치슨 CY

[공 컨테이너 픽업]

- Shipment Booking 하면 포워더는 Container Booking No., 픽업지, 반입지를 열어준다. 지정된 픽업지에서 공 컨테이너를 픽업하는 것을 컨테이너 '뜬다'라고 표현하는데, 수출자는 내륙운송 기사님께 Container Booking No.를 함께 전달해야 픽업 가능하다. 이때 Container Booking No.가 나왔다 해서 그 번호에 맞는 컨테이너가 지정되어 있다는 것은 아니기에, 공 컨테이너 픽업할 때 Damage 없고, 냄새나지 않는 상태 좋은 컨테이너(Sound Container)의 픽업을 특별히 요청해야 할 것이다.

- 경기도권에서 작업 후 부곡 CY에서 철송하여 부산항까지 이동되기도.

FCL 수출 컨테이너 픽업 Ⅲ

[공 컨테이너 상태 확인 후 적입 작업 진행]

- 공 컨테이너 외관에 Damage 확인 및 내부에 구멍 확인
  (직원 1명을 컨테이너 안에 들여보내고 밖에서 문 닫으면 확인 가능)
- Damage 및 구멍 등 컨테이너 상태 불량하면, 해당 컨테이너 반납하고 새로운 컨테이너 픽업해야.
  - 반납 비용 발생 및 Cargo Closing Time 내에 반입지 CY에 반입 못할 수도.
  - 수출자는 공 컨테이너 픽업 요청하기 전에 Sound Container 강력하게 요구해야 하며, Damage 발견되어 반납할 때 관련 비용의 부담과 책임은 수출자에게 없다는 내용을 포워더 및 내륙운송사와 문서화 할 것.

FCL 수출 컨테이너 픽업 Ⅳ

[컨테이너 작업할 때 주의점 및 필요 내용]

- 지게차 포크로 인한 Damage
  - 컨테이너 바닥 및 벽면에 Damage 발생하지 않도록 주의할 것. Damage 발생하면, FCL 건은 컨테이너 임대한 건이기에 향후 Damage Charge 청구받을 수도.
  - 화물 자체에 Damage 발생하지 않도록 주의할 것.
- Shoring 작업은 화물이 운송 중에 움직여서 화물 자체가 파손되거나 혹은 컨테이너의 파손을 막기 위함이다.
- 수출자는 컨테이너 적입 및 Shoring 작업하는 사진과 동영상을 촬영하여 향후 있을 수도 있는 수입자의 Claim에 대비할 것.

FCL 수출 컨테이너 픽업 V

[컨테이너 기사님의 역할]

- 컨테이너에 화물을 적입, Shoring, 수량 체크 및 Sealing 등 모든 작업은 실화주의 몫. 기사님이 도와주지 않는다.
  - 운송서류(B/L, 화물운송장)에는 Shipper's Load and Count and Seal 혹은 Said to Contain이라는 부지약관 기재됨.

| Container Yard,
컨테이너를 일시적으로 보관하는 곳 | 공 컨테이너 픽업[1]
픽업지(CY) | 화주 공장 도착
적입 후 CY 반입 | On Board
공장 → CY → 적재 |

---

1   실무에서는 CY에서 공 컨테이너를 컨테이너 차량의 샤시(Chassis)에 상차하는 즉, Pick Up 하는 것을 '뜬다'라고 표현하기도 합니다. 그리고 공 컨테이너(Empty Container)를 '깡통'이라 표현하기도 합니다.

FCL 수입 컨테이너 반납 I

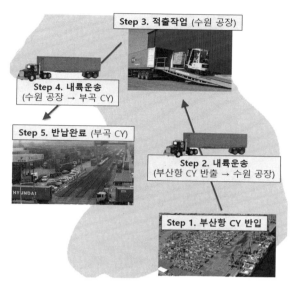

Step 3. 적출작업 (수원 공장)

Step 4. 내륙운송
(수원 공장 → 부곡 CY)

Step 5. 반납완료 (부곡 CY)

Step 2. 내륙운송
(부산항 CY 반출 → 수원 공장)

Step 1. 부산항 CY 반입

[수입 건 FCL 컨테이너 Door 도착 시각]

• 부산으로 입항한 컨테이너 화물은 경기도권 Door(공장/창고)에, 일반적으로 오전에 도착하여 적출 작업 진행한다.

[공장/창고 직원과 사전 협의 사항]

• Door로 컨테이너 차량 들어올 때 사전 준비 사항
  – 공장 입구와 공장 내부 작업 공간 확보(차량 진입로 등)
  – 작업자와 작업 시간 합의 및 지게차 등 장비 확보

FCL 수입 컨테이너 반납 II

[컨테이너 기사님의 대기 시간]

- Door에 도착한 컨테이너 차량의 기사님은 통상 3~4시간 정도
  - 컨테이너 사이즈 등의 상황에 따라 대기시간 다를 수 있으며, 대기시간 초과 시 Waiting Charge 발생 기준 및 비용 다를 수 있기 때문에 포워더 통해서 운송사에 사전 체크 및 협의 필요.

[컨테이너 작업할 때 주의]

- 지게차의 포크로 컨테이너 바닥 및 벽면에 Damage 발생하지 않도록 주의할 것. Damage 발생하면, FCL 건은 컨테이너 임대한 건이기에 향후 Damage Charge 청구받을 수도.

[공 컨테이너를 반납 후]

- 적출 후 공 컨테이너를 반납지 CY로 반납할 때, Damage 발생 여부 확인 후 이상 없으면 반납 완료된다. 반납 완료 후 Damage Charge를 실화주에게 청구하면 부적절하다. 반납된 후 CY에서 Damage 발생하였을 수도.

FCL 수입 컨테이너 반납 III

[컨테이너 종류와 반납지]

• 수입자 Door가 경기도권이면 적출 후 공 컨테이너를 인근 CY로서 인천 혹은 부곡 CY로 반납 원할 것이다. 통상 Dry Container는 인근 CY로 선사가 반납지를 잡아주지만, 특수 컨테이너 (RF, FR, OT 등)는 반납지를 부산 CY로 잡아주는 경우도 있다. 물론, 경우에 따라서는 Dry Container 역시 부산항으로 반납지를 잡아주는 경우도 있는데, 이렇게 되면 내륙운송비가 추가 발생할 것이다. 따라서 수입자는 포워더를 통하여 선사에게 반납지를 인근 CY로 잡아줄 것을 요청해볼 수 있을 것이다.

[입항지와 Final Destination]

• 국토교통부 홈페이지[2]에서 컨테이너 내륙운송비에 대한 Tariff를 확인할 수 있다. (물론 내륙 운송사가 실제 제시하는 내륙운송비는 해당 Tariff에 비해서 일반적으로 저렴) 입항지가 부산 이 아니라 광양이면 내륙운송비가 다소 비쌀 수 있으며, 특수 컨테이너의 내륙운송비가 일반 Dry 컨테이너보다 비쌀 것이다.

---

2   국토교통부(http://www.molit.go.kr) → 상단 메뉴 '알림 마당' → 하위메뉴 '공지사항' → 등록일자 모두 삭제 하고 '주제어'에 '운임'이라고 검색

Q&A를 통한 컨테이너 내륙운송의 이해 I

[질문] FCL 수입의 경우, 컨테이너 기사님이 경기도권 Door에 오전에 도착하는 것을 선호하는 이유가 무엇인가요?

컨테이너 기사님은 수입 건의 경우, 오전 일찍 수입자의 Door(공장/창고)에서 적출 작업하면 공 컨테이너를 인근 CY 반납 후 새로운 수출 건 컨테이너를 수출자의 공장/창고까지 운송하는데 시간적 여유를 확보하게 된다. 따라서 수입 건은 가능한 오전 일찍 수입자의 공장/창고에 도착하는 것에 대해 호의적이라 할 수 있다.

[질문] FCL 건으로 수출과 수입 컨테이너 작업을 동일한 날짜에 한다면, 수입 건 적출 후 해당 컨테이너에 수출 건 적입하여 수출 가능한가?

원칙적으로 수입 건 화물 적출 후 공 컨테이너 반납지에 반납 후, 수출 건에 대해선 Shipment Booking 할 때 포워더에게 부여받은 Container Booking No.로 공 컨테이너 픽업 후 수출 건 수출해야 하겠다(수입 건 COC 소유 선사와 수출 건 COC 소유 선사가 다를 수도).

Q&A를 통한 컨테이너 내륙운송의 이해 II

[질문] FCL 수출의 경우, 오전에 컨테이너 적입 작업 가능한 상황과 부곡 CY에서 철송으로 부산 CY에 반
입 가능한가?

경기도 권에 FCL 건 수출물품의 공장/창고가 있는 경우, 상황에 따라 오전 작업하기도한다. 예를
들어 수출자의 공장/창고가 수원이고 인근의 인천(부곡) CY에서 그 전날 컨테이너를 기사님이 픽
업하여 다음날 아침에 수출자의 공장/창고에서 적입 후 부산항으로 내륙운송 할 수도 있다. 혹은
부곡 CY에서 공 컨테이너를 오전에 픽업해서 적입 작업 후 다시 부곡 CY로 반입하여 철도로 부
산항까지 운송할 수도 있다.

7-2강
CFS 활용 목적과 비용

컨테이너 내륙운송과 CFS 활용에 따른 비용 I

		THC	W/F	CCF	Drayage CHG	CFS CHG	창고료	Trucking CHG
FCL	컨테이너 내륙 운송	발생	발생	발생	미발생	미발생	미발생	발생
	CFS 반입	발생	발생	발생	발생	발생	발생	발생
LCL		발생	발생	발생	발생	발생	발생	발생

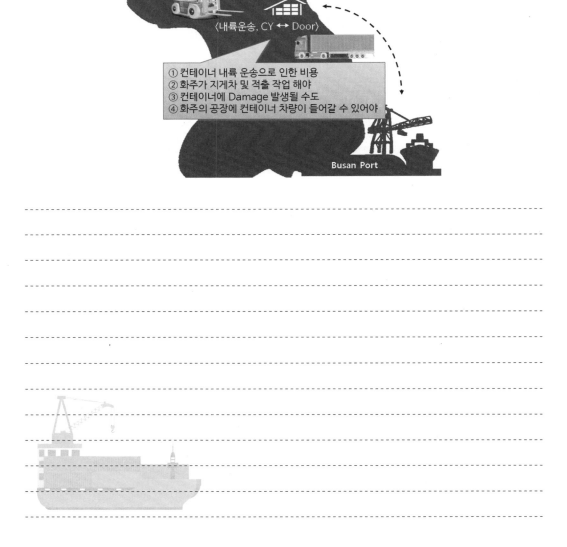

청주공장

〈내륙운송, CY ↔ Door〉

① 컨테이너 내륙 운송으로 인한 비용
② 화주가 지게차 및 적출 작업 해야
③ 컨테이너에 Damage 발생될 수도
④ 화주의 공장에 컨테이너 차량이 들어갈 수 있어야

Busan Port

수출 건, CFS 사용하는 상황 I

구분	설 명
LCL	– 하나의 컨테이너에 여러 화주 화물이 혼재되는 것이니 CFS 사용해야.
FCL	– 하나의 Shipper가 여러 국내 공급자에게 물품을 받아서 하나의 Consignee에게 발송하는 경우[3]
	– CBM과 Weight가 20FT DV에 Full로 적입되지는 않으나 LCL 견적보다 FCL 견적이 낮은 경우
	– LCL로 충분히 진행 가능한 CBM과 Weight이지만 화물의 특성 상 혼재가 불가능한 물품의 경우
	– Shoring이 필요한 물품이나 공 컨테이너 Door Order 해서 수출자가 직접 Shoring 할 수 없을 때
	– 지게차 등의 장비가 없을 때
	– 수출지의 Door에 컨테이너 차량의 접근이 불가할 때
기타	– 혼재업자를 활용하여 수출물품의 적입 작업 요청이 필요한 경우

---

3   공 컨테이너가 여러 국내 공급자의 Door를 돌면서 적입 작업하는 것보다는 하나의 집결지에 해당 화물을 집결
   시켜 적입 작업하는 것이 유리할 것.

수출 건, CFS 사용하는 상황 II

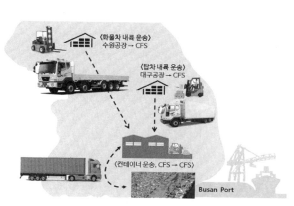

▲ 컨테이너 화물 집결지로서의 CFS 활용

• 수출자가 Shoring 작업 직접 할 수 없을 때

• 소량 화물이라도 RF 사용할 때는 LCL 진행 어려울 것. 이유는 여러 화주 화물이 동일한 온도 조건으로 동일 시점에 선적되기 어려움.

수입 건, CFS 사용하는 상황 I

구 분	설 명
LCL	– 하나의 컨테이너에 여러 화주 화물이 혼재되는 것이니 CFS 사용해야.
FCL	– CBM과 Weight가 크지 않아 컨테이너 내륙운송이 불필요한 경우(내륙운송비 절감)
	– 최초 수입 건으로서 수입요건이 존재하는 경우
	– 분할통관이 필요한 경우 (여러 품목 중 일부 품목에 수입요건이 있는 경우, 세액 납부가 부담스러운 경우, 기타)
	– 수입신고 전 물품의 상태 확인이 필요한 경우(불량 등 위약물품 여부 확인 가능)
	– 지게차 등의 장비가 없을 때
	– 수출지의 Door에 컨테이너 차량의 접근이 불가할 때
	– 보수작업 필요할 때(예: 식품 등의 경우 한글 표시사항 부착)
기타	– 혼재업자를 활용하여 수출물품의 적입 작업 요청이 필요한 경우

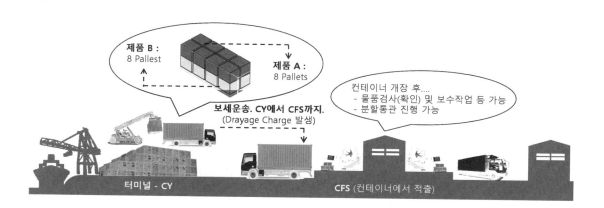

제품 B :
8 Pallest

제품 A :
8 Pallets

보세운송. CY에서 CFS까지.
(Drayage Charge 발생)

컨테이너 개장 후....
- 물품검사(확인) 및 보수작업 등 가능
- 분할통관 진행 가능

터미널 - CY

CFS (컨테이너에서 적출)

보세창고료 계산 방법 I

■ 보세창고마다 정해 놓은 종가율과 종량률에 의해서 계산된 각각의 값을 합산하여 청구. 물론 작업료(인건비)도 포함. 이때 반입일로부터 반출일까지의 보관일수, R/Ton(계산톤) 및 물품의 가격이 창고료에 영향을 미치는 요인

창고료 견적서

보관료 / 창고료

(1) 종가율(원/물품가 1,000원당) → 기본요율: 1.50원 / 1일 할증: 0.30원
(2) 종량률(원/1CBM당) → 기본요율: 1,600원 / 1일 할증: 250원

작업료

(1) 하차료: 7,500원,　(2) 상차료: 7,500원,　(3) 기타 작업료: 2,500원

[Remarks]

- 보관료는 보관일수에 따른 종가율과 종량률로 계산하여 합산한다.
- 톤수는 중량톤(M/T)과 용적톤(CBM) 중 많은 것을 적용한다(R/T).
- '물품가'는 수입신고필증의 감정가격에 관세를 합한 금액으로 한다.
- 작업료의 경우 1B/L 당 화물 총량이 2CBM 미만인 경우 2CBM으로 한다(최저 비용, Min).
- 상기 기준은 수입화물에 대해 적용하며, 부가가치세는 제외한다.

보세창고료 계산 방법 II

■ 보관 기간 : 13일

(1) 종가율(원/물품가 1,000원당) → 기본요율 : 1.50원 / 1일 할증 : 0.30원

- 기본 창고료: {10,000,000원(물품가) X 1.5원} / 1,000원 = 15,000원
- 13일 할증료: {10,000,000원(물품가) X 0.3원(1일 할증) X 13일(보관기간)} / 1,000원 = 39,000원
- 합 계: (15,000원 + 39,000원) = 54,000원
  * '물품가'는 수입신고필증 '(55)총과세가격'이라 할 수 있음.

(2) 종량율(원/1CBM당) → 기본요율 : 1,600원 / 1일 할증 : 250원

- 보관 물품의 R.ton: 실제 부피가 5CBM이고 실제 무게가 3,500kg이니 5CBM이 R.ton
- 기본 창고료: 5CBM X 1,600원 = 8,000원
- 13일 할증료: 5CBM X 250원(1일 할증) X 13일(보관기간) = 16,250원
- 합 계: 8,000원 + 16,250원 = 24,250원

(3) 작업료 : 하차료 : 7,500원, 상차료 : 7,500원, 기타 작업료 : 2,500원

- 하차료: 5CBM(R.ton) X 7,500원 = 37,500원
- 상차료: 5CBM(R.ton) X 7,500원 = 37,500원
- 기타 작업료: 5CBM(R.ton) X 2,500원 = 12,500원
- 합 계: 37,500원 + 37,500원 + 12,500원 = 87,500원

내륙운송 과적 기준

- 「도로법시행령」 제79조(차량의 운행 제한 등) ② 도로관리청이 법 제77조 제1항에 따라 운행을 제한할 수 있는 차량은 다음 각 호와 같다.

1. 축하중(軸荷重)이 10톤을 초과하거나 총중량이 40톤을 초과하는 차량
2. 차량의 폭이 2.5미터, 높이가 4.0미터(도로 구조의 보전과 통행의 안전에 지장이 없다고 도로 관리청이 인정하여 고시한 도로의 경우에는 4.2미터), 길이가 16.7미터를 초과하는 차량

- 상기 기준 초과하는 차량 운송해야 하는 경우 : 국토교통부(https://www.ospermit.go.kr)로 허가 신청해야.

컨테이너 적재 중량과 선사의 Roll Over

■ Dry Container의 제원

	20ft	40ft	40ft High Cube
Interior Dimensions			
Width (폭)	2.35m	2.35m	2.35m
Length (길이)	5.89m	12.03m	12.03m
Height (높이)	2.38m	2.38m	2.69m
Tare Weight (컨테이너 자체 중량)			
ton	2.15ton	3.70ton	3.80ton
Cubic Capacity			
Cubic meters	33.0 cbm	67.0 cbm	76.0 cbm

■ 컨테이너 적재 중량이 상당한 경우

• 대략적으로 화물의 G.W.가 20Ton이 넘어가면 수출자는 포워더를 통해서 선사에 해당 화물이 On Board 되는데 문제 없는지 체크할 필요

• 무게가 상당한 화물은 선사에서 Shipment Booking까지 받았음에도 Roll Over(Cut Off) 하는 경우도 있음

컨테이너 내륙 운송에 대한 이해 Ⅰ

- 하나의 수출 건이 55CBM, 38ton
  - 하나의 차량에 적재: 과적으로 인한 벌금 발생
  - 하나의 컨테이너에 적재: 컨테이너 바닥 내려앉을 수도

Cargo	20ft 샤시 사용		
M: 55CBM W: 38ton →	25CBM, 20ton	20CBM, 18ton	25CBM, 20ton 40ft 샤시 위 20ft 컨테이너

▶ 실제로 20ft Container 샤시는 많지 않아 수배하기 힘들 수도. 그래서 20ft Container의 경우, 샤시가 아닌 일반 트럭의 짐 칸에 컨테이너를 상차하여 운송하는 경우도 있다. 아니면 20ft Container이지만 40ft Container 하나 상차할 수 있는 샤시로 운송하는 경우도 있다.

※ 참고로 40ft가 20ft 컨테이너보다 부피가 2배 크다 하여, 해상 운임(O/F)이 40ft가 20ft보다 2배 그리고 내륙운송비(Trucking Charge) 역시 40ft가 20ft보다 2배 높은 것은 아니다. 크게 차이나지 않을 수도 있겠다.

컨테이너 내륙 운송에 대한 이해 II

■ 하나의 컨테이너 적재 가능 무게 초과로 20FT x 2 사용

Cargo

M: 55CBM
W: 28ton →

20ft x 2 콤바인

40ft 샤시 위 20ft DVx2 상차

▶ 이때, 헤드(Tractor) 바로 뒤 컨테이너의 문은 헤드 바로 뒤에 위치해야 하며, 차량 끝 부분의 컨테이너의 문은 차량 뒤에 있어야. 화주의 공장/창고에서 컨테이너 개장하여 적입/적출할 때, 헤드와 샤시 분리하여 작업.

▶ 하나의 Shipper가 Consignee 2개 회사로 20FT 하나 컨테이너를 각각 수출하는데, 수출 물품이 위치한 Shipper의 공장/창고에서 각각의 Consignee로 발송되는 화물의 컨테이너 작업이 같은 날 진행되는 경우도 있을 것이다[4]. 그렇다면 40FT 샤시에 20FT 2대를 상차하여 Shipper는 적입 작업을 할 수 있을 것이다. 이때 동일한 반입지로서 CY에 반입되었다 하더라도 On Board 시점은 각각 다를 수 있을 것이며, 선사 역시 다를 수 있을 것이다.

▶ 콤바인 된 경우, 헤드와 샤시를 분리하지 않고 하기처럼 'ㄱ'자 형태로 만들어 헤드 바로 뒤 컨테이너로의 적입 혹은 적출 작업 할 수도 있다('앞작업'이라고 부르기도 함).

---

4 본 경우 Consignee 별로 수출신고 할 것이며, 수출신고필증은 각각 발행. 물론, 운송서류 역시 Consignee별로 발행.

컨테이너 적재 가능 팔레트 수량

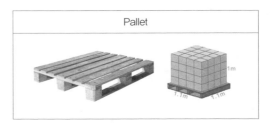

- 상기 사이즈의 팔레트를 20FT DV에 1단 적재하면 10 팔레트가 적재 가능하다.
  (2단 적재하면 20 팔레트).
- 2단 적재를 위해서는 1단 화물이 2단 화물의 중량을 이겨내야 한다.

▲ Dead space가 있으며, 화물의 움직임을 방지하기 위해 Dunnage Bag 활용 가능. 물론 Shoring 할 수도.

오픈탑 컨테이너에 Inguage 화물 적입과 크레인

Open Top Container

▲ 크레인을 활용한 Ingauge 화물 적입 작업

■ Open Top Container 제원

	20ft	40ft
Interior Dimensions		
Width (폭)	2.35m	2.35m
Length (길이)	5.89m	12.06m
Height (높이)	2.39m	2.39m
Tare Weight (컨테이너 자체 중량)		
ton	2.15ton	3.70ton
lbs	4,739 lbs	8,156 lbs
Cubic Capacity		
Cubic meters	33.0 cbm	67.0 cbm
Cubic feet	1,179 cu.ft	2,393 cu.ft

■ Ingauge 화물 적입

화물의 사이즈가 컨테이너에 적입 가능한 Ingauge 화물임에도 길이가 상당하면 지게차보다는 크레인을 활용하여 적입하는 것이 보다 안전할 것이다.

■ Outgauge 화물 적입

화물의 사이즈가 컨테이너보다 큰 Outgauge 화물은 DV(Dry Container) 혹은 OT(Open Top Container) 가 아닌 Flat Rack(FR) 컨테이너에 올려서 쇼링 작업 후 운송해야 할 것이다.

특수컨테이너의 제원과 RF의 활용

Reefer Container

	20ft	40ft
Interior Dimensions		
Width (폭)	2.94m	2.94m
Length (길이)	5.45m	11.58m
Height (높이)	2.20m	2.20m
Tare Weight (컨테이너 자체 중량)		
ton	2.93ton	3.9ton
lbs	6,062 lbs	8,708 lbs
Cubic Capacity		
Cubic meters	27.9 cbm	56.1 cbm
Cubic feet	986 cu.ft	2,000 cu.ft

Flat Rack Container

2.40m

	20ft	40ft
Interior Dimensions		
Width (폭)	2.35m	2.35m
Length (길이)	5.89m	12.03m
Height (높이)	2.38m	2.38m
Tare Weight (컨테이너 자체 중량)		
ton	2.15ton	3.70ton
lbs	4,739 lbs	8,156 lbs
Cubic Capacity		
Cubic meters	33.0 cbm	67.0 cbm
Cubic feet	1,179 cu.ft	2,393 cu.ft

RF로 운송되는 화물

영하의 온도를 유지해야 하는 물품의 운송에서 사용할 수도 있으나, 냉동 컨테이너를 사용하는 이유는 일정한 온도와 일정한 습도를 유지하기 위해서 사용한다고 보는 것이 보다 적절할 것이다 (온도와 습도에 민감한 제품 운송 할 때 RF 사용).

해상 운송 시간은 상당하고 날씨의 변화에 따라서 습도와 온도가 상승함으로써, 컨테이너 내부에 적입된 물품에 영향을 미칠 수 있다. 그래서 냉동 컨테이너의 활용은 식품뿐만 아니라 의약품, 고무 및 전기제품의 운송에서도 사용되고 있다.

일반 Dry Container를 사용하면 운송 중의 컨테이너 내부 온도가 30~40도 이상 올라갈 수도 있기에, 일정한 온도와 습도의 유지가 필요한 물품은 냉각기가 장치된 냉동 컨테이너를 사용할 필요가 있으며, 이러한 냉각기의 사용으로 인한 운임은 일반 Dry Container보다는 상당히 높다 할 수 있다.

제 8 강
매매계약서 작성하기

매매계약 전 체크 사항 I

■ Seller 및 Buyer의 공통 사항

- 계약서는 자신이 먼저 작성한다. 작성된 계약서를 기초로 상호 조율·진행하기 때문.
- 단어와 문장은 명확하게 한다. 오해의 소지가 없어야 한다.

■ Seller의 체크 사항

- 안정적으로 오더 가능한 Buyer 찾기.
- Buyer가 수입국에 유통망이 있는가?
- Seller가 제조사가 아닌 경우, Buyer에게 Claim 받았을 때 제조사와 협조 가능한가?
- 제조사가 아닌 Seller 입장에서 Buyer 상대하는 데 문제는 없는가? 제조사와의 관계 중요.
- 견적 요청 받으면 Buyer의 Company Profile 요구할 필요.
  (Seller가 어느 정도 규모가 있을 때 통상 요구)
- 제품 카탈로그는 그냥 무턱대고 Buyer에게 제공하지 않는다.
- Sample은 무상 공급하지 않는다.
  (특송으로 샘플 발송한다면, 특송 운임이라도 선불로 받거나 특송 운임 후불로 발송)

매매계약 전 체크 사항 II

■ Buyer의 체크 사항

- 국내 유통망 확보되어 있나?

  누구나 수입은 할 수 있다. 그러나 판매 못 하면 재고로 남고 망한다.
- HS Code 확인 절대적으로 필요(관세율, 수입요건).
- 국내 유통 위해서 KC 마크 받아야 하는 제품인가(기술표준원 홈페이지 참고)

- Seller가 도매업자인가 제조사인가 파악할 필요.

  : 국내 거래처가 제품에 대해 Claim 했을 경우, Seller에게 해결 요청해야 할 것이기 때문.

  : 요건 받아야 하는 품목의 경우, Seller가 도매업체면 요건 받는 데 필요한 서류 전달받기 어려울 수도.

- 자금 충분하더라도 소량 오더한다.

  : Seller의 신용도 체크, 한 번 사기 당하면 회사 망할 수 있다.

매매계약 절차에 대한 이해

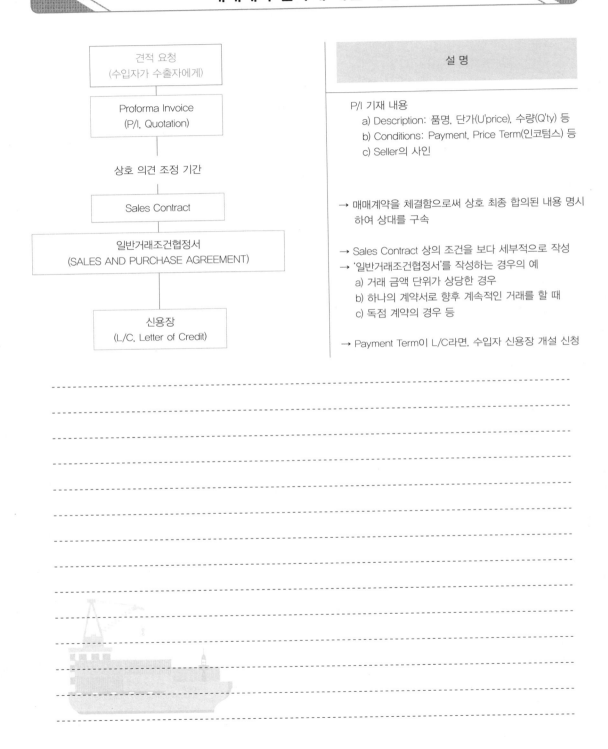

견적 요청 (수입자가 수출자에게)	설 명

Proforma Invoice
(P/I, Quotation)

P/I 기재 내용
  a) Description: 품명, 단가(U'price), 수량(Q'ty) 등
  b) Conditions: Payment, Price Term(인코텀스) 등
  c) Seller의 사인

상호 의견 조정 기간

Sales Contract

→ 매매계약을 체결함으로써 상호 최종 합의된 내용 명시하여 상대를 구속

일반거래조건협정서
(SALES AND PURCHASE AGREEMENT)

→ Sales Contract 상의 조건을 보다 세부적으로 작성
→ '일반거래조건협정서'를 작성하는 경우의 예
  a) 거래 금액 단위가 상당한 경우
  b) 하나의 계약서로 향후 계속적인 거래를 할 때
  c) 독점 계약의 경우 등

신용장
(L/C, Letter of Credit)

→ Payment Term이 L/C라면, 수입자 신용장 개설 신청

Payment Term - L/C

A. PAYMENT TERMS

A-1 USD85,500− by irrevocable letter of credit negotiable at sight in favor of the Seller.

A-2 Advising Bank− ANZ(Australia and New Zealand Banking Group Ltd.) Sydney Branch, 255 George St. Newcastle NEW Australia, SWIFT CODE ANBBAUNW

A-3 Before the Buyer submit L/C Draft to Opening Bank, the Buyer shall e-mail L/C Draft to the Seller for Seller's final confirmation.

■ L/C Cancel 혹은 Amend를 위한 조건

　a) 개설신청인(L/C Applicant)의 Cancel(Amend) 신청

　b) 개설은행(Issuing Bank)의 동의

　c) 수익자(Beneficiary)의 동의

→ 개설신청인과 수익자의 합의가 없으면, 원 신용장에 대한 Cancel 혹은 Amend 진행 어려움. 쌍방 중 한쪽 당사자라도 동의하지 않으면 진행 불가. 개설은행은 개설신청인의 거래은행이니 개설신청인의 편에 가깝다 할 수 있음.

L/C와 P-Bond의 차이점과 필요성

■ L/C의 의미
  – 개설은행(Drawee, 통상 수입지의 수입자 거래은행)이 수익자(Beneficiary)에게 L/C 조건과 일치하게 선적하고 선적서류로 입증하면 대금 결제하겠다는 보증서(확약서).
  – 개설의뢰인(Applicant)은 L/C 발행하는 은행에 담보 제공할 수도.

■ P-Bond의 의미
  – 수출지의 수출자 거래은행이 수익자가 L/C 조건과 같이 물품을 수출할 것이라는 것을 개설의뢰인에게 보증하는 서류.
  – 수익자는 P-Bond를 발행하는 은행에 담보 제공할 수도.

Negotiable At Sight

1) 수익자(수출자)는 선적서류 등을 자신에게 대금 결제 확약한 Drawee(지급인)에게 전달하여 선적대금 결제받아야 한다. 그러나 Drawee는 수출지에 없기 때문에 자신의 거래은행으로 선적서류 등을 제출하고 Drawee 대신에 대금 결제 요청한다.

2) 수출지 은행(수익자 거래은행)은 선적서류 등을 인수하고 Drawee 대신에 선적 대금을 선결제할 수도 있다. 만약 수출지 은행이 선적서류 인수하는 동시(즉시, At Sight)에 대금 결제하면, 매입(Nego)이 이루어진 것이다.

3) 수출지 은행이 선결제한 대금을 Drawee에게 결제받기까지의 기간(9~12일 정도)을 고려하여 수출자에게 청구하는 이자를 환가료라 한다(Usance 이자 아님).

수출지에서의 At Sight와 Usance 이자 부담

- 수출지 은행의 즉시 매입 조건(Negotiable At Sight)

  a) L/C와 제출 서류(46A 선적서류, 환어음 등)의 일치

  b) 수출자의 신용도(선결제한 수출지 은행이 Drawee에게 돈 못 받으면 구상권)

  c) 개설은행(Drawee)의 신용도(은행도 망할 수도 있고 사기 칠 수도 있다)

  → 매입신용장이든, 지급신용장이든 상기 조건 충족해야 수출지 은행이 수익자의 매입신청에
    응할 것이며, 충족 못 하면 수출지 은행은 매입이 아니라 추심 돌릴 가능성이 농후하다.

- Usance 이자가 발생되는 경우

  a) 매입신용장 건으로서 Usance L/C
     - Banker's Usance일 때: 개설의뢰인(Applicant)이 부담.
     - Shipper's Usance일 때: 수익자(Beneficiary)가 부담.

  b) 연지급신용장(Deferred Payment L/C)
     - Banker's와 Shipper's 구분 없음. Shipper's에 가깝다 할 수 있음.

매입신용장, At Sight L/C와 Usance L/C

Negotiation L/C	At Sight L/C

41A : AVAILABLE WITH··· BY···,
       ANY BANK BY NEGOTIATION
42C : DRAFTS AT
       SIGHT
42A : DRAWEE
       ABCDTRIS[1]

Negotiation L/C	Banker's Usance

41A : AVAILABLE WITH··· BY···,
       ANY BANK BY NEGOTIATION
42C : DRAFTS AT
       60 Days After B/L Date
42A : DRAWEE
       ABCDUSAB
72 :   + A/D CHGS ARE FOR ACCOUNT OF
       APPLICANT.

▲ 매입신용장에서 At Sight LC이던 Usance L/C이던 매입(선지급) 이루어지면 환가료 발생, 추심 돌리면 환가료 미발생.

▲ 수출지에서 발생하는 환가료와 Usance 이자(Discount Charge)는 별개의 이자.

---

1   SWIFT Code이며, 앞 4자리로서 ABCD는 은행명이고, TR은 국명으로서 터키 그리고 IS은 지역을 나타냅니다.

지급신용장(At Sight)과 연지급신용장(Usance)

Payment L/C	At Sight

41A : AVAILABLE WITH··· BY···,
ABCDTRIS
BY PAYMENT

Deferred Payment L/C	Usance

41A : AVAILABLE WITH··· BY···,
ABCDFRMM[2]
BY DEF PAYMENT
42P : DEFERRED PAYMENT DETAILS
90 DAYS AFTER SHIPMENT DATE

- 외국 수입자에게 매입 신용장으로서 Banker's Usance L/C 받는 것이 좋으나 이게 불가능하여 연지급신용장 이외에는 대안이 없다면, 수출지 거래 은행에 연지급신용장임에도 매입을 받을 수 있는 조건이 어떠한지 확인 해야 할 것.
- 그러면 Available with by··· 조항에서 'Any Bank in South Korea by DEF Payment'는 은행에서 매입보다는 추심 돌릴 가능성이 있기에, '수출지 은행 By DEF Payment'로 되어야 한다와 같은 적절한 대안을 제시받을 수 있을 것.

---

2   BY DEF PAYMENT 앞에 수입국 은행 SWIFT Code가 지정되기도 하고, 수출국 은행이 지정되기도 하며 'ANY BANK IN SOUTH KOREA(한국이 수출국)'로 지정되기도 합니다.

Time of Delivery

B. TIME OF DELIVERY

    B-1 The latest Ex-factory date for the entire order quantity shall be on later than the first week of August, 2012.
    B-2 The entire quantity shall be arrived within August 30, 2012 at nominated port located in Korea.

- 애매한 용어는 사용하지 않는다.

    - Lead Time처럼 애매한 용어는 그 의미를 쌍방이 달리 이해할 수 있어 향후 문제 될 수도.
    - 계약서, 이메일 및 기타 모든 무역 서류에서의 용어는 명확하게 기재할 것.

- 자신에게 유리하게

    - 상기 'B-2'에서 선적기일(S/D)을 기재하지 않고, 도착일을 기재한 것은 수입자에게 유리.
    - 해상 건으로 On Board 된 물품의 A.T.A.[3]는 누구도 Confirm 할 수 없다.

---

3   Actual Time of Arrival. 포워더는 실화주에게 항상 E.T.A.(도착 예정일)를 통지하며, ATS(실제 도착일)을 통지하지 않는다.

Partial Shipment와 운송방법

C. PARTIAL SHIPMENT
Partial Shipment is Allowed but only by vessel.

■ 분할선적 허용

- 일반적인 의미) 하나의 계약 건에 대해서 2회 이상 선적하는 것.
  관세사 쪽 의미) 하나의 수출신고필증에 대해서 운송서류(B/L, 화물운송장)이 2회 이상 발행된 경우.
- 분할선적이 허용된 경우, 전체 물량 S/D(선적기일) 존재하고 개별 선적 S/D는 통상 존재하지 않음.
- 분할선적 하면, 선적 건 별로 선적서류(Shipping Documents) 발행되고 결제조건이 L/C라면 선적 건 별로 수출자는 매입 신청하며 수입자 역시 선적 건 별로 개설은행으로부터 선적서류 인수.

Price Term 기재 방법

D. PRICE TERM

D-1 The delivery terms for Products shall be FOB Sydney Port, which is governed by the Incoterms 2010 of the International Chamber of Commerce.

D-2 Both parties shall comply with INCOTERMS 2010.

D-3 INCOTERMS 2010 stipulates that FOB(Free on Board) means that the Seller delivers the goods on board the vessel nominated by the Buyer at the named port of shipment. The risk of loss of or damage to the goods passes when the goods are on board the vessel, and the buyer bears all costs from that moment onwards.

- 인코텀스(가격조건)는 법이 아니라 규칙이다.
- 무역하는 사람들이 모두 인코텀스를 이해하고 있지는 않기에 계약서 작성 과정에서 명확히 하는 것이 대단히 중요하다.
- 인코텀스 뒤에 지정장소 역시 정확·명확하게 기재하자. 지정장소가 비용분기점이자 위험분기점이다(C-Terms는 비용분기점 역할만 한다).

Packing의 필요성과 아이템 특성과의 연관성 I

E. PACKING

E-1 Packing shall be at Seller's option. In case of special instructions are necessary, the Buyer shall notify the Seller thereof in time to enable the Seller to comply with the same and all additional cost thereby incurred shall be borne by the Buyer.

E-2 Regardless of Incoterms, the problem incurred by the poor packing is the Seller's responsibility.

- 팩킹은 운송 과정 중에 발생하는 통상적인 충격을 흡수할 수 있을 정도로 한다. 적하보험 가입된 건에서 사고 발생 시 팩킹 상태 불량하면 보험금 지급 받기 어려울 수도.
- 아이템에 대한 특성에 따라서 적절히 포장해야 하며, 포장 방법에 따른 비용은 수출자가 인코텀스와 관계없이 물품의 단가에 일반적으로 포함한다.
- 위험물(Dangerous Goods, DG)이면, 포장 비용 및 운송비 상승한다. 그리고 Shipment Booking 할 때 제약이 따를 수 있다(항공사가 거부할 수도, Schedule 잡기 어려움).
- 아이템에 특성은 포장 방법뿐만 아니라 컨테이너 결정에도 영향을 미칠 수도(일정한 온도와 일정한 습도 유지해야 하는 아이템이라는 리퍼 컨테이너 사용해야).

Packing의 필요성과 아이템 특성과의 연관성 II

a) 제품의 특징에 따른 컨테이너 선택

- 행거 컨테이너[4]는 주름이 생길 수 있는 '가죽 제품'의 운송에도 사용된다.

b) 운송 과정 중에 화학적 변화를 일으킬 수 있는 물품

- 적하보험 가입하더라도 제품의 특성에 따른 위험은 커버하지 않으니, 좌측과 같은 제품은 특약 가입이 필요할 것.
- 예) ICC(All Risk) EXCLUDING THE RISK OF SHORTAGE DUE TO BREAKAGE OF BOTTLE)

---

4   행거 컨테이너가 별도로 존재하는 것은 아니고, Dry 컨테이너에 행거를 설치하면 행거 컨테이너가 된다.

c) 나무 팩킹해야 하는 물품이라면…

  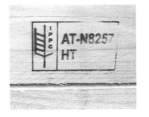

d) Danger Goods(D/G, 위험품) 라면…

Shipping Mark와 필요성 ㅣ

F. SHIPPING MARK

Each Box shall be born the mark 'James' in diamond with port mark, running case numbers, and the country of origin as follows;

Busan Port
C/N(Running Number)
Made in Australia

■ Shipping Mark의 필요성

– 항공, LCL 및 FCL 건 구분 없이 수출지에서 물품 생산할 때부터 표기하는 것이 적절.

– 운송과정 및 보세창고에서의 확인뿐만 아니라 수입지에서 유통 과정에 화인 필요할 수도.

■ 수입자가 화인 이미지 파일 제공할 수도

– 박스에 화인 표기 필요성을 느끼는 쪽은 통상 수입자라 할 수 있음.

– 수입자는 화인 이미지 파일을 수출자에게 제공하여 화인 표기 요청.

Shipping Mark와 필요성 II

■ Carton No.(C/N)의 필요성

– 박스 외관 및 Packing List에 Carton No. 기재할 필요성 있음.

– Packing List로 박스에 어떤 물품이 포장되어 있는지 확인 가능.

PACKING LIST

Shipper	Consignee
EDUTRADEHUB #501 Samwha building 213-7 Nonhyundong Kangnamgu Seoul Korea Tel: (02) 0000-0000 Fax: (02) 0000-0000	**KASTON** xxxx, Market Street, Sydney NSW 2000, Australia T +61 (0) 0000-0000 F +61 (0) 0000-0000

Description of Goods	No. of Cartons		N.W. in KGS	G.W. in KGS	Meas. in CBM
BABY CARRIER LS - 101	**10 CTNs** (6 pcs / Caddy) (6 Caddies / CTN) Carton No. 001 ~ 010	360 pcs	**90.00 kgs** (9.00 /CTN)	**95.00 kgs** (9.50 /CTN)	**4.70 CBM** (85cm x 85cm x 65cm / CTN)
WARMER LS - 102	**15 CTNs** (12 pcs / Caddy) (6 Caddies / CTN) Carton No. 011 ~ 025	1,080 pcs	**75.00 kgs** (5.00 /CTN)	**82.50 kgs** (5.50 /CTN)	**1.31 CBM** (50cm x 50cm x 35cm / CTN)
TOTAL	**25 CTNs**		**165.00 kgs**	**177.50 kgs**	**6.01 CBM**

Total   : Twenty Five Cartons Only.
N.W.   : 165.00 kgs
G.W.   : 177.50 kgs
Measurment : 6.01 CBM

Shipping Marks

KASTON
MADE IN KOREA

Sample and Quality I

G. Sample and Quality

The quality of the goods to be shipped shall be about equal to the 'Sample Quality Report' e-mailed by the Buyer to the Seller on June 10, 2012.

■ Sample Report의 활용

Buyer가 받은 Sample과 정식 오더하여 받은 물품의 품질 등의 차이가 발생될 수 있다.

따라서 Buyer는 Sample을 받으면 포장 방법, 운송 방법 및 기타 필요한 사항을 기재하고, 필요하다면 해당 Sample의 특정 부분을 사진 촬영하여 이미지를 첨부하여 Sample Report를 만들어 Seller에게 전달한다. Seller는 Sample Report를 받고 정식 오더 건에 대해서 Sample과 품질 등에서 차이가 없도록, 그리고 Buyer가 요구한 내용을 반영하여 발송한다.

Sample and Quality II

순 서	설 명
Sample 발송	- Buyer에게 비용 받고 발송하자. - C/I 작성할 때, 정상가로 기재하는 것이 적절. - 외국환 결제가 이루어지지 않으면, 무상(F.O.C.) 기재.
↓	
수입통관	- Sample 의미: 소액(과세가격 USD250 이하), 소량이며 판매용 아닐 것. - 유상과 무상(GN) 상관없이 Sample로서 인정 못 받으면 세액 납부. - Sample의 경우, HS Code상 요건 있어도 요건 면제받을 수도.
↓	
Sample Report	- 품질, 포장 상태 등 확인 후 Sample Report 작성 - Seller의 Confirm 받고 PO(Purchase Order) 내는 것이 적절. - 이미지 첨부하고, 쉬운 단어와 쉬운 문장으로 명확하게 작성할 것.

Inspection I

H. INSPECTION

Export inspection by the Manufacturer or Seller shall be considered as final. When the Buyer appoints special inspection, the Buyer must inform the Seller of the name of the appointed inspector, and bear all inspection expenses.

■ 은행 입장에서 보는 신용장

- 은행은 L/C와 선적서류만 일치하면 수익자에게 대금 결제하고, 수입자에게 대금 청구한다. (추상성의 원칙)
- 은행은 L/C와 선적서류의 일치 여부만 확인하고, L/C와 On Board 된 물품의 일치는 관심 없다.
- 은행이 L/C 업무 진행하는 이유는 수수료 받기 위함이고 Seller와 Buyer를 위함이 아니다. (Seller의 사기로 Buyer가 피해 봐도 은행은 수수료만 받으면 신경 쓰지 않는다.)

■ 선적 전 검사증명서 요구의 필요성

- 아무리 오랜 시간 거래하며 신용을 쌓았더라도 한 번 사기 당하면 회사는 망한다.
- Seller 쓰레기 발송 → L/C와 일치하는 선적서류 은행에 제출 후 결제받음 → 추상성의 원칙에 의해 수입자는 L/C와 일치하는 선적서류 인수해야 → 수입통관 후 쓰레기 수입자의 비용으로 처리해야.

Inspection II

- PSI(Pre-Shipment Inspection, 선적 전 검사증명서)
  - SGS 검사 비용은 수출자 혹은 수입자가 결제 가능
  - SGS 검사 항목 지정 가능
  - 검사항목을 제품확인 포장상태 확인에서 컨테이너 적입까지 요청한 경우

| 제품 확인 | → | 포장상태 확인 | → | 컨테이너 적입 확인 | → | PSI 발급 |

| 1 Day | | 1 Day | 검사 완료 시점 |
| (검사기간 2일 정도 시간 필요할 수도) | | | 부터 수일 이내 |

  - 수출자는 SGS에 L/C, P/I, 인보이스, 팩킹리스트, 사업자등록증 제출해야 할 수도
  - FCL 건은 기사님이 채우는 Seal과 SGS에서 채우는 Seal 별도로 존재

Claims

E. PACKING

I–1 Claim Report, if any claims, shall be submitted by e-mail within thirty(30) days after arrival of goods at destination port or airport specified in the bills of lading.

I–2 In case of less than 3% defective goods of invoice total quantity, the Seller shall issue Credit Note and refund the money to the Buyer by T/T within twenty(20) days after receiving Buyer's Claim Note. In case of over 3% defective goods of invoice total quantity, the Seller shall ship on the replacement within twenty(20) days after receiving Buyer's Claim Note. The cost regarding the replacement dispatch shall be fully covered by the Seller.

■ Claim, 정형화된 틀에서 체계적으로 하자.

– Claim 하는 시점과 방법(Claim Note 작성)을 매매계약서 I–1 조항에서 정하고 있다.

– 수입지에 물품이 도착하고 상당 시간 지난 이후에 Claim 한다는 것은 수입지에서 관리 소홀로 발생한 문제에 대한 Claim이 될 가능성이 있기에 Claim 제기할 수 있는 기간을 따로 정했다.

– Claim으로 인하여 대금 환불 or 대체품 발송 기준 명시하자.

Claim Note

Messers
Harry Trading

Claim Note No. : CN - 12002
Invoice Date : 22-Aug-12

We discovered that fifteen cartons of PO-12135 we received the other day from you was wet and torn during shipping. We have enclosed a Survey Report including images.

In accordance with our Sales And Purchase Agreement Article I-2 ,SA-12011, we would like to request you to send us the replacement goods for the these merchandise we received.

And please inform us if you wish us to send you these merchandise or additional proof of the damages.

Thank you

James International

<ANNEXES>
   * Survey Report

대체품(Replacement) 발송의 경우 Ⅰ

■ Claim 제기와 대체품 발송

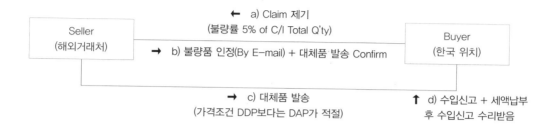

• 대체품 발송 건 DDP 부적절
  – DDP는 Seller의 C/I 가격에 수입지에서 발생할 관세 등을 포함하는 조건.
  – DDP로 거래하면 수입지에서 발생하는 관세 등을 포워더가 대납 후 향후 Seller에게 청구.
  – 그러나 본 건은 Buyer가 최초 물품 수입할 때 납부한 관세를, '위약물품 재수출(총 수량 중 불량품 5%)' 후 환급받을 수 있으니, DDP보다는 DAP로 대체품 발송하는 것이 적절할 것.

대체품(Replacement) 발송의 경우 II

■ 불량품의 처리

Buyer 입장에서는 국내에서 판매할 수 없는 불량품임에도 수입신고 하여 관세를 납부하였다. 국내 소비가 될 수 없는 해당 불량품에 대해서 관세를 환급받기 위해서는 보세구역에 반입하여 폐기처분하거나 혹은 위약 물품 건으로 재수출 후 환급받는 방법이 있다.

- 방법 1) 1년 이내 국내 보세구역에 반입 후 폐기처분(국내 업체가 비용 부담) → 관세환급 신청
- 방법 2) 1년 이내 국내 보세구역에 반입 후 '위약 물품 재수출' 진행 → 관세환급 신청

```
                           b) 반품
              (사전에 가격조건 EXW로 할지 합의)
┌─────────────┐                              ┌─────────────┐
│   Seller    │──────────────────────────────│    Buyer    │
│ (해외거래처)  │                              │  (한국 위치)  │
└─────────────┘                              └─────────────┘
                                                    │
                                           a) 위약 물품 재수출 신고
                                           c) 관세환급 신청
                                                    │
                                             ┌─────────────┐
                                             │     세관     │
                                             └─────────────┘
```

Return

J. RETURN

   Return is only available against defective products. Otherwise, not available.

■ 수입 통관 어려움 혹은 판매 부진 등

물품 자체에 하자가 없음에도 Buyer가 반품을 요구하면, Seller 입장도 난처해진다.
특히 Seller가 제조사가 아니라 도매업체이면, 반품받아서 다시 제조사에 반품해야 하는데 제조사가 협조하지 않을 가능성이 농후하다.

■ 대금 결제는 T/T 선결제 혹은 L/C

수입자의 무리한 반품 요구에 대비하여 상기와 같이 물품 자체에 하자 있을 때만 반품 가능한 조건을 계약서에 명시한다. 그리고 Seller는 T/T로 선결제 100%를 받거나 혹은 L/C로 진행하는 것이 유리(Seller가 '갑')할 것이다(L/C는 L/C 조건과 선적서류만 일치하면 대금 결제). T/T 후불이나 추심결제(D/P, D/A)로 거래에서 Buyer가 반품 요구하는 경우, Seller는 대금 결제는 고사하고 물품이라도 다시 돌려받기 위해서 Buyer의 요구에 협조해야 할 수도(Buyer가 '갑').

Force Majeure

K. FORCE MAJEURE

Seller shall not be responsible for the delay in shipment due to force majeure including war, strikes, riots, civil commotion, hostilities, blockade, prohibition of export, fires, floods, earthquakes, tempest and any other contingencies beyond Seller's control, which prevent shipment within the stipulated period. In the event of any of the aforesaid causes arising, documents proving its occurrence or existence shall be sent by Seller to Buyer without delay.

■ 화물연대 총파업으로 인한 컨테이너 운송 중단

2012년 대한민국 화물연대 총파업은 2012년 6월 25일부터 시작된 대한민국의 화물연대소속 화물 운송 차량 차주들에 의해 진행된 노동 파업이다.

민주노총 공공운수노조 화물연대본부는 2012년 6월 24일부터 출정식을 갖고 6월 25일 오전 7시를 기해 무기한 총파업에 돌입했다. 표준운임제 법제화, 차주 운임 30% 인상 및 면세유 지급, 노동기본권 보장, 산재보험 전면 적용 등을 요구하였다[5].

---

5   출처 : 위키 백과

Delayed Shipment

L. DELAYED SHIPMENT

L-1 In all cases of force majeure provided in the Article K. FORCE MAJEURE, the period of shipment stipulated shall be extended for a period of twenty one(21) days.

L-2 In the case of delayed shipment due to force majeure, the Buyer is able to apply L/C amendment after receiving agreement from the Seller.

■ L/C 선적기일(S/D) 연장과 Term Charge 추가 발생 연관성

  - L/C 44C S/D를 연장하면, 31D E/D(유효기간)를 함께 연장해야 할 것.
  - L/C 개설일(Issuing Date) 기준으로 E/D가 늘어나면, 늘어난 기간만큼 Term Charge 추가 발생.

Arbitration(중재)

중재란 클레임으로 인한 양 당사자의 분쟁에 대해서 법원의 판정에 의하지 아니하고, 사인인 제3자를 중재인으로 선정하여 판정하고 그 결과에 대해서 양 당사자가 무조건 복종함으로써 분쟁을 해결하는 방법입니다. 무조건적인 복종이라 함은 중재인에 의한 판정은 단심제로서 재판처럼 법원의 판결에 대해서 불복하는 항소 절차가 없이 중재 판정 결과를 그대로 복종해야한다는 것입니다. 중재는 이렇게 비록 법원의 판정은 아니나, 중재인의 판정은 법원의 판정과 동일한 효과를 가지며, 양 당사자에게 법적인 구속력 역시 가집니다(뉴욕 협약).

Governing Law(준거법)

무역거래는 법률제도를 달리하는 당사자 간의 매매이므로 계약 내용의 해석에 대해 의견차이나 분쟁이 발생할 우려가 있다. 이 때문에 어느 나라의 법률에 의거하여 해석하는가, 즉 적용법률을 정해둘 필요가 있다. 거래당사자는 협의하여 준거법을 정하고 계약서 또는 거래협정서에 명시할 필요가 있다[6].

---

6   출처 : 무역용어사전

Governing Law(준거법) and Arbitration(중재)

M. GOVERNING LAW AND ARBITRATION

M-1 This Contract shall be governed and construed by the laws of Republic of KOREA. All the disputes shall be, first of all, settled in an amicable way of mutual communication between the Seller and the Buyer. In case such a discussion cannot be settled amicably for both parties, all disputes in relation to this contract shall be settled by arbitration Rules of the Korean Commercial Arbitration Board in Seoul, Korea and under the laws of Korea. The award rendered by the arbitrator(s) shall be final and binding upon both parties concerned.

M-2 The arbitral tribunal consists of three arbitrators, each party shall appoint one arbitrator and the two arbitrators chosen by them shall appoint a third arbitrator, as a presiding arbitrator.

■ 클레임으로 인한 무역 분쟁을 중재로 해결하려면

– 계약서에 반드시 중재 조항을 명시해야.

– 중재 조항에 중재를 행할 '중재지', '중재기관' 및 적용할 '준거법Governing Law' 명시해야.

　　a) 분쟁 해결을 할 때 상용될 법률로서 준거법은 한국법.

　　b) 중재지는 한국의 서울로서 서울에 위치하며, c) 중재기관은 대한상사중재원.

중개무역, 서류처리 및 Switch 이해

1-1강
중개무역 이해

중개무역 흐름 이해

A. 중개무역 흐름 이해 - 개념과 거래진행 절차

→ → → 서류 처리　　⇨ ⇨ ⇨ 화물 이동

* 세관 수출/수입신고하지 않음. → 수출/수입신고필증 발행되지 않음.
* 외국환 은행으로 외국환 결제 입증해야.

⇧

한국(B)

2nd 계약 건　　　　　　　　　　　　　　　　　　1st 계약 건

b) B사가 A사로 견적 요청 및 P/I 접수 ↙　　　　↖ a) 견적 요청
e) 계약 완료와 PO 전달 ↗　　　　　　　　　↘ c) P/I(B사 마진 포함) 전달과 계약 완료
　　　　　　　　　　　　　　　　　　　　　↖ d) PO 전달

미국(A)

P.O.L.: Long beach CA

⇨　　⇨　　⇨

[운송서류 1회 발행, Direct 운송]
발행지 : A국
B국에서 Switch 될 수도

호주(C)

P.O.D.: Sydney Port

▶ 상기는 중개무역으로서, 운송서류가 1회 발행된다. 따라서 본 건의 운송서류는 중개자(B사)의 판단에 의해서 중개국에 위치한 포워더를 통하여 Switch 진행될 수도 있다.

▶ 물품이 A에서 B로 운송되고 B국에서 다시 Shipment Booking 하여 C로 운송하면, 중계무역으로서 A-B 구간 및 B-C 구간 각각 운송서류 발행되며, 이때 B국에서는 반송통관 진행된다. 본 경우에는 운송서류를 Switch 할 여지가 없다.

C/I Switch I - 흐름 이해

B. 중개무역 흐름 이해 - 중개자의 C/I Switch

→ → → 서류 처리 ⇨ ⇨ ⇨ 화물 이동

[A사 발행 Commercial Invoice, 1st]
발행 : A사가 B사에게
Shipper : A사 / Consignee : B사
U'Price : USD100/CTN

한국(B)

2nd 계약 건   1st 계약 건

[B사 발행 Commercial Invoice 2nd]
발행 : B사가 C사에게
Shipper : B사 / Consignee : C사
U'Price : USD110/CTN

미국(A)

⇨   ⇨   ⇨

[운송서류 1회 발행, Direct 운송]

호주(C)

■ 중개자 B사의 C/I 발행

- A사가 발행한 C/I를 기초로 B사는 C/I Switch 진행(중재자 B사가 재발행).
- A사는 B사와 매매계약했기에 B사에 대금 청구, B사는 C사와 매매계약했기에 C사에 대금 청구하는 것[1].
- B사가 C/I 발행할 때 A사 발행 C/I를 기초로 Shipper, Consignee 및 단가 Switch하고 Description 그대로 인용하여 발행.
- B-C 가격조건이 CFR이고 B-A 가격조건 FOB인 경우, A사 발행 C/I에 운임 미포함이고 B사 발행 C/I에 운임 포함.

---

1   C/I는 발행하는 자(Shipper)가 발행 받는 자(Consignee)에게 거래 물품에 대한 대금을 청구하는 서류. 이들 간에 매매계약 체결.

C/I Switch II - C/I 작성

B. 중개무역 흐름 이해 - 중개자의 C/I Switch

미국(A)		한국(B)		호주(C)
	전달 →		Switch후 전달 →	

Commercial Invoice

Shipper : A사
Consignee : B사
Payment Term : T/T in Advance
Price Term : FOB Longbeach, CA

Description			
Item	Q'ty (CTN)	U'Price (USD)	Amount (USD)
Phone Case	100	300	30,000

Commercial Invoice

Shipper : B사
Consignee : C사
Payment Term : T/T in Advance
Price Term : CFR Syndye Port

Description			
Item	Q'ty (CTN)	U'Price (USD)	Amount (USD)
Phone Case	100	390	39,000

- B사는 A사 발행 C/I 기초로 C/I 발행 후 C사에게 전달
- B사 발행 C/I의 가격조건은 CFR이기 때문에 A-C 구간에 대한 운임 포함되어 있음

운송서류 Switch Ⅰ - 중개자의 선택

C. 중개무역 흐름 이해 - 운송서류 Switch 왜 필요한가?

→ → → 서류 처리 ⇨ ⇨ ⇨ 화물 이동

[A국 포워더 발행 운송서류]
전달 : A사가 B사에(by 양자 간 결제조건)
Shipper : A사 혹은 B사 중 하나
Consignee: 기명식(B사, C사)
or 지시식(To Order)
P.O.L.: A국, P.O.D.: C국 (B국 될 수 없음)

한국(B)

2nd
계약 건 ↗

1st
계약 건 ↘

[B국 포워더 운송서류 Switch or Not]
전달 : B사가 C사에(by 양자 간 결제조건)
Shipper : A사 혹은 B사 중 하나
Consignee : 기명식(C사)
or 지시식(To Order)
Switch 가능: Shipper, Consignee, Notify
Switch 불가: P.O.L., P.O.D., Description 등

미국(A)

⇨   ⇨   ⇨
[운송서류 1회 발행, Direct 운송]

호주(C)

■ 생각해보자

- 중개무역 건임에도 중개국에서 운송서류 Switch가 일어나는 않는 경우가 있는가?

- 중개자가 B사가 A사에 C사의 정보를 알려주지 않는 경우라도 A사에 C국의 P.O.D. 정보를 전달해야 하지 않을까?

- A국에서 발행된 운송서류의 P.O.L.은 중개국에서 Switch 불가하다. 따라서 P.O.D.의 국가에 위치한 C사는 비록 B사와 매매계약하나, 물품이 어디에서 On Board 되었다는 것은 알 수밖에 없지 않을까?

- A국에서 생산되어 On Board 된 화물에는 원산지 표기와 함께 생산자로서 A사의 정보가 기재되어 있을 수 있다. 이러한 정보가 그대로 C사에게 노출되지 않을까?

- C사가 C국에서 D/O 요청하기 위해서 기명식 운송서류 건은 C사 기재, 지시식 B/L 건은 배서가 필요하지 않을까?

C. 중개무역 흐름 이해 - 운송서류 어떻게 발행되나?

미국(A)		한국(B)		호주(C)
	전달 →		Switch후 전달 →	

운송서류(B/L, 화물운송장)

Shipper : A사   Consignee : B사
Notify Party : Same As Consignee
P.O.L. : Longbeach, CA
P.O.D. : Sydney Port
Price Term : FOB Longbeach, CA

Description
Phone Case 100CTNs 850kg 18CBM
20' x 1 DV   Freight Collect.

운송서류(B/L, 화물운송장)

Shipper : B사   Consignee : C사
Notify Party : Same As Consignee
P.O.L. : Longbeach, CA
P.O.D. : Sydney Port
Price Term : CFR Sydney Port

Description
Phone Case 100CTNs 850kg 18CBM
20' x 1 DV   Freight Prepaid.

- 중개자 B사가 A사와 C사가 서로를 서류상으로 알 수 없게 하기 위해서는? 운송서류의 Switch해야 할 것.
- 중개자 B사가 A사와 C사에게 물품이 A국에서 C국으로 이동된다는 사실을 숨기기 위해서는? 중계무역 해야할 것.
- B사가 포워더 지정했고 운임 결제하기에 운임 변동에 민감할 것. 그리고 CFR, Freight Prepaid로 Switch.

중개무역 Q&A

D. 중개무역 흐름 이해- Q&A

[질문] 중개무역 왜 하는가?

중개자가 수출국에 제조공장을 가지고 있는 경우.
Buyer가 Seller 혹은 Seller가 Buyer 관리 능력 부족한 경우.
Seller가 아시아 시장 공략 위해서 홍콩 or 싱가폴에 지사 설립하는 경우 등

[질문] 중개국, 한국(B)에서 수입/수출신고필증이 발행되나?

거래 물품이 한국을 거치지 않으니 한국 세관에 수입/수출신고하지 않는다. 따라서 한국에서 발행되는 수입/수출신고필증은 없으며, 한국 중개자의 매입/매출은 수입/수출신고필증으로 입증할 수 없다.

[질문] 중개자가 한국에 있고 물품이 미국에서 호주로 이동하는 거래는 한-미 FTA 혹은 한-호주 FTA와 관련이 있나?

전혀 관련 없다. 미국에서 On Board 되는 물품이 비록 한-미 FTA 원산지 결정기준을 충족하고 미국 수출자가 한-미 FTA C/O를 발급할 수 있다 해도 해당 물품이 미국에서 한국으로 이동하는 것이 아니라, 한-미 FTA 비체약국으로 이동하니 한-미 FTA와는 전혀 무관하다. 그리고 물품이 비록 호주로 이동하나 한국에서 On Board 되지도 않았고, 한국에서 생산되어 한-호주 FTA 원산지 결정기준을 충족한 물품도 아니기에 한-호주 FTA와는 역시 무관하다.

1-2강
중계무역 이해

중계무역 흐름 이해

A. 중계무역 흐름 이해 - 개념 및 거래진행 절차

⇨ ⇨ ⇨ 선적서류/화물 이동

* 수입신고 하지 않고 보세구역에 장치된 화물에 대해서 반송 신고 진행.
* 반송 위해서 1st 운송 건에 대해서 운송비 결제 후 D/O 발행되어야.
* 반송 건에 대해서 반송신고필증 발행(수입신고필증 존재하지 않음).

⇧

한국(B)

P.O.D.: Busan Port
P.O.L.: Busan Port

2nd 계약 건

b) B사가 A사로 견적 요청 및 P/I 접수 ↙
e) 계약 완료와 PO 전달 ↗

1st 계약 건

a) 견적 요청 ↖
c) P/I(B사 마진 포함) 전달과 계약 완료 ↘
d) PO 전달 ↖

↱ [1st 운송서류 발행]
P.O.L.: Longbeach CA / P.O.D. Busan Port

↳ [2nd 운송서류 발행]
P.O.L.: Busan Port / P.O.D.: Sydney Port

미국(A)

P.O.L.: Long beach CA

⇩

1st 운송서류 건 D/O 발행 후 반송 신고(사유 입증 위해 사유서 제출할 수도)하여 수출신고필증 받고 2nd 운송 건 Shipment Booking 진행.

호주(C)

P.O.D.: Sydney Port

중계무역 필요 사례

B. 중계무역 흐름 이해 - 중계무역 필요 사례

⇨ ⇨ ⇨ 선적서류/화물 이동

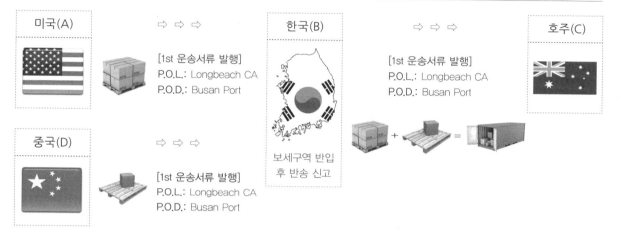

미국(A)

⇨ ⇨ ⇨
[1st 운송서류 발행]
P.O.L.: Longbeach CA
P.O.D.: Busan Port

한국(B)

⇨ ⇨ ⇨
[1st 운송서류 발행]
P.O.L.: Longbeach CA
P.O.D.: Busan Port

호주(C)

중국(D)

⇨ ⇨ ⇨
[1st 운송서류 발행]
P.O.L.: Longbeach CA
P.O.D.: Busan Port

보세구역 반입
후 반송 신고

- A사와 D사 화물 B국 보세창고에서 취합 후, 하나의 운송서류 건으로 C국 향해 발송('3rd 운송서류 발행' 건)
- B국에서 재포장 가능(A사 및 D사 화물 취합), 그러나 원산지 변경은 불가(B국에서 추가 가공 없었기 때문)
- B사는 B국 포워더에게 1st 및 2nd 운송서류에 대한 운송비 각각 결제 후 D/O 받고 3rd에 대한 Shipment Booking.
- B국에서 C국으로 물품 이동 위해 Shipment Booking 하고 새로운 운송서류 발행되니 운송서류 Switch 개념 없음.
- 중개무역은 A국에서 C국으로 Direct 운송되어 운송서류가 1회 발행되는 반면, 중계무역은 A-B국 운송을 위해서 Shipment Booking 하여 해당 구간 운송서류 발행, 그리고 B-C국 운송 위해서 Shipment Booking 하여 또 다른 운송서류 발행.

A사 및 D사 화물은 B국 보세구역에 반입되며 이후 보관 기간이 길어지면, 그에 따른 비용이 증가할 수 있다. 따라서 B사는 가능한 한 조속히 1st 및 2nd 운송 건에 대한 운송비를 결제하고, D/O 요청 후 C국으로 Shipment Booking 하여 On Board 완료하는 것이 비용을 줄이는 방법이 될 것이다.

상기처럼 B국의 CFS(보세창고, 컨테이너 화물 집결지)에 반입되어 경우에는 CY에서 CFS까지의 셔틀비용으로서 Drayage Charge와 컨테이너 적출에 따른 혼재업자의 작업비로서 CFS Charge 및 보세창고료가 기본적으로 발생할 수 있다. 그리고 C국으로의 반송을 위해서 CFS에서 컨테이너로 화물을 적입해야 하니, 또 한 번의 CFS Charge와 CFS에서 CY까지의 Drayage Charge가 발생할 수도 있다는 점을 B사는 인지해야 할 것이며, 해당 비용이 B사 자신의 마진에서 낮추게 하는 일이 없도록 해야 할 것이다.

상기에서 D국의 물품은 B국 CFS에 반입되었는데, A국 물품의 반입이 늦어지는 상황에 직면할 수도 있다. 그로 인하여 이미 반입 완료된 D국의 물품을 B국 물품 반입 시점까지 보세창고로서 CFS에 보관해야 하니, 보세창고료가 보다 많이 발생할 수 있고 C국으로의 반송이 늦어질 수 있다. 따라서 B사는 A-B국과 D-B국의 Transit Time을 적절히 고려하여 A사 및 D사에 적절한 Shipment Date를 통지 해야 할 것이다.

중계무역 왜 관세환급 안 되나?

C. 중계무역 흐름 이해 - 중계무역 왜 관세환급 안되나?

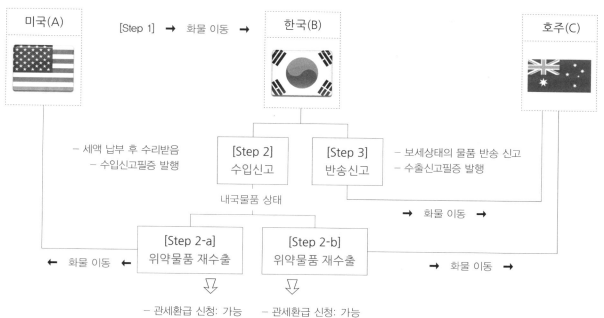

[질문] 중개무역에서 한국의 중개자는 관세환급과 관련이 있는가?

중개무역은 화물이 중개국을 거치지 않고, 중계무역은 반송된다. 모두 수입신고 하여 관세 납부하지 않았기 때문에 환급과 무관하다.

중계무역은 반송, 따라서 반송신고필증 발행

C. 중계무역 흐름 이해 - 반송신고필증 발행

■ 반송신고필증 거래구분: 일반 반송 건의 거래구분은 78번이며, 제3국으로의 판매 건으로서 중계
무역 건의 거래구분은 79.
중개무역 건은 중개국으로서 한국 세관에 신고되는 내역이 없으니 신고
필증 발행되지 않음.

반 송 신 고 필 증

※ 처리기간 : 즉시

제출번호		(5)신고번호		(6)신고일자		(7)신고구분		(8)C/S구분
(1) 신 고 자								
(2)수 출 대 행 자 (통관고유번호)	에듀트레이드허브 에듀트레이드허브-0-00-0-00-0	수출자구분	(9)거래구분 79		(10)종류 A		(11)결제방법 TT		
			(12)목적국		(13)적재항		(14)선박회사		
수 출 화 주 (통관고유번호) (주소) (대표자) (사업자등록번호)	에듀트레이드허브 에듀트레이드허브-0-00-0-00-0 서울 강남 논현 000-0 XX B/D #000 홍길동 211-87-00000	(소재지)	(15)선박명(항공편명)		(16)출항예정일자	(17)적재예정보세구역			
			(18)운송형태			(19)검사희망일			
			(20)물품소재지						
(3)제 조 자 (통관고유번호) 제조장소	미상 9999000 000 산업단지부호		(21)L/C번호			(22)물품상태 N			
			(23)사전임시개청통보여부 A			(24)반송 사유			
(3)구 매 자 (구매자부호)	ABC COMPANY ABC00000		(25)환급신청인 1 (1 : 수출대행자/수출화주, 2 : 제조자) 간이환급 NO						

1-3강
중개/중계무역 포워더 지정

중개자의 포워더 지정이 중요한 이유

A. 포워더 지정(Nomi) - 포워더를 내 편으로!

지정된 포워더에게 A사가 Shipment Booking 진행, A-C 구간 운송서류 1회 발행

[포워더 지정]

포워더 지정을 A사 혹은 C사가 한다면, 포워더는 자신을 지정한 당사자 편이다. 그로 인하여 중개자 B사가 피해보는 것은 없는가?

- A사가 포워더에게 C국에서 물품 찾는 자가 누구인지 물어보면 해당 포워더는 A사가 물량이 많은 고객인 경우 공개할 가능성 농후.
- A사가 포워더에게 중개자 B사가 C사에 판매하는 물품 가격 확인을 요청하는 경우 역시 A사가 중요 고객이면 공개 가능성 농후.
- 이는 C사가 포워더 지정한 경우 역시 포워더는 C사 편이니 공개 가능성 농후.
- 결국 중개자 B사 입장에서 A사로부터 받는 단가와 자신의 마진이 더해진 C사로 전달하는 단가, 그리고 A사는 B사를 B사는 A사를 모르게 하기 위해서는 포워더 지정을 중개자 B사가 할 수 있도록 계약해야 할 것이다. 그러면 포워더는 중재가 B사 편이고, B사는 포워더에게 비공개 요청하면 어느 정도 효과가 있을 수 있다. (100% 효과는 장담 못하기 때문에 중계무역 할 수도.)
- B사가 포워더 지정하고 포워더에게 입단속 요청하더라도, C사가 받은 A사 발송 물품에 제조사로서 A사의 정보가 기재될 수도.

중개자의 포워더 지정 딜레마

B. 포워더 지정(Nomi) - 포워더 지정과 Freight 변동

중개자가 포워더 지정하기 위한 가격조건

미국(A)	[매매계약] A사 – B사	한국(B)	[매매계약] B사 – C사	호주(C)
	Price Term : EXW 혹은 F–Terms → 서류의 이동 →		Price Term : C–Terms 혹은 D–Terms → 서류의 이동 →	

→ 화물 이동 →
지정 된 포워더에게 A사가 Shipment Booking 진행, A–C 구간 운송서류 1회 발행

중개자 B사가 자신이 포워더 지정 권리를 가지기 위해서 상기와 같이 계약했다면 문제없는가?

- A사의 견적에는 Freight가 미포함되어 있다. 따라서 견적 시점과 On Board 하는 시점의 Freight 변동에 자유롭다.
- C사 입장에서 역시 B사가 Freight 견적 받아서 C사 자신에게 견적했으니 Freight 변동에 자유롭다.
- 반면 B사는 A사로부터 견적 받아서 자신의 마진과 Freight를 더하여 C사에 견적하는데, 견적 시점에 비해 On Board 시점에서 Freight가 상승하면 난처한 입장에 처할 수 있다. A국–C국 구간에 대한 Freight는 B사가 포워더에게 결제하는데 해당 Freight가 상승하면 C사와의 거래에서 이미 Confirm 된 판매 가격 대비 B사의 마진은 Freight 상승분만큼 줄어든다. 물론, A–C 구간의 Freight 하락은 B사의 마진을 상승시킬 것이니, B사 입장에서는 Freight가 하락한다면 문제 될 게 없다.
- 결국, 상기 조건과 같이 중개자(B사)가 계약한다면, Freight 상승에 대해서 자유롭지 못하다.

중계무역, 포워더 지정과 Freight 변동

C. 포워더 지정(Nomi) - 중개무역과 중계무역의 차이

미국(A)	[매매계약] A사 - B사 Price Term : FOB Busan Port → 서류의 이동 →	한국(B)	[매매계약] B사 - C사 Price Term : FOB Sydney Port → 서류의 이동 →	호주(C)

지정 된 포워더에게 A사가 Shipment Booking 진행
운송서류 A-B 구간 발행

지정 된 포워더에게 B사가 Shipment Booking 진행
운송서류 B-C 구간 발행

[단가 노출과 거래처 노출 문제]

B사 입장에서 A사가 Shipment Booking한 화물이 B국으로까지만 이동하기 때문에 A사는 해당 물품이 B국에서 소비되는지 혹은 타국으로 반송되는지 알 수가 없다. C사 역시 운송서류상으로 물품의 On Board 장소가 B국이니 해당 물품이 A국에서 최초 On Board되어 B국에서 반송되었는지 알 수 없다(물론 물품에 생산국과 제조사가 기재되어 있을 수도, 특히 일반 C/O 요청하면 생산국 알 수 있음). 따라서 B사는 A사가 자신에게 견적한 가격과 자신이 마진 붙여서 C사에 견적한 가격이 C사에, 그리고 A사에 노출되는 것을 방지할 수 있다. 그리고 A사가 C사를, 그리고 C사가 A사를 서로 어느 정도 모르게 할 수 있다.

[Freight 변동]

견적하는 시점과 On Board 시점의 Freight는 늘 변동 가능성이 있는데, 중계무역은 A-B 구간 운송 후 B국에서 반송하여 C국으로 이동하는 거래이다. 따라서 상기와 같은 가격조건에서 B사는 A사와의 거래에서 Freight 변동으로부터 자유롭지 못하나 C사와의 거래에서는 Freight 변동으로부터 자유롭다.

1-4강
중개무역, House B/L Switch 이해

중개국에서 OB/L → Surrender Switch(House 건)

A. House B/L Switch - 경우 1

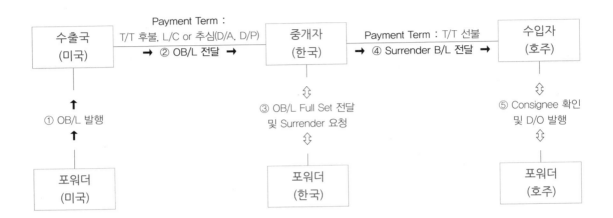

[참고 1] 수출국(미국)에서 OB/L 발행되고, 중개국(한국)에서 해당 OB/L을 그대로 Switch 가능.

[참고 2] 중개국에서 운송서류를 Switch 진행해야 한다면, 최초 수출국에서 포워더에게 House 운송서류 발급받는 것이 좋겠다. 최초 수출국에서 House 발행 없이 Line B/L 발행된 경우, 중개국에서 선사에 의해 Switch 되기 힘들 수도 있다.

중개국에서 Surrender → OB/L Switch(House 건)

B. House B/L Switch - 경우 2

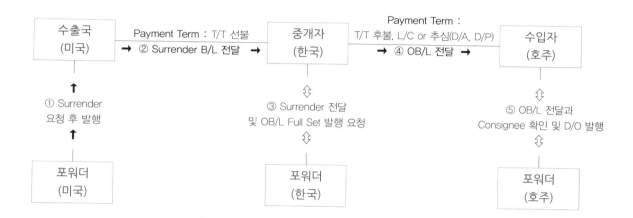

[참고] 수출국(미국)에서 Surrender 처리되고 중개국(한국)에서도 Surrender로 Switch 가능.

1-5강
결제조건과 중개자의 운송서류 처리

중개무역, 중개자의 운송서류 처리 - 경우 1

A. 결제조건과 운송서류 처리 - 경우 1

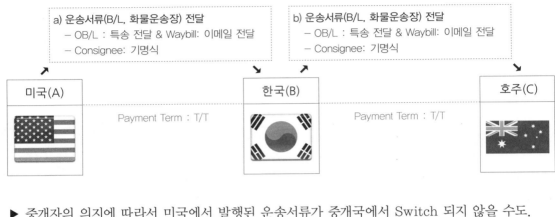

a) 운송서류(B/L, 화물운송장) 전달
- OB/L : 특송 전달 & Waybill: 이메일 전달
- Consignee: 기명식

b) 운송서류(B/L, 화물운송장) 전달
- OB/L : 특송 전달 & Waybill: 이메일 전달
- Consignee: 기명식

미국(A)   한국(B)   호주(C)

Payment Term : T/T   Payment Term : T/T

▶ 중개자의 의지에 따라서 미국에서 발행된 운송서류가 중개국에서 Switch 되지 않을 수도.

중개무역, 중개자의 운송서류 처리 - 경우 2

B. 결제조건과 운송서류 처리 - 경우 2

```
a) 운송서류(B/L, 화물운송장) 전달
  - OB/L & Waybill: 수출지 은행으로 전달
  - OB/L Consignee: 지시식(46A 조항에 따라)          b) 운송서류(B/L, 화물운송장) 전달
  - AWB: 기명식(개설은행, 46A 조항에 따라)            - OB/L : 특송 전달 & Waybill: 이메일 전달
                                                    - Consignee: 기명식
```

| 미국(A) | 한국(B) | 호주(C) |

Payment Term : L/C   Payment Term : T/T

▶ 'a)'에서 지시식 B/L 발행되고, 'b)'에서 기명식 B/L 발행되니 중개국에서 B/L Switch 되어야 할 것.

▶ 미국 수출자의 매입 신청이 지연되면 한국 중개자의 선적서류 인수는 늦어진다.

▶ 그 결과 B/L Switch 후 호주 수입자에게 역시 선적서류 전달이 늦어질 것이며, 호주 수입자가 D/O 발행 요청하는 데 문제 될 수도.

▶ 혹은 미국에서 호주까지의 해상 Transit Time이 대략 40일로 가정했을 때, 호주에 선박은 도착했는데 선적서류를 호주 수입자가 전달받지 못할 수도.

C. 결제조건과 운송서류 처리 - 경우 3

a) 운송서류(B/L, 화물운송장) 전달
– OB/L : 특송 전달 & Waybill: 이메일 전달
– Consignee: 기명식

b) 운송서류(B/L, 화물운송장) 전달
– OB/L & Waybill: 수출지 은행으로 전달
– OB/L Consignee: 지시식(46A 조항에 따라)
– AWB: 기명식(개설은행, 46A 조항에 따라)

미국(A)	한국(B)	호주(C)

Payment Term : T/T   Payment Term : L/C

▶ 'a)'에서 기명식 B/L 발행되고. 'b)'에서 지시식 B/L 발행되니 중개국에서 B/L Switch 되어야 할 것.

▶ 'a)'에서 기명식 AWB가 발행(Consignee B사)되었어도, 'b)'에서 AWB의 Consignee 개설은행으로 Switch 해야.

▶ 호주 수입자가 받아야 하는 AWB(SWB) Consignee 호주에 위치한 은행(결제조건 L/C 혹은 추심거래의 경우).

▶ 중개자는 L/C 48 Period for Presentation 조항까지 선적서류 매입 신청해야 하니, A사에게 신속히 선적서류 받아야.

▶ L/C에서 특별히 Line B/L을 요구하지 않는 이상 A국에서 House B/L 발행하고, 이를 Surrender 처리하여 이메일로 중재자 B사가 받아서 중개국에서 호주에서 발행된 L/C 조건과 일치하게 OB/L로 Switch 가능할 것.

D. 결제조건과 운송서류 처리 - 경우 4-1

a) 운송서류(B/L, 화물운송장) 전달
 – OB/L & Waybill: 수출지 은행으로 전달
 – OB/L Consignee: 지시식(46A 조항에 따라)
 – AWB: 기명식(개설은행, 46A 조항에 따라)

b) 운송서류(B/L, 화물운송장) 전달
 – OB/L & Waybill: 수출지 은행으로 전달
 – OB/L Consignee: 지시식(46A 조항에 따라)
 – AWB: 기명식(개설은행, 46A 조항에 따라)

미국(A)

한국(B)

호주(C)

Payment Term : L/C   Payment Term : L/C

▶ 2개 신용장의 46A 조항에서 요구하는 운송서류의 Consignee, Notify 등의 내용이 상이하니 Switch 해야 할 것.

▶ 한국 중개자는 미국과의 거래에서 결제조건이 T/T가 아니니, 해상 건에서 OB/L을 Surrender 처리하거나 SWB 발행하여 이메일로 받을 수 없고, 항공 건일지라도 발행된 AWB를 이메일로 받을 수 없다. 은행 통해야.

▶ 한국 중개자는 미국으로 개설해주는 L/C 48 Period for Presentation 조항에서 최대한 기한을 짧게 제시해야 할 것.
반면, 호주 C사에는 48 조항의 기한을 최대한 길게 적용할 것을 요구하는 것이 유리할 것.
(L/C 31D 만기장소는 In Your Country 혹은 수출국가명으로 지정되어야)

중개무역, 중개자의 운송서류 처리 - 경우 4-2

E. 결제조건과 운송서류 처리 - 경우 4-2

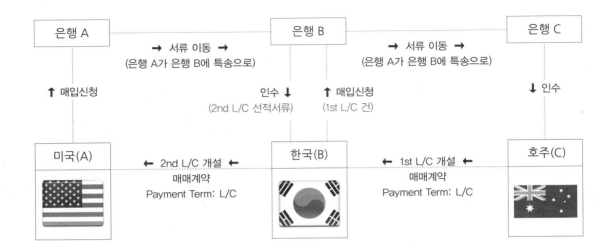

[중개자의 1st L/C와 2nd L/C 고려 사항]

▶ B/L Switch 할 때 변경되지 않는 44E(P.O.L.) 및 44F(P.O.D.) 조항은 1st L/C와 2nd L/C 내용 일치해야 할 것.

▶ 44C(S/D) 조항은 1st L/C와 2nd L/C가 동일하거나, 1st L/C보다 2nd L/C의 S/D가 빨라야 문제 없을 것.

▶ 1st L/C 46A Documents Required 조항의 서류를 2nd L/C 46A 조항에서 그래도 요구할 수 있는가? A사에 거부한다면?

▶ 1st L/C 48 Period for Presentation 조항 요구 사항 충족 가능한가? (2nd L/C 건에 대해서 선적서류를 B은행으로부터 인수해서 다시 1st L/C 48 조항의 기한까지 제출 가능해야, 특히 2nd L/C의 31D E/D의 만기장소 수출국이어야.)

▶ 2nd L/C의 선적서류 인수 건에 대한 결제를 1st L/C 건에 대해서 매입 받은 돈으로 할 수 있는가?
(현금 유동성 문제, 2nd L/C가 매입신용장으로서 At Sight L/C라면 이것이 가능한지 검토해 봐야 할 것)

F. 결제조건과 운송서류 처리 - 경우 4-3

미국(A)	← 2nd L/C 개설 ←	한국(B)	← 1st L/C 개설 ←	호주(C)
	매매계약 Payment Term: L/C		매매계약 Payment Term: L/C	

→ 화물 이동 →

해상 건으로써 B/L 요구 부분

46A Documents Required

+ FULL SET OF CLEAN ON BOARD OCEAN BILLS OF LADING MADE OUT TO THE ORDER OF ABC BANK MARKED FREIGHT COLLECT NOTIFY EDUTRADEHUB

항공 건으로써 AWB 요구 부분

46A Documents Required

+ AIRWAY BILL CONSIGNED TO ABC BANK MARKED FREIGHT PREPAID NOTIFY EDUTRADEHUB.

중개무역, 선적서류의 전달과 Transit Time

G. 결제조건과 운송서류 처리 - T Time

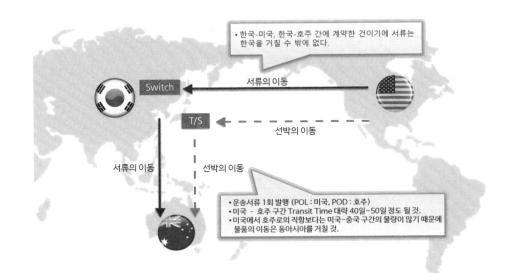

• 한국-미국, 한국-호주 간에 계약한 건이기에 서류는 한국을 거칠 수 밖에 없다.

서류의 이동

Switch

T/S

선박의 이동

서류의 이동

선박의 이동

• 운송서류 1회 발행 (POL : 미국, POD : 호주)
• 미국 - 호주 구간 Transit Time 대략 40일~50일 정도 될 것.
• 미국에서 호주로의 직항보다는 미국-중국 구간의 물량이 많기 때문에 물품의 이동은 동아시아를 거칠 것.

■ 한국(중개자)은 최초 수출국으로서 미국 수출자에게 B/L을 가능한 한 빨리 회수하여, B/L 그대로 호주와의 결제조건에 따라서 호주 수입자에게 전달 or Surrender 처리하여 전달해야. 이유는 호주 수입자가 B/L 확보가 늦어지면 수입통관 지연될 수도.

■ 따라서 한국(중개국)과 미국의 결제조건이 L/C인 경우, B/L 2부는 은행으로 보내고 1부는 특송으로 미국에서 한국으로 보내라는 조건을 L/C(한국에서 미국으로 개설된 미국 업체가 Beneficiary인 신용장) 조항에 기재하는 것이 적절할 것.

중개무역, 일반(비특혜) C/O의 Switch

A. 일반 C/O Switch - 중개무역

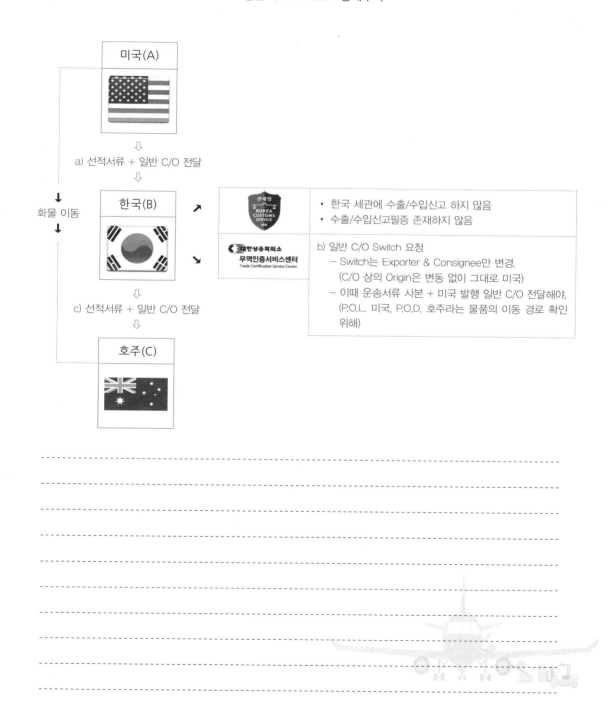

미국(A)

a) 선적서류 + 일반 C/O 전달

화물 이동

한국(B)

- 한국 세관에 수출/수입신고 하지 않음
- 수출/수입신고필증 존재하지 않음

대한상공회의소
무역인증서비스센터
Trade Certification Service Center

b) 일반 C/O Switch 요청
- Switch는 Exporter & Consignee만 변경.
  (C/O 상의 Origin은 변동 없이 그대로 미국)
- 이때 운송서류 사본 + 미국 발행 일반 C/O 전달해야.
  (P.O.L. 미국, P.O.D. 호주라는 물품의 이동 경로 확인 위해)

c) 선적서류 + 일반 C/O 전달

호주(C)

중계무역, 일반(비특혜) C/O의 Switch

B. 일반 C/O Switch - 중계무역

미국(A)

⇩

a) 선적서류 + 일반 C/O 전달

⇩

↓ 화물 이동

한국(B) ↗

관세청 KOREA CUSTOMS SERVICE 1879

b) 반송 신고 후 수출신고필증 발행

↓ 화물 이동

대한상공회의소 무역인증서비스센터 Trade Certification Service Center ↘

c) 일반 C/O Switch 요청
  – Switch는 Exporter & Consignee만 변경.
    (C/O 상의 Origin은 변동 없이 그대로 미국)
  – 이때 수출신고필증 발행 + 미국 발행 C/O 전달되어야.

⇩

d) 선적서류 + 일반 C/O 전달

⇩

호주(C)

어려운 무역실무는 가라

온/오프라인
무역실무 교육 교재 Part.2

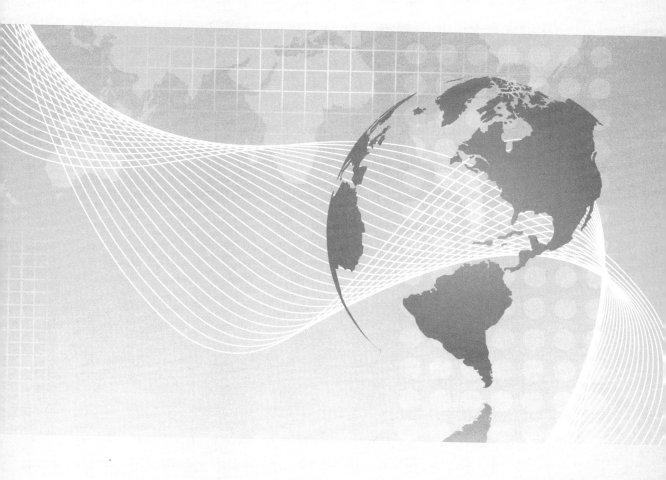

FTA 실무 기초 과정

1강
FTA 개요

FTA 개요

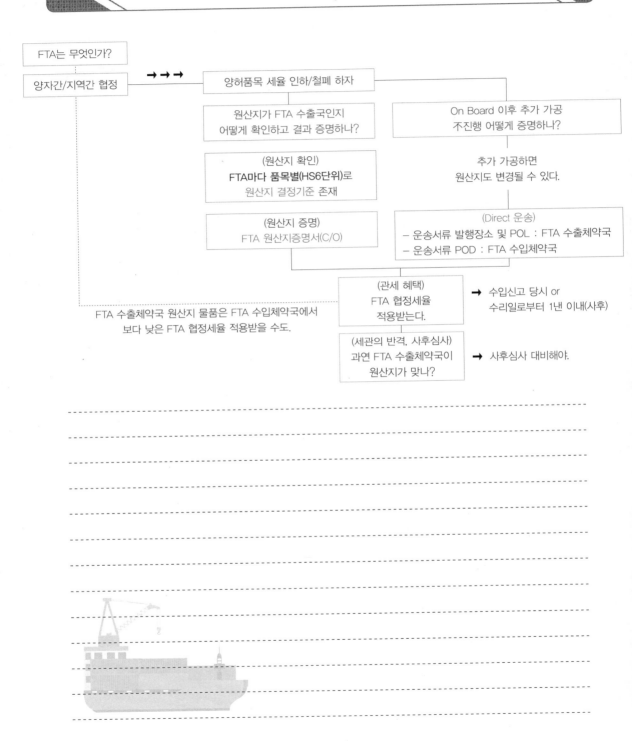

HS Code에 대한 이해

품목분류체계

●●●●.●●-●●●●
 └→ 류(HS 2단위)
  └→ 호(HS 4단위)
   └→ 소호(HS 6단위)

3402.90-3000
 └→ 34 류
  └→ 3402 호
   └→ 3402.90 소호

※ HS 6단위까지: 국제적으로 그 분류기준이 동일(원산지 결정기준 확인할 때 필요).

※ 그다음 분류부터: 나라마다 세분류하며, 우리나라는 4자리를 추가하여 총 10자리 사용 (HSK).

FTA 협상에서 HS(품목분류) 어떻게 활용하나?

FTA가 발효되면, 양허품목 중 원산지가 수출체약국인 물품은 수입체약국에서 협정세율 적용 받을 수.

FTA협상에서 HS6 단위 기준으로 양허품목 지정(FTA 별로 양허품목 다름)

↓

원산지가 상대체약국(FTA 수출체약국)인 수입물품에 대해서 FTA협정세율 적용

↓

원산지가 상대체약국인지 어떻게 입증하나?

↓

FTA협상에서 품목별(HS6단위)로 원산지결정기준 마련(FTA 별로 품목별 원산지 결정기준 다름)

↓

수출자는 수출물품이 FTA 원산지 결정기준 충족했음을 입증하는 서류 확보해야

↓

수출자는 수입자에게 FTA C/O로 원산지 물품이라는 사실 전달

품목분류(HS)의 목적

- 일반적 활용 : 수입물품에 대한 관세율 적용 및 수입/수출요건 확인 위해서.
- FTA협정 활용 : 협정세율(양허품목 여부) 및 원산지 결정기준 확인 위해서.

※ HS Code에 따라서 FTA 협정세율, 원산지결정기준, 수입/수출요건 등이 결정되기 때문에 취급 품목에 대한 정확한 HS Code를 확인 하는 것이 가장 중요함.

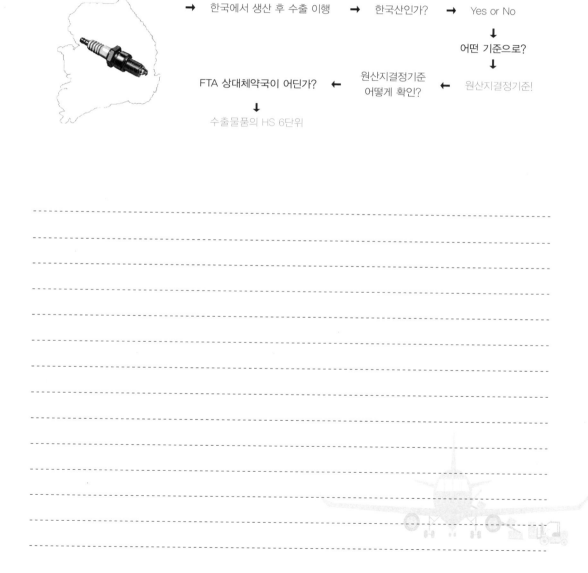

2강
원산지의 중요성

원산지(Country of Origin)의 의미

원산지의 의미 : 어떤 물품의 원산지란 해당 물품이 생산된 국가.

　　　　　　동식물의 경우 성장한 국가, 공산품의 경우 제조·가공이 이루어진 국가.

　　　　　　쉽게 말해서 해당 물품의 국적을 의미.

```
                              '한국산'이 되기 위한 조건
                    ┌─────────────────┴─────────────────┐
               원산지 결정기준                      원산지 입증서류
```

※ 한국에서 생산된 1차 상품은 한국산일 가능성 높으나, 한국에서 생산된 공산품은 한국산일
　 까? 1차 상품이든, 공산품이든 한국산이라고 주장하기 위해서는 해당 품목의 HS6 단위에서
　 요구하는 원산지 결정기준이 무엇이며, 그 원산지 결정기준을 충족한 한국산이라는 사실을 서
　 류로 입증해야 하지 않을까(해당 물품은 당연히 양허품목이어야)?

FTA에서 원산지 확인 왜 중요한가?

- FTA 협정세율 적용받기 위한 조건 : ① FTA C/O[1] + ② 직접운송 충족

FTA 수입체약국	← 물품의 이동 ←	FTA 수출체약국
	[경우 1] FTA C/O 발행 O – 네덜란드산	
	[경우 2] FTA C/O 발행 X – 원산지 불분명	

[경우 1] FTA 협정세율 적용받을 수도(단, 운송서류로 직접운송 원칙 충족해야).

[경우 2] FTA 수출체약국에서 On Board 되었으나 원산지를 알 수 없기 때문에 수입신고 당시 한-EU FTA 협정세율 적용받을 수 없음.

---

1   '원산지결정기준' 충족 후 이를 입증하는 원산지입증서류까지 확보해야 FTA C/O 발행 가능.

원산지증명서(C/O) 종류

```
        원산지증명서
        ┌────┴────┐
     특혜 C/O    비특혜 C/O
```

특혜 C/O: FTA 원산지증명서	비특혜 C/O: 일반 원산지증명서
– 수입신고 할 때 관세 혜택받을 수(FTA 협정세율). – 현품의 원산지와 C/O 상의 원산지 일치해야. – FTA C/O 발행자는 FTA 원산지 결정기준을 충족하고 있음을 입증하는 입증서류 확보해야. – FTA 별로 기관발급(상공회의소 or 세관) 혹은 자율발급.	– 수입지에서 수입신고할 때 관세 혜택을 받을 수 없음. – 단순히 물품의 원산지를 서류로 증명하는 원산지증명서이며, 현품의 원산지와 C/O상의 원산지 일치해야. – 수출신고필증 '원산지' 부분에 KR로 되어 있으면 상공회의소 통해서 발급받을 수 있음.

HS	340290-3000				
품명	조제 청정제				
수량단위	kg				
원산지표시	대상 [원산지제도운영에관한고시]				
적정표시방법	대상 [적정표시방법]				

관세				[관세율 적용순위]	
관세구분	관세율	단위당세액	기준가격	적용시작일	적용종료일
FEU1	3.2	0.0	0.0	2014.01.01	2014.06.30
FEF1 한·EFTA FTA협정세율(선택1)	0	0.0	0.0	2014.01.01	2014.12.31
A 기본세율	8	0.0	0.0	2014.01.01	2014.12.31
C WTO협정세율	6.5	0.0	0.0	2014.01.01	2014.12.31
FAS1 한·아세안 FTA협정세율(선택1)	0	0.0	0.0	2014.01.01	2014.12.31
FUS1	2.6	0.0	0.0	2014.01.01	2014.12.31

현품, 일반 C/O 및 FTA C/O의 원산지 결정기준

현품 원산지	일반 C/O 원산지	FTA C/O 원산지

[원산지 결정기준]
대외무역법

[원산지 표시대상 or 비대상]
HS Code에 따라서(대외무역법)

[원산지표시]
Made in 국명 등(대외무역법)

[상공회의소 발행 근거]
수출신고필증 '원산지 KR' 근거

[원산지표시]
The Republic of Korea

[원산지 결정기준]
FTA별로 상이(HS6단위 기준)

[원산지 결정기준]
FTA별로 상이(HS6단위 기준)

[원산지 결정기준]
FTA별로 상이(HS6단위 기준)

'원산지 결정기준 동일하기 때문에
현품과 일반 C/O 상의 원산지 **일치할 것**.

FTA C/O 상의 원산지는
'현품'의 원산지와 일치할 것[2].

▶ 현품에 표시된 원산지와 일반 C/O상의 원산지는 일치해야(원산지 결정기준 동일하기 때문).
▶ 현품의 원산지 판정기준에 따라 결정된 원산지(KR)은 수출신고필증 '원산지' 부분에 KR로 적용되고, 이러한 수출신고필증의 내용에 근거하여 상공회의소 무역인증서비스센터는 일반 C/O를 발행한다.

---

2   FTA 원산지 결정기준이 대외무역법 원산지 결정기준보다 충족하기 까다로움.

원산지증명서와 운송서류의 역할

수출국에서 On Board 되기 전
원산지 결정기준 충족 후 C/O 발행
↑

On Board 후 입항까지 추가가공 하지 않았다는 사실을
운송서류(B/L 혹은 화물운송장)로 입증
↑

■ On Board 전 원산지 입증서류: 원산지증명서

원산지증명서는 FTA 수출체약국에서 On Board 되기 전에 FTA 원산지 결정기준을 충족하였다는 사실을 입증하는 서류로서, On Board 이후 FTA 수입체약국으로 물품이 도착 전에 추가적인 가공 공정을 거쳤다는 사실은 입증하지 못한다.

■ On Board 후 추가 가공 없음 입증 서류: 운송서류(B/L, 화물운송장)

On Board 후 추가적인 가공 공정을 거치면 수출체약국에서 발행된 C/O와는 달리 해당 물품의 원산지는 변경될 것이다. On Board 후 추가적인 가공 공정을 거치치 않았다는 사실은 운송서류(B/L 혹은 화물운송장)에 의해서 입증된다(직접운송원칙).

[알아두기] 직접운송원칙 충족하기 위해서

수출체약국에서 수입체약국 간의 구간이 하나의 운송서류로 커버되어야.

운송서류 상에 Port of Loading / Airport of Departure가 수출체약국이어야 하며, Port of Discharge / Airport of Destination이 수입체약국이어야.

FTA 협정세율 적용에 대한 이해

HS	220290-1000				
품명	인삼음료				
수량단위	l kg				
원산지표시	대상 [원산지제도운영에관한고시]				
적정표시방법	대상 [적정표시방법]				

관세				[관세율 적용순위]	
관세구분	관세율	단위당세액	기준가격	적용시작일	적용종료일
A 기본세율	8	0.0	0.0	2013.01.01	2013.12.31
C WTO협정세율	26.2	0.0	0.0	2013.01.01	2013.12.31
FAS1 한-아세안 FTA협정세율(선택1)	8	0.0	0.0	2013.01.01	2013.12.31
FEU1	4	0.0	0.0	2013.07.01	2013.12.31
FIN1 한-인도 FTA협정세율(선택1)	6	0.0	0.0	2013.01.01	2013.12.31
FPE1	6.5	0.0	0.0	2013.01.01	2013.12.31
FTR1	8	0.0	0.0	2013.05.01	2013.12.31
FUS1	4.8	0.0	0.0	2013.01.01	2013.12.31

- 한-EU FTA 협정세율 적용받고 싶다면?

  a) 한-EU FTA C/O

  b) 운송서류 상 P.O.L.은 한-EU FTA 수출 체약국, P.O.D.는 한-EU FTA 수입 체약국이어야.

  c) 물품이 한-아세안 FTA 상대체약국으로서 태국에서 On Board 되었다면 한-EU FTA 협정세율 적용 불가.

  ▶ b), c) 모두 직접운송원칙 불충족.

- 한-아세안 FTA 체약국으로부터 수입

  a) 한-아세안 FTA C/O를 한국 수입자가 전달 받은 경우?

  b) 한국 수입자가 한-아세안 FTA C/O 전달 못 받은 경우?

  c) 한-미 FTA C/O를 전달 받은 경우?

  d) 운송서류 상 P.O.L이 Hongkong Port라면?

- 터키에서 수입되는 경우 한-터키 FTA C/O 실효성 있나?

  실효성 없다. 이유는?

- 한-EU FTA C/O로 한-아세안 FTA협정세율 적용 가능?

  불가하다.

- FTA C/O가 있더라도 FTA 협정세율 적용 못 받는 경우?

  한-EU FTA C/O 확보 그러나 On Board는 역외국(직접운송 미충족)

□ 기본세율과 FTA 협정세율의 차이가 크지 않는 경우

HS	340213-1000				
품명	농약원제(農藥原劑)(「농약관리법」에 따라 등록된 것으로 한정한다)				
수량단위	kg				
원산지표시	대상 [원산지제도운영에관한고시]				
적정표시방법	대상 [적정표시방법]				
관세				[관세율 적용순위]	
관세구분	관세율	단위당세액	기준가격	적용시작일	적용종료일
A 기본세율	2	0.0	0.0	2013.01.01	2013.12.31
FAS1 한·아세안 FTA협정세율(선택1)	0	0.0	0.0	2013.01.01	2013.12.31
FEU1	1.2	0.0	0.0	2013.07.01	2013.12.31
FIN1 한·인도 FTA협정세율(선택1)	4	0.0	0.0	2013.01.01	2013.12.31
FPE1	0	0.0	0.0	2013.01.01	2013.12.31

a) 기본세율은 2%, 한−EU FTA 협정세율 1.2%

b) 인보이스 금액이 크지 않는 경우, 0.8% 차이로 인한 관세 인하 혜택은 크지 않을 수도.

c) 0.8%의 관세 인하 혜택 실효성 있는가?

d) FTA 협정세율 받기 위해서 수출자는 FTA C/O 발행하기 위해서 많은 시간과 비용이 투자될 수 있고 사후 관리해야하며, 수입자는 FTA 협정세율 적용 받은 이후 사후 검증 때 입증 못하면 차액 만큼의 관세 추징 당할 수도.

원산지 결정기준 확인 절차/방법

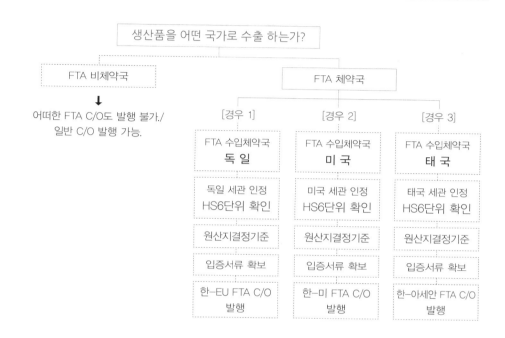

생산품을 어떤 국가로 수출 하는가?

FTA 비체약국

↓

어떠한 FTA C/O도 발행 불가./
일반 C/O 발행 가능.

FTA 체약국

[경우 1]

| FTA 수입체약국 **독 일** |
| 독일 세관 인정 HS6단위 확인 |
| 원산지결정기준 |
| 입증서류 확보 |
| 한-EU FTA C/O 발행 |

[경우 2]

| FTA 수입체약국 **미 국** |
| 미국 세관 인정 HS6단위 확인 |
| 원산지결정기준 |
| 입증서류 확보 |
| 한-미 FTA C/O 발행 |

[경우 3]

| FTA 수입체약국 **태 국** |
| 태국 세관 인정 HS6단위 확인 |
| 원산지결정기준 |
| 입증서류 확보 |
| 한-아세안 FTA C/O 발행 |

[질문] 하나의 수출 건에 대해서 FTA C/O를 발행하면 일반 C/O 발행 못하나?
하나의 수출 건에 대해서 일반 C/O 발행하면 FTA C/O 발행 못하나?
→ 상기 질문 모두 '가능'. 각기 다른 원산지결정기준 충족 해야.

원산지결정기준 - FTA협정별, HS6 단위별 상이

□ 동일한 HS 6단위라 하더라도 FTA 협정별로 원산지결정기준 상이

생산품 : 점화플러그(8511.10)

FTA	원산지기준
EU	다음 각 호의 어느 하나에 해당하는 것에 한정한다. 1. 모든 호(그 제품의 호는 제외한다)에 해당하는 재료로부터 생산된 것 2. 해당 물품의 생산에 사용된 모든 비원산지재료의 가격이 해당 물품의 공장도가격의 50%를 초과하지 아니한 것
미국	다른 소호에 해당하는 재료로부터 생산된 것
아세안	다음 각 호의 어느 하나에 해당하는 것에 한정한다. 1. 다른 호에 해당하는 재료로부터 생산된 것 2. 40% 이상의 역내부가가치가 발생한 것

■ HS 6단위 동일, FTA 상대체약국 상이한 경우

한국에서 미국으로 수출되는 점화플러그(8511.10)에 대해서 한국 수출자는 한-미 FTA 원산지결정기준을 충족하고 있음을 서류로 입증한다면 한-미 FTA C/O를 발행 가능하다. 그렇다면 해당 수출자가 동일 물품(8511.10)을 기타 다른 FTA 상대국으로 수출한다면 자동으로 FTA C/O를 발행 가능한가?

■ HS 6단위 상이, FTA 상대체약국 동일

한국의 수출자가 점화플러그(8511.10)를
미국으로 수출함에 있어 한-미 FTA 원산
지결정기준을 충족하였고 한-미 FTA C/O
를 발행하였다. 동일 수출자가 동일 수입체
약국으로서 미국으로 계면활성제(3402.90)
를 수출한다면 자동으로 한-미 FTA C/O
를 발행 가능한가?

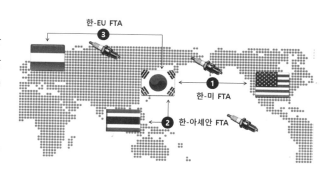

| A사 | 점화플러그(8511.10) 수출 →
 한-미 FTA C/O 발행. 미국에서 한-미 FTA 협정세율 적용 | B사 |

한-미 FTA 체약국으로서 한국과 미국이 거래함에 있어 품목 즉, HS 6단위가 상이하다면 그
HS 6단위별로 원산지결정기준을 충족해야 할 것이다. 그리고 한국의 수출자가 한-미 FTA 원
산지결정기준을 충족한 점화플러그(8511.10)를 한-아세안 FTA 체약국으로서 태국으로 수출
한다면 한-아세안 FTA 원산지결정기준을 역시 충족해야 C/O 발행 가능 하다.

4강
협정세율 및 원산지결정기준 확인 방법

FTA 협정세율 및 원산지결정기준 확인 방법

■ FTA 협정세율 조회(한국으로 수입)

1) Yes FTA 홈페이지 접속
   http://www.customs.go.kr

2) 협정별 FTA 협정세율 확인 절차
   'MY 메뉴' 부분 '수입세율' 클릭 –
   우리나라로 수입할 때 협정세율 확인

3) '미국 USA' 선택 후 HS Code 조회
   검색창에서 HS 10자리 조회(HSK)
   – 우리나라 세관이 인정하는 HS
     Code 10자리(HSK)

   ■ FTA 협정세율 조회(상대체약국 수입 협정세율)

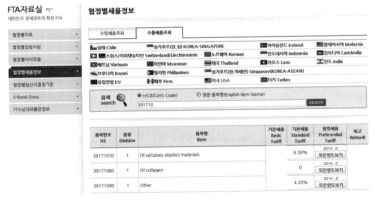

1) '수출세율조회' 클릭

2) 상대 FTA 수입체약국 선택

3) HS 6단위 검색
   – 상대 수입국 세관이 인정하는 HS 6단
     위를 수입자로부터 확인 받을 필요.
   – 왜? FTA협정세율은 수입국 세관이
     적용하기 때문에 거래 품목의 HS 6
     단위 역시 수입국 세관이 인정하는
     것으로 확인하고 원산지결정기준 충
     족 후 FTA C/O 발급 절차 밟아야.

■ FTA 협정별 원산지결정기준 조회

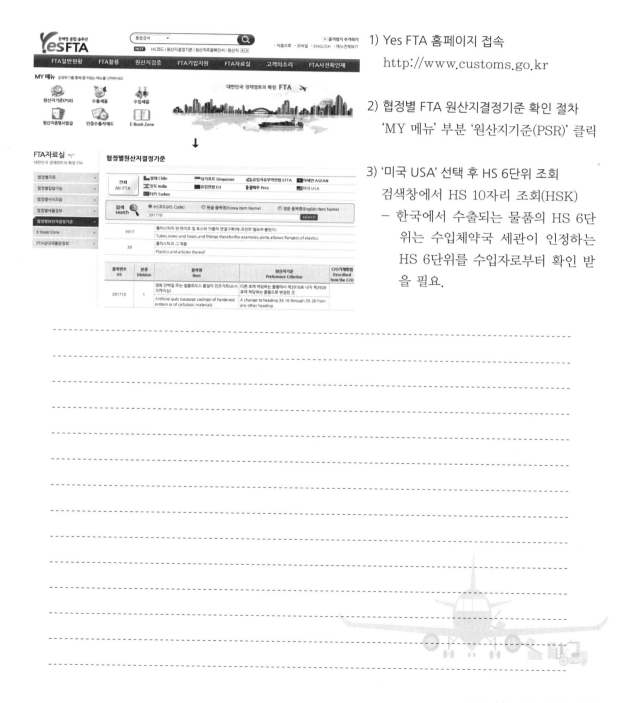

1) Yes FTA 홈페이지 접속
   http://www.customs.go.kr

2) 협정별 FTA 원산지결정기준 확인 절차
   'MY 메뉴' 부분 '원산지기준(PSR)' 클릭

3) '미국 USA' 선택 후 HS 6단위 조회
   검색창에서 HS 10자리 조회(HSK)
   – 한국에서 수출되는 물품의 HS 6단
     위는 수입체약국 세관이 인정하는
     HS 6단위를 수입자로부터 확인 받
     을 필요.

FTA 발효에 따른 관세 즉시 혹은 단계적 철폐

FTA 특혜관세 적용 품목
- 관세 즉시 철폐
- 관세 단계적 철폐
- 양허대상 품목에서 제외

수입세율조회	수출세율조회

전체 All FTA	▮▮칠레 Chile	▮▮싱가포르 Singapore	▮▮아이슬란드 Iceland	▮▮터키 Turkey
	▮▮스위스/리히텐슈타인 Switzerland/Liechtenstein		▮▮노르웨이 Norway	▮▮아세안 ASEAN
	▮▮인도 India	▮▮유럽연합 EU	▮▮페루 Peru	▮▮미국 USA
	▮▮호주 Australia	▮▮캐나다 Canada	▮▮중국 China	▮▮뉴질랜드 NewZealand
	▮▮베트남 Vietnam			

검색 search ◉ HS코드(HS Code)   ○ 한글 품목영(Korea Item Name)   ○ 영문 품목영(English Item Name)

3402903000   search

품목번호 HS	분류 Division	품목명 Item	협정세율 Preferential Tariff
3402903000	1	조제 청정제 Cleaning preparations	2015 : 2.1 모든관세율보기

관세율구분부호 Tariff rate classification Code	관세율구분명 Tariff rate classification	세율 Tariff	적용시작일자 Start date	적용종료일자 End date
FAU1	한·호주 FTA협정세율(선택1) K-AU FTA Tariff (1)	4.3	2014-12-12	2014-12-31
FAU1	한·호주 FTA협정세율(선택1) K-AU FTA Tariff (1)	2.1	2015-01-01	2015-12-31
FAU1	한·호주 FTA협정세율(선택1) K-AU FTA Tariff (1)	0	2016-01-01	2016-12-31

완전생산물품의 이해

완전생산물품의 범주에 들어가는 물품은 대부분 농림수산물, 광산물 등 1차 상품.

↓

농림수산물 및 광산물 등 1차 상품은 모두 완전생산물품인가?

↓

해당 품목(HS6단위)에서 요구하는 원산지결정기준으로서 '완전생산기준' 충족해야.

```
완전생산물품 ─┬─ 1국 완전생산물품    : 1국에서 재배, 채굴 혹은 수확한 1차 상품
              │
              └─ 역내 완전생산물품    : 완전생산기준 충족한 완전생산물품으로부터
                                       획득한 물품은 완전생산물품이 될 수 있음.
```

불완전생산물품의 이해

한국에서 생산된 타이어의 재료는 모두 한국산이 될 수 없다. 그 재료의 재료, 그리고 그 재료의 재료는 역내산도 있겠지만 역외산 및 원산지를 알 수 없는 미상 재료도 있을 것이다. 또한 완성품으로서 타이어는 한국에서 제조하였더라도 그 재료의 생산 공정은 역외국에서 이루어졌을 수 있다. 그렇다면 완성된 타이어의 원산지는 어디인가?

완전생산기준과 품목별기준 이해

FTA C/O 발행 조건
 – 완전생산물품은 '완전생산기준' 충족해야 FTA C/O 발행
 – 불완전생산물품은 '품목별기준' 충족해야 FTA C/O 발행

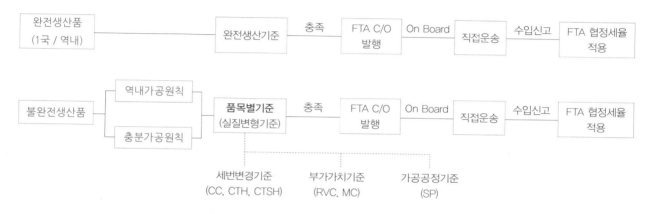

[완전생산기준의 예]

FTA	주요 내용
아세안	- 당사국 영역 내에서 출생하고 사육된 살아 있는 동물로부터 획득한 물품
미국	- 일방 또는 당사국의 영역에서 산 동물로부터 획득(예 : 도축)한 상품

불완전생산물품의 생산 과정과 원산지결정 절차 I

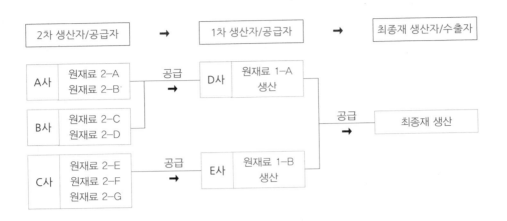

▶ 공산품은 최종재의 원재료, 그 원재료의 원재료까지 모두 원산지 재료가 될 수 없다.

▶ 최종재의 모든 원재료를 FTA 수출체약국에서 생산 할 수 없다. 원재료 중에는 역외산 혹은 미상 존재(불완전생산품).

한국에서 한-미 FTA 상대체약국 미국으로 수출한다면?

– 최종재 및 그 원재료에 대한 원산지 결정 역시 한–미 FTA 원산지결정기준에 의해 결정.

– 최종재 원재료 1-A, 1-B가 한–미 FTA 원산지결정기준 충족하면 최종재는 한국산(한–미 FTA C/O 발행 가능. 원산지재료물품).

– 최종재 원재료 중 비원산지 재료가 있으면, FTA 원산지결정기준 충족하는지 확인 필요(충족하면 한–미 FTA C/O 발행 가능).

불완전생산물품의 생산 과정과 원산지결정 절차 Ⅱ

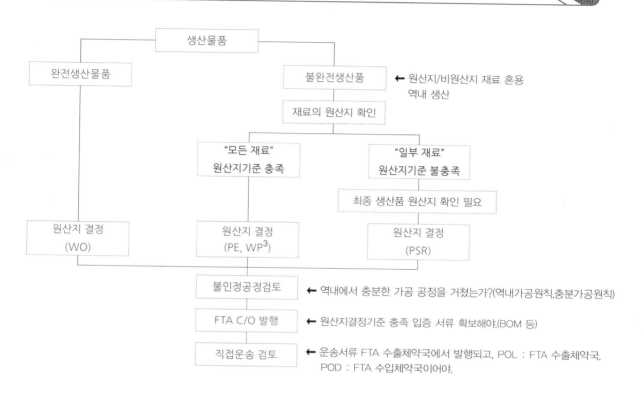

---

3   한-미 FTA에서는 PE, 한-중 FTA에서는 WP.

BOM(Bill of Material, 소요부품명세서)

- 생산품: Spark Plug(HS 8511.10)
- 적용협정 : 한-아세안

부품명 (재료명)	품목번호 (HS Code)	원산지	수량	단가	가격(원)	구성비(%)	생산자 /공급자	증빙서류	연락처
Mechanical seals	8484.20	한국 (역내산)					태산(주)	원산지 (포괄)확인서	
Gasket	8484.10	한국 (역내산)					태산(주)	원산지 (포괄)확인서	
Ceramic Insulator	8547.10	중국 (역외산)					TS Trading	세금계산서	

[작성자]업체명/담당부서: 에듀트레이드허브(주) / 구매부
담당자: 최 규 삼 과장 (서명)

명판·직인

원산지 재료와 비원산지 재료 구분

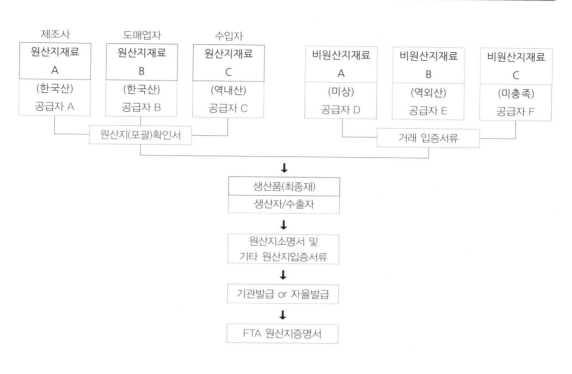

[생각해보기] 원산지(포괄)확인서, 원산지소명서 및 원산지증명서의 차이점은 무엇인가?

불완전생산물품의 원산지 기준 충족 과정

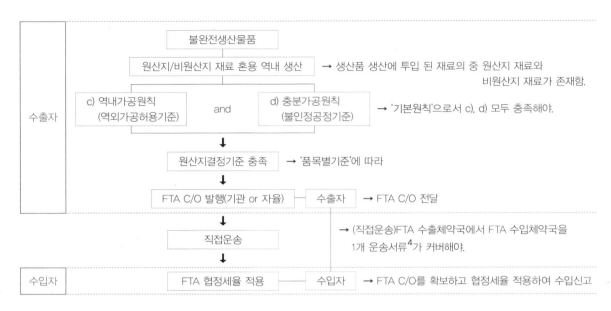

▲ 제조공정도로 역내에서 충분한 가공공정을 진행하였음을 입증합니다. 따라서 원산지 입증 서류로서 제조공정도가 필요 할 것입니다.

---

4 운송서류(B/L, 화물운송장)는 a)FTA 수출체약국에서 발행되어져야 하며, b)Port of Loading(Airport of Departure)은 FTA 수출체약국 그리고 c)Port of Discharge(Airport of Destination)는 FTA 수입체약국으로 기재되어 발행되어져야 Direct 운송 조건 충족한다고 인정 받을 수 있다.

- 수출물품의 가공 공정이 FTA 수출체약국으로서 역내에서 충분할 정도의 가공 공정을 거쳐야 하며(상기 c, d는 기본적으로 충족해야), 이러한 물품에 대해서 FTA 원산지결정기준을 충족하는지는 '품목별 기준' 적용하여 확인.
- 상기 조건을 충족하면 FTA C/O 자율 발급 조건 갖추거나 혹은 기관으로 발급 신청 가능.
- FTA C/O가 발급되더라도 FTA 수입체약국에서 FTA협정세율을 수입자가 적용 받기 위해서는 FTA 수출체약국에서 FTA 수입체약국으로 물품이 직접(Direct)운송 되었음이 운송서류(B/L 혹은 화물운송장)에 의해서 입증 되어야 한다. 이때 운송서류는 FTA 수출체약국에서 발행되고 P.O.L.은 수출체약국, P.O.D.는 수입체약국이어야.
- 운송서류 상의 B/L Date 기준으로 FTA 수입체약국에 입항한 날이 통상의 Transit Time과 차이 없어야 할 것이며, 그렇지 않은 경우 세관이 그 사유 입증 요청 할 수도.

6강
원산지 결정을 위한 '기본원칙'

'기본원칙'과 '품목별기준'의 이해

---

5 FTA에서는 기본적으로 역내가공을 원칙으로 하고 있고, 역외가공은 금지한다. 즉, 최종 생산품의 수출국이 역외국으로 A라는 재료를 수출하여 반제품 임가공을 의뢰 후 그 반제품을 수입하면, 반제품 자체는 관세법상 외국물품으로서 역외국 물품이니 역외산이다. 하지만 일부 FTA 협정에서는 경우에 따라서 반제품에 투입된 A라는 재료의 가치를 역내산으로 인정하여 최종 생산품에 대한 부가가치에 누적하여 원산지결정을 완화하기도한다. 그러나 그 범위가 좁기 때문에 이와 같이 예외적인 부분은 무시해도 될 것이다.

6 단순하고 경미한 공정을 거쳐서 생산된 물품의 경우에는 나머지 원산지 요건을 충족시킨 경우라하더라도 원산지를 인정하지 않는 원칙이다(단순절단, 혼합, 재포장, 도색 등). 충분가공원칙의 경우 최소공정기준 또는 불인정공정기준이라고도 한다.

역내가공원칙

의미 생산품(최종재)을 생산하기 위해서 투입된 재료 중에는 역외산(비원산지 재료 혹은 미상) 재료가 존재 할 수 있겠으나, 그 최종 생산품 자체를 생산하는 생산 공정은 FTA 수출체약국으로서 역내에서 이루어져야 한다는 원칙이 바로 역내가공원칙.

역내가공원칙	충족(○)

호주		한국		베트남
원재료 A	수입 →	최종재 생산	수출 →	FTA 협정세율
원재료 B				

▶ 모든 재료가 역외산이라도 최종재의 원산지결정기준 충족 할 수도.
▶ 세번변경기준이면 세 번변경 / RVC이면 역내 공정과 수출자의 마진이 크면 충족 가능.

역내가공원칙	미충족(×)

호주		한국		베트남
최종재 생산	수입 →	추가 공정 X	원상태 재수출 →	기본세율 적용

▶ 한–아세안 FTA 수출체약국에서 최종재 생산한 것 아니기 때문에 역내가공원칙 미충족.
▶ 수입한 물품을 추가 가공 없이 원상태로 유상 수출 한 경우이니 수입 관세 환급 가능.

충분가공원칙

의미 생산품의 HS 6단위 원산지결정기준에 명시된 품목별 기준은 충족하였다 하더라도, 비원산지 재료를 분쇄 or 절단 or 포장 등과 같은 단순 공정을 거쳐 생산품을 생산 한 경우 즉, 비원산지 재료를 충분히 가공하지 않아서 역외산 재료와 생산품이 완전히 다르다 할 정도가 아닌 경우에는 기본원칙으로서 충분가공원칙을 충족시키지 못함.

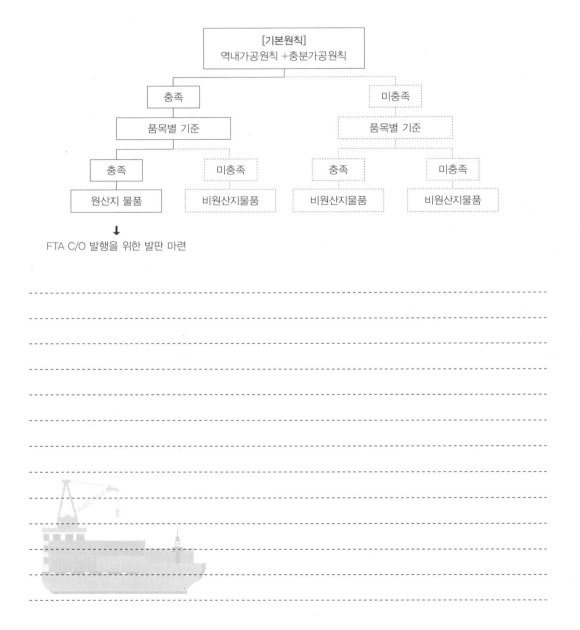

A. 생산품의 원산지결정기준이 CTH(4단위)라면 다음은 세번의 변경을 이룬 경우로 FTA C/O 발행이 가능하다. 그러나 원재료를 단순히 절단하여 생산품을 생산 하였는지 혹은 특별한 기술로 원재료를 절단하여 생산품을 생산 하였는지에 따라서 충분가공원칙 미충족 혹은 충족의 결과를 얻을 수 있을 것이다.

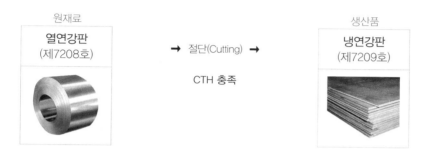

원재료		생산품
열연강판 (제7208호)	→ 절단(Cutting) → CTH 충족	**냉연강판** (제7209호)

열연강판을 한국이라는 역내국으로 수입하여 절단 후 냉연강판을 생산하였고 냉연강판의 원산지결정기준으로서 CTH를 충족 하였다만, 절단은 단순 공정에 속하여 원산지결정기준 충족으로 보지 않는다. 그러나 절단 공정을 수행한 제조사는 해당 공정을 수행하기 위해서 특별한 기술을 가지고 순식간에 철판을 절단하는데 0.01mm의 오차도 발생하지 않게 진행한다면 단순 공정이라 할 수 없을 것이다.

B. 다음은 CTHS 기준 충족함으로서 세번의 변경을 이루었지만, 커피를 볶는 공정을 단순 공정으로 보느냐 혹은 충분한 공정을 하였다고 보느냐의 문제가 발생된다. 만약 단순 공정이라면 세번이 변경하더라도 충분가공원칙 미충족으로 원산지 물품 아니며 FTA C/O 역시 발행 할 수 없다.

▲ 미국의 수입자가 콜롬비아산 '볶지 않은 커피'를 미국으로 수입 후 일정한 온도를 가하여 볶음(roasting).
이 과정에서 생산품으로서 '볶은 커피'의 원산지결정기준으로서 세번변경기준 충족.

볶는 공정이 단순 공정에 속한다 할지라도 커피를 어느정도의 온도에서 얼마의 시간 동안 볶느냐에 따라서 커피 맛이 달라진다는 이는 단순 공정이 아닐 것이다. 다시 말해서 그 볶는 공정에 특별한 기술이 필요하다면 이는 단순 공정이라 할 수 없을 것이다.

직접운송원칙 I

[FTA C/O]
FTA 수출체약국에서 On Board 되기 전
원산지 결정기준 충족 사실 입증

On Board

[운송서류(B/L, 화물운송장)]
On Board 후 추가 가공하지 않았기에
FTA C/O 상의 원산지 변동 없음 입증

입항

FTA 수출체약국   FTA 수입체약국

직접운송원칙 II

					FTA C/O + 운송서류 필요

FTA 원산지결정기준
충족 서류로 입증

FTA C/O   On Board 후
발급[7]   운송서류[8] 발행

생산완료	수출신고 수리일	적재일	[직접운송] 하나의 운송서류로 전구간 커버	수입신고

├──── 수출자 ────┤ ├──────── 수입자 ────────┤

□ B/L 혹은 화물운송장으로 직접운송 여부 확인

a) 선하증권(B/L) 또는 화물운송장(Seaway Bill, Airway Bill) 상의 선적항(Port of Loading)·출발공항(Airport of Departure)이 체약상대국의 항구 또는 공항으로 기재되어 있고, 양륙항(Port of Discharge, 하역항[9])·도착공항(Airport of Destination)이 우리나라의 항구 또는 공항으로 기재되어 있는지의 여부

b) 체약상대국이 스위스 연방과 같이 내륙지 국가인 경우, ①선하증권(B/L) 또는 화물운송장상의 수출자가 원산지증빙서류상의 수출자로 기재되어 있고, ②선적항·출발공항이 체약상대국의 인접국가 항구 또는 공항으로 기재되어 있으며, ③양륙항·도착공항이 우리나라의 항구 또는 공항으로 기재되어 있는지의 여부

---

7   기관발급은 원칙적으로 수출신고 수리 받고 On Board Date 전에 발급 신청하여 발급 받으나, On Board 이후에 발급(사후 발급) 신청도 가능. 자율발급 건이면 FTA 수입체약국에서 FTA 협정세율 전까지 발급하여 FTA 수입체약국의 수입자에게 전달하면 될 것.

8   해상의 경우 B/L 혹은 해상화물운송장(SWB). 항공의 경우 항공화물운송장(AWB).

9   하역항에서 하역(荷役)은 아래 하(下)자가 아니다. 하역은 '짐을 싣고 내리는 일(loading and unloading)'이라는 뜻이다.

Shipper		B/L No.	XXXJKFLD8978
Kaston **1234 East 0th Street** **Los Angeles, CA 00011, United States**			

Multimodal Transport Bill of Lading

Consignee	
EDUTRADEHUB **xxx, Nonhyundong, Kangnamgu, Seoul, Korea**	

Received by the Carrier from the shipper in apparent good order and condition unless otherwise indicated herein, the Goods, or the container(s) or package(s) said to contain the cargo herein mentioned, to be carried subject to all the terms and conditions appearing on the face and back of this Bill of Lading by the vessel named herein or any substitute at the Carrier's option and/or other means of transport, from the place of receipt or the port of loading to the port of discharge or the place of delivery shown herein and there to be delivered unto order or assigns. This Bill of Lading duly endorsed must be surrendered in exchange for the Goods or delivery order. In accepting this Bill of Lading, the Merchant agrees to be bound by all the stipulations, exceptions, terms and conditions on the face and back hereof, whether written, typed, stamped or printed, as fully as if signed by the Merchant, any local custom or privilege to the contrary notwithstanding, and agrees that all agreements or freight engagements for and in connection with the carriage of the Goods are superseded by this Bill of Lading

Notify Party	
Same As Above	

Pre-carriage by	Place of Receipt
	LONGBEACH, CA CY

Party to contact for cargo release

XXX JUNG-GU SEOUL 111-111 KOREA
TEL : 00-0000-0000 FAX : 00-0000-0000
ATTN : HONG GIL-DONG

Vessel	Voy. No.	Port of Loading
ISLET ACE	**832W**	**LONGBEACH, CA**

Port of Discharge	Place of Delivery
BUSAN, KOREA	**BUSAN, KOREA CY**

Final Destination(Merchant's reference only)

Exchange Rate	Prepaid at	Payable at	Place and Date of Issue
		DESTINATION	**LONG BEACH, USA MAY. 28. 2013**
	Total Prepaid in Local Currency	No. of Original B/L	In witness whereof, the undersigned has signed the number of Bill(s) of Lading stated herein, all of this tenor and date, one of which being accomplished, the others to stand void
		THREE / 3	

Laden on Board the Vessel

Vessel	**ISLET ACE 823W**	DATE	**MAY. 28. 2013**	As Carrier ABC MARITIME CO., LTD.
Port of Loading	**LONG BEACH, USA**	BY		

▶ 선적항(Port of Loading)
: 한—미 FTA 수출체약국에 위치해야.

▶ 양륙항(Port of Discharge)
: 한—미 FTA 수입체약국에 위치해야.

▶ 운송 발행 장소
: 한—미 FTA 수출체약국.

▶ B/L Date가 'MAY. 28. 2013'로 기재. B/L Date 기준으로 FTA 수입체약국까지의 합리적인 Transit Time을 기존으로 직접운송 원칙 충족 여부 판단될 수도.

직접운송원칙 IV

Shipper's name and Address Kaston 1234 East 0th Street Los Angeles, CA 00011, United States				Not negotiable Air Waybill (Air Consignment Note) Issued by **ABC Air Freight Service**					
Consignee's name and Address EDUTRADEHUB xxx, Nonhyundong, Kangnamgu, Seoul, Korea				It is agreed that the goods described herein are accepted in apparent good other and condition (except as noted) for carriage SUBJECT TO THE CONDITIONS OF CONTRACT ON THE REVERSE HEREOF THE SHIPPER'S ATTENTION IS DRAWN TO THE NOTICE CONCERNING CARRIER'S LIMITATION OF LIABILITY. Shipper may increase such limitation of liability by declaring a higher value for carriage and paying a supplemental charge if required. as carrier					
				Also Notify SAME AS CONSIGNEE					
Airport of Departure ATLANTA, GA		Airport of Destination INCHEON AIRPORT		Copies 1,2 and 3 of this Air Waybill are originals and have the same validity Special Accounting Information /// ALL CHARGE COLLECT ///					

to
ICN
	By first Carrier
	OZ
		to	by	to	by	Currency
						USD
							WT/VAL
							PPD COLL
							    X
								Other
								PPD COLL
								    X
									Declared
									Value for Carriage
									N.V.D
										Declared
										Value for Customs

Total Other Charges Due Agent		Shipper certifies that the particulars on the face hereof are correct and that insofar as any part of the consignment contains dangerous goods, such part is properly described by name and is in proper condition for carriage by air according to the applicable Dangerous Goods Regulations
Total Other Charges Due Carrier		
		- - - - - - - - - - - - Signature of Shipper or his Agent
Total Prepaid	Total Collect	
Currency Conversion Rates	CC Charges in Dest. Currency	28, MAY. 2013 ATLANTA, USA
		Executed on (Date) at (Place) Signature of Issuing Carrier
For Carrier's Use only at Destination	Charges at Destination	Total Collect Charges
		ABC - 123123123

▶ 출발공항(Airport of Departure)
　: 한-미 FTA 수출체약국으로서 미국에
　　위치한 공항

▶ 도착공항(Airport of Destination)
　: 수입체약국으로서 한국에 위치한 공항.

▶ Airport of Departure로서 ATLANTA 공
　항에서 외국으로 나가는 항공기에 적재
　한 날짜(On Board Date, B/L Date)로서
　'28. MAY. 2013'이 기재되어 있음.

▶ 수입지로서 우리나라까지의 운송에 소
　요되는 합리적인 기간이 직접운송 충족
　여부 확인할 때 고려될 수도.

7강
원산지 결정을 위한 '품목별기준'

품목별기준(실질변형기준)

■ '기본원칙' a)역내가공원칙 및 b)충분가공원칙 충족 후 '품목별기준' 충족해야하며, 이후 c)직접
운송 되어야 FTA수입체약국에서 FTA협정세율 적용 받을 수 있는 조건 갖추는 것.

---

10   우리나라 수출자의 경우, 한-아세안 FTA 및 한-중 FTA 원산지결정기준이 RVC일 때 직접법이 아닌 공제법을
      사용해야 합니다. 관련 337쪽 참고.

세번변경기준

※ 항상 생산품의 원산지 결정에 앞서 그 생산품의 원재료에 대한 원산지 결정이 선행되어야 하겠습니다.

BOM(Bill of Material, 소요부품명세서)

- 생산품: Spark Plug(HS 8511.10)
- 적용협정 : 한-아세안
- 원산지결정기준: CTH(4단위 변경)

부품명 (재료명)	품목번호 (HS Code)	원산지	수량	단가	가격(원)	구성비(%)	생산자 /공급자	증빙서류	연락처
Mechanical seals	8484.20	한국 (역내산)					태산(주)	원산지 (포괄)확인서	
Gasket	8484.10	한국 (역내산)					태산(주)	원산지 (포괄)확인서	
Ceramic Insulator	8547.10	중국 (역외산)					TS Trading	세금계산서	

HS Code 8511.10에 대한 한-아세안 FTA 원산지결정기준

HS Code	품목명	영문품목명	원산지기준
8511.10	점화플러그	Sparking plugs	다음 각 호의 어느 하나에 해당하는 것에 한정한다. 1. 다른 호에 해당하는 재료로부터 생산된 것 2. 40% 이상의 역내부가가치가 발생한 것

가공 정도에 따른 품목분류의 흐름

품목번호				한글품명
09				커피, 차, 향신료
....				
0901				커피(볶은 것인지 또는 카페인을 제거한 것인지의 여부를 불문한다).
				커피의 각과 피 및 커피를 함유한 커피대용물
0901	1			커피(볶지 아니한 것에 한한다)
0901	11	00	00	카페인을 제거하지 않은 것
0901	12	00	00	카페인을 제거한 것
0901	2			커피(볶은 것에 한한다)
0901	21	00	00	카페인을 제거하지 않은 것
0901	22	00	00	카페인을 제거한 것
....				
0902				차류(가향한 것인지의 여부를 불문한다)
....				

□ 2단위 변경기준(CC : Change of Chapter)의 예

한-칠레 FTA	단일기준	
HS Code	**품목명**	**원산지기준**
7002.31	석영유리제의 것	다른 류에 해당하는 재료로부터 생산된 것

□ 4단위 변경기준(CTH : Change of Tariff Heading)의 예

한-아세안 FTA	선택기준(or)	
HS Code	**품목명**	**원산지기준**
8511.10	점화플러그	다음 각 호의 어느 하나에 해당하는 것에 한정한다. 1. 다른 호에 해당하는 재료로부터 생산된 것 2. 40% 이상의 역내부가가치가 발생한 것(CTH or RVC 40%)

한-미 FTA	단일기준	
HS Code	**품목명**	**원산지기준**
3102.21	황산암모늄	다른 호에 해당하는 재료로부터 생산된 것

한-싱가포르 FTA	선택기준(or), 조합기준(and)	
HS Code	**품목명**	**원산지기준**
8536.69	기타 (Other)	다음 각 호의 어느 하나에 해당하는 것에 한정한다. 1. 다른 호에 해당하는 재료(제8538호의 것은 제외한다)로부터 생산된 것 2. 다른 호에 해당하는 재료로부터 생산된 것. 다만, 50% 이상의 역내부가가치가 발생한 것에 한정한다.

□ 6단위 변경기준(CTSH : Chagne of Tariff Subheading)의 예

한-인도 FTA	조합기준(and)	
HS Code	**품목명**	**원산지기준**
3102.21	황산암모늄	다른 소호에 해당하는 재료로부터 생산된 것. 다만, 35% 이상의 역내부가가치가 발생한 것에 한정한다.(CTSH + RVC 35%)

한-미 FTA	단일기준	
HS Code	**품목명**	**원산지기준**
8511.10	점화플러그	다른 소호에 해당하는 재료로부터 생산된 것

부가가치기준

기본원칙을 충족시키고, 생산품의 생산 공정에서 역내 발생 부가가치(가격, a),b),c),d))가 생산품의 가치(가격, e)) 대비하여 일정 수준 이상이어야 원산지 물품으로 인정하는 원산지결정기준.

| 재료 조달 | → | 역내 생산 | → | 부가가치기준 확인 |

생산품 원재료 내역(BOM)

비원산지 재료	20
미상	20
원산지 재료	10
원산지 재료	20
역내산 합계	30
역외산 합계	40

생산품 원가산출내역서

a)	역내산	30
	역외산	40
b)	제조경비	10
c)	수출자 마진	10
	EXW 가격	90
d)	기타비용	10
e)	FOB 가격	100

FOB 기준으로(공제법)

=(FOB 가격 − 비원산지재료)/FOB 가격
=(100 − 40)/100 = 60%

→ 생산품의 가격(e)에서 역내에서 발생된 가치가 차지하는 비율은 60%가 된다.

a)원산지 재료(한국산, 역내산)의 가격(가치)과 수출국에서 생산품을 생산할 때 발생되는 b)제조경비(가공비), c)수출자의 마진 및 d)기타 비용이 e)생산품의 가격에서 차지하는 비율이 높으면 높을수록 해당 생산품은 원산지 물품으로 인정되는 확률이 높아진다 할 수 있다.

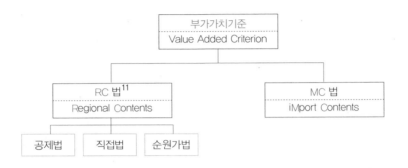

RC 법	Regional Contents

생산품의 거래 가격(FOB 가격 기준이라 할 수 있음) 중 역내부가가치가 일정 비율 이상일 것을 요구하는 방식이 RC법으로서 공제법(비원산지재료의 가치를 기초로 하는 방법), 직접법(집적법, 원산지 재료의 가치를 기초로 하는 방법), 순원가법이 있으며, 이를 RVC로 나타내기도 한다.

---

11 RC 법에서의 RC는 Regional Contents의 약자인데 Local Contents라 하여 LC 법이라고도 하며 또한 Domestic Contents라고도 한다.

12 Regional Value Contents, 백분율로 표시된 생산품의 역내 부가가치 비율

공제법	(BD, Build-Down Method)

생산품 가격에서 비원산지 재료의 가격을 제외한 나머지 부분을 역내가치로 보는 방식.
제조경비 및 수출자의 마진이 분모값으로서 상품가격 대비하여 그 비율이 높은 경우 적용하면 유리하다고 할 수 있음.

$$\text{역내부가가치비율(RVC)} = \frac{\text{(거래(상품)가격} - \text{비원산지재료비(가치)}[13]\text{)}}{\text{거래(상품)가격}} \times 100$$

공제법은 비원산지 재료의 가치를 기초로 계산하는 방식이기 때문에 비원산지 재료의 가치 즉, 가격이 원산지 재료의 가격과 제조경비 및 수출자의 마진에 비해서 상대적으로 낮으면 생산품이 원산지 물품으로 인정받을 확률이 높아진다.

---

13 VNM(Value of Non-originating Material) : 생산자에 의해 상품의 생산에 사용된 비원산지 재료의 가치

직접법	(BU, Build-Up Method)

원산지 재료의 가치(가격)를 기초로 계산하는 방식.
오직 원산지 재료비의 비중이 높은 경우 직접법을 적용하면 원산지 물품으로 인정받을 확률이 높다.

$$역내부가가치비율(RVC) = \frac{원산지재료비(가치)^{14)}}{거래(상품)가격} \times 100$$

| 역내 생산 | → | 부가가치기준 확인 |

| | 원가산출내역서 | | FOB 기준으로(직접법) | OR | FOB 기준으로(공제법) |

a)	역내산	30
	역외산	40
b)	제조경비	10
c)	수출자 마진	10
	EXW 가격	**90**
d)	기타비용	10
e)	**FOB 가격**	**100**

FOB 기준으로(직접법)

= 원산지재료 / FOB 가격
= 40/100 = 40%

→ 생산품의 가격(e)에서 역내에서 발생 된 가치가 차지하는 비율은 40%가 된다.

FOB 기준으로(공제법)

=(FOB 가격 − 비원산지재료)/ FOB 가격
=(100 − 40)/100 = 60%

→ 생산품의 가격(e)에서 역내에서 발생된 가치가 차지하는 비율은 60%가 된다.

---

14   VOM(Value of Originating Material) : 생산자에 의해 상품의 생산에 사용된 원산지 재료의 가치

■ 한-아세안 및 한-중 FTA에서 공제법을 선택해야하는 한국 수출자

A) 한-아세안 FTA

한-아세안 FTA 건에서 수출물품의 원산지결정기준이 RVC일 때, FTA 수출체약국이 어딘지에 따라 공제법을 사용해야하는 경우가 있고 직접법을 사용해야하는 경우가 있겠습니다. 한국 수출자는 선택의 여지 없이 공제법을 사용해야겠습니다.

> * 직접법 : 부르나이, 인도네시아, 라오스, 미얀마, 싱가포르가 채택
> * 공제법 : 한국, 캄보디아, 말레이시아, 필리핀, 베트남, 태국이 채택

B) 한-중 FTA

관세청 Yes FTA에 공개 된 '한-중 FTA 100문 100답'에서 양측은 원산지결정기준이 RVC일 때 공제법을 사용하기로 합의하였다는 내용을 확인 할 수 있다[15].

---

15   확인 경로) 관세청 Yes FTA 차이나(http://china-info.customs.go.kr) 홈페이지 → 상단 메뉴 'Q&A' → 100
     문 100답 → '한-중 FTA 100문 100답 통합본' PDF 다운 → P. 35에서 확인 가능

MC 법 | iMport Contents

생산품의 거래 가격(EXW 가격 기준) 중 역외부가가치가 일정 비율 이하일 것을 요구하는 방식. 즉, '비원산지재료비가 상품가격의 일정비율 이하일 것'으로 정하는 방식. 유럽과의 FTA인 한-EU, 한-EFTA 및 한-터키 FTA에서 채택

$$\text{역내부가가치비율(RVC)} = \frac{\text{비원산지재료비(가치)}}{\text{거래(상품)가격(EXW)}^{16}} \times 100$$

역내 생산	→	부가가치기준 확인

원가산출내역서		EXW 기준으로(MC법)

a)	역내산	30
	역외산	40
b)	제조경비	10
c)	수출자 마진	10
d)	EXW 가격	90

= 비원산지재료/EXW가격
= 40/90 = 44.44%

→ 생산품의 가격(d)에서 역외에서 발생된 가치가 차지하는 비율은 44.44%가 된다.

▲ MC법은 EXW 기준으로 계산하기에 FOB 가격 입증 불필요.
  매매계약 상의 인코텀스를 기초로한 가격은 별도.

16   EXW 가격에서 수출시 환급되는 내국세를 공제함.

□ RVC - 역내부가가치비율

한-아세안 FTA	선택기준(or)	
HS Code	품목명	원산지기준
3917.10	경화 단백질 또는 셀룰로오스 물질의 인조거트(소시지케이싱)	다음 각 호의 어느 하나에 해당하는 것에 한정한다. 1. 다른 호에 해당하는 재료로부터 생산된 것 2. 40% 이상의 역내부가가치가 발생한 것(CTH or RVC 40%)

□ MC 법 - 역외부가가치비율

한-EU FTA	선택기준(or)	
HS Code	품목명	원산지기준
3402.90	계면활성제	다음 각 호의 어느 하나에 해당하는 것에 한정한다. 1. 모든 호(그 제품의 호는 제외한다)에 해당하는 재료로부터 생산된 것. 다만, 그 제품과 동일한 호의 비원산지재료의 가격이 제품의 공장도가격의 20%를 초과하지 아니하는 경우에는 그 재료도 사용될 수 있다. 2. 해당 물품의 생산에 사용된 모든 비원산지재료의 가격이 해당 물품의 공장도가격의 40%를 초과하지 아니한 것

BOM(Bill of Material, 소요부품명세서)

- 생산품: Spark Plug(HS 8511.10)
- 적용협정 : 한−아세안

부품명 (재료명)	품목번호 (HS Code)	원산지	수량	단가	가격(원)	구성비(%)	생산자 /공급자	증빙서류	연락처
Mechanical seals	8484.20		1	2,600	2,600		태산(주)		
Gasket	8484.10		1	6,400	6,400		태산(주)		
Ceramic Insulator	8547.10		2	1,500	3,000		TS Trading		

세번변경기준 선택의 경우; CTH

− 생산품으로서 Spark Plug 생산자는 국내 재료 공급자에게 원산지 확인 요청 필요 없음.
− 모든 재료의 세번 4단위가 생산품의 세번 4단위와 상이함으로 생산품은 원산지 물품이기 때문

부가가치기준 선택의 경우; RVC40%

− BOM에서 가격 구성비가 높은 재료 Gasket을 최대한 원산지 재료로 만들기 위한 노력이 필요함.

부가가치기준에 대한 기타 정보

□ 분모값(EXW 혹은 FOB 가격)

수출자가 물품 생산 원가에서 자신의 마진을 상당히 가져갈 수 있다면, 분모 값으로서 EXW 혹은 FOB 가격이 그 만큼 상승되는 것이니 부가가치기준을 충족할 확률은 높아진다.

□ 부가가치기준의 어려움

BOM 상의 재료에 대한 가격과 수출물품에 대한 원가를 입증해야 하는데, BOM 상의 재료 가격과 수출물품의 원가는 시장 상황 등에 따라서 유동적이다(BOM 상의 수입재료는 환율에 가격 영향 받고 생산품의 생산에 있어서도 전기료, 인건비, 물류비 등이 항상 동일하지 않음). 그래서 버퍼율 설정하여 부가가치기준 충족에 대한 결정할 필요가 상당히 있음.

□ 품명은 같으나 '사이즈'가 다른 경우

모든 사항이 동일한 수출물품 A는 5mm와 20mm 제품이 있다. 동일 물품이라도 사이즈가 다르면 투입되는 원료의 양은 다를 것이며 재료 가격과 생산품 제조경비는 상이 할 것이다. 세번변경기준은 가격에 영향을 받지 않아 사이의 차이 상관 없지만, 가격을 기초로 원산지 결정되는 부가가치기준은 각 사이즈 별로 원산지 입증 해야 할 것이다.

안정적인 부가가치기준 충족을 위한 버퍼율 설정

생산품의 원산지결정기준이 RVC 45%로서 공제법(BD)으로 계산한 결과 값이 47% 나왔다고 가정하자. 이때 비록 원산지결정기준은 충족 하였으나, 그 범위가 단지 2% 밖에 되지 않는 불안한 상황이라 할 수 있다.

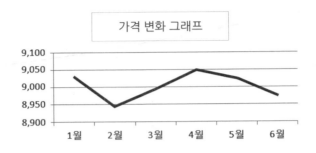

비록 1 월에 생산한 제품의 공제법 결과가 47%라 할지라도 3월에 생산하는 제품의 공제법 결과는 47%가 아니라 기준 값으로서 45% 보다 낮게 나올 수 있다. 그 이유는 제품을 생산함에 있어 투입되는 재료의 가격은 환율 등 시장 환경에 따라서 변경될 수 있으며, 생산품 생산에 있어서 제조경비 역시 항상 동일하지는 않다(전기료, 인건비, 물류비 등).

따라서 생산품의 원산지결정기준으로서 RVC 45%를 요구하더라도, 생산품 생산자는 나름대로의 안정 범위를 정하여 RVC 50% 이상 나와야 원산지결정기준을 충족한다고 판단하는 방법을 사용하는 것이 적절할 것이다.

8강
분야별 특례(보충적 기준)

최소기준(미소기준)

생산품의 원산지결정기준이 세번변경기준이라면, 생산품의 세번(HS Code)과 BOM 상의 비원산지 재료의 세번이 상이해야 원산지 물품이된다[17]. 만약 세번변경기준을 충족하지 못하면 '세번 변경을 이루지 못한 모든 비원산지 재료 가격 합계'가 생산품의 가격[18]에서 차지하는 부분이 미미할 경우, 세번이 변경되는 것으로 간주하는 최소기준이 있다.

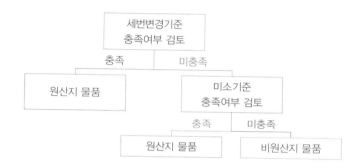

---

17   이때 원산지 재료의 세번과 생산품의 세번 변경 유무는 고려 대상이 아니다. 오직 원산지 미상을 포함한 비원산지 재료를 역내에서 충분히 가공하여 생산된 생산품의 세번과 그 비원산지 재료의 세번이 다를 정도의 공정을 거칠 것을 요구하는 기준이 바로 세번변경기준이다. 다시 말해서 세번변경기준 충족 여부를 판단할 때는 원산지 재료(역내산)에 대한 세번과 생산품 세번의 차이는 확인 대상이 아니다.

18   생산품의 가격 기준은 FTA마다 상이할 수 있다. 한-아세안 FTA의 경우 FOB, 한-EU FTA의 경우 EXW 기준으로 최소기준 충족 여부를 확인한다.

A. 최소기준 적용하기까지의 과정

> BOM(Bill of Material, 소요부품명세서)

- 생산품: 에어백(HS 8708.95)
- 적용협정 : 한-EU FTA

부품명 (재료명)	품목번호 (HS Code)	원산지	수량	가격 (원)	생산자 /공급자	증빙서류
Cover	3926.90	중국(역외산)	1	2,000	TS Trading	세금계산서
Cushion	8708.95	미상[19](역외산)	1	2,000	진성(주)	세금계산서
Plate	7326.20	한국(역내산)	1	4,000	기흥산업(주)	원산지(포괄)확인서
Horn	8306.29	한국(역내산)	1	6,500	태산(주)	원산지(포괄)확인서
Inflater	8708.95	한국(역내산)	1	35,000	태산(주)	원산지(포괄)확인서
		역 내 산		45,500		
		역 외 산		4,000		
		합 계		49,500		

> HS Code 8511.10에 대한 한-EU FTA 원산지결정기준

HS Code	품목명	원산지기준
8708.95	에어백	다음 각 호의 어느 하나에 해당하는 것에 한정한다. 1. 모든 호(그 제품의 호는 제외한다)에 해당하는 재료로부터 생산된 것 2. 해당 물품의 생산에 사용된 모든 비원산지재료의 가격이 해당 물품의 공장도가격의 50%를 초과하지 아니한 것

---

19 해당 물품은 비록 국내 거래처에게 공급 받았지만 해당 재료가 한-EU FTA 원산지결정기준을 충족하지 못한 경우가 아니라, 공급자의 비협조적인 태도 혹은 공급 업체가 폐업 등의 이유로 공급자로부터 거래 물품에 대한 원산지 확인을 받을 수 없는 경우에 해당된다. 그래서 원산지 미상으로 기재했다.

B. '원가산출내역서' 작성

원가산출내역서

총원가								목표 이익		EXW 가격
제조원가						판매 및 일반 관리비				
직접원가				제조 간접비						
직접재료비		직접 노무비	직접 경비							
역내산	역외산									
45,500	4,000	1,300	1,000	1,500		1,200	+	6,500	+	61,000

한-EU FTA에서 생산품의 가격은 EXW(공장도가격) 기준이며, 생산품의 생산 공정에 투입 된 비원산지 재료 중에 세번 변경을 이루지 못한 모든 비원산지 재료 가격의 합이 생산품의 EXW 가격에서 차지하는 비율이 10%가 안 되면 생산품은 원산지 물품으로 인정받을 수 있다.

만약 Cover 및 Cushion이 비원산지 재료(역외산)가 아니라 원산지 재료(역내산)라면, 생산품의 세번과 세번 변경 검토 대상에서 제외된다. 따라서 최소기준(미소기준)을 적용할 필요도 없어진다. 그 자체가 원산지 재료로서 기타의 재료 역시 모두 원산지 재료기 때문에 생산품은 '원산지재료물품'으로서 생산품의 HS 6단위에서 요구하는 원산지결정기준 적용 없이 원산지 물품이된다. 원산지 재료만을 사용하여 생산품을 수출국에서 충분히 가공하여 생산되었기 때문이다.

C. 공식에 의한 최소기준 충족 여부 확인

한-EU FTA 최소기준 비율 계산

$$\text{최소기준 비율} = \frac{\text{세번 변경을 이루지 못한 모든 비원산지 재료 가격의 합계}^{20}}{\text{생산품의 EXW 가격}^{21}} \times 100$$

↓

$$\text{최소기준 비율} = \frac{2,000원}{61,000원} \times 100$$

↓

3.3%

---

20 이때 단순히 모든 비원산지 재료의 합계가 분자값이 되는 것이 아니라, 세번 변경을 이루지 못한 비원산지 재료의 합계가 분자값이 된다는 것을 인지해야 할 것이다. 즉, 비원산지 재료로서 Cover 및 Cushion의 합계가 아니라 세번 변경을 이루지 못한 Cushion에 대한 합계만 분자값이 되는 것이다.

21 한-아세안은 FOB 기준이며, 한-EU는 EXW 기준이다.

D. 관련 규정

FTA 협정	내 용	
아세안	- 세번 변경이 일어나지 아니한 그 생산에 사용된 모든 비원산지 재료의 가격이 그 상품의 FOB 가격의 10퍼센트를 초과하지 아니할 것.	부속서3 제10조
EU	- 비원산지 재료의 총 가치가 그 제품의 공장도 가격의 10퍼센트를 초과하지 아니할 것.	제5조 제2항
미국	- 세번 변경이 이루어지지 아니한 모든 비원산지 재료의 가치가 그 상품의 조정가치[22]의 10퍼센트를 초과하지 아니하는 경우 원산지 상품으로 규정한다.	제6.6조

▲ 상기는 일반품목에 대한 최소기준으로서, 일반품목의 경우 가격을 기준으로 최소기준을 규정하고 있다. 반면, 섬유류는 중량을 기준으로 하며, 농수산물은 민감 품목으로서 적용대상에서 제외되기도. 따라서 실무자는 최종적으로 이러한 내용을 관세사의 도움을 받아 확인해야 할 것.

▲ 협정마다 생산품의 가격기준이 상이함을 인지해야겠다. 한-아세안의 경우 FOB를 기준으로하고, 한-EU의 경우 공장도가격(EXW)을 기준이다.

▲ 한-호주 FTA에서 부가가치기준은 RC이며 분모값은 FOB 가격. 반면 한-캐나다 FTA에서 부가가치기준은 MC법을 사용하며 분모값은 EXW 가격.

---

22   한-미 FTA에서 조정가치는 실제지급액으로서 국제 운송비용을 공제한 가격이다. 즉, FOB 가격이라 할 수 있다.

누적기준

FTA 수출체약국이 생산하는 생산품의 생산 공정에 FTA 상대체약국을 원산지로 하는 재료를 상대체약국으로부터 수입하여 생산품 생산 공정에 투입 후 생산품을 생산하였다고 가정하자. 그러면 해당 재료의 원산지는 역외산이 되는 것이 아니라 역내산 재료 즉, 원산지 재료가 된다.

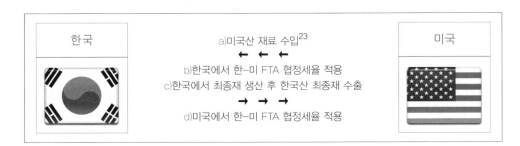

예를 들어 최종 생산품을 한국에서 생산함에 있어 그 재료를 미국에서 수입하여 역내산으로 인정 받기 위해서 미국산 재료에 대해서 한-미 FTA 원산지증명서로 원산지 입증이 되어야 하며, 운송서류(B/L 혹은 화물운송장)로서 직접운송 사실 역시 입증되어야 할 것이다.

---

23   한-미 FTA C/O + 직접운송 충족

BOM(Bill of Material, 소요부품명세서)

- 생산품: Spark Plug(HS 8511.10)
- 적용협정 : 한-미 FTA
- 원산지결정기준 : CTSH(6단위 변경 기준)

부품명 (재료명)	품목번호 (HS Code)	원산지	수량	단가	가격(원)	구성비(%)	생산자 /공급자	증빙서류
Mechanical seals	8484.20	한국(역내산)				45%	태산(주)	원산지(포괄)확인서
Ceramic Insulator	8547.10	중국(역외산)				18%	태산(주)	세금계산서
Gasket	8484.10	미국(역내산)				14%	진성산업(주)	한-미 FTA C/O[24]

[작성자]업체명/담당부서: 진성산업(주) / 무역부
담당자: 최 규 삼 (서명)

▲ 미국산 재료(Gasket)는 누적기준이 적용되어 한국산 재료로 간주되므로 Mechanical Seals 처럼 세번 변경 고려 대상이 아니다. 즉, Gasket의 6단위 세번이 생산품으로서 Spark Plug 의 6단위 세번과 동일하더라도 생산품의 원산지 결정에 영향을 미치지 않는다.

---

24 최종재를 생산하는 진성산업(주)은 직접 미국으로부터 한-미 FTA C/O로 미국을 원산지로 하는 Gasket을 수입하였다. 따라서 미국 수출자/생산자로부터 전달 받은 한-미 FTA C/O와 함께 운송서류 및 수입신고필증을 보관해야 할 것이다. 만약 Gasket을 국내 A 업체가 수입하여 진성산업(주)에 공급한다면, A 업체는 한-미 FTA C/O와 해당 건의 수입신고필증은 자신이 보관하고, 이를 기초로 발급한 원산지(포괄)확인서를 전달하면서 Gasket이 역내산(원산지 재료)이라는 사실을 진성산업(주)에 확인 시켜주면 될 것이다.

한-EU FTA

수출 체약국 : P.O.L. : ROTTERDAM, NL

- 인보이스(C/I, Commercial Invoice) 건당 전체가격이 EUR6,000 초과 물품의 건[25].
- 수출자는 인증수출자로서 상업서류인 인보이스에 '원산지신고서문안' 기재.
- '원산지신고서문안'에 인증수출자번호 및 원산지 기재.
  ↓ – 하나의 B/L로 직접운송 진행.
    – 수출지 On Board Date 기준으로 수입지 입항일이 합리적인 운송기간(Trans Time) 확인.
  ↓ – 이러한 모든 내용은 B/L(항공은 AWB)을 근거로 확인.

수입 체약국 : P.O.D. : BUSAN, KR

- 수입신고 할 때 '원산지신고서문안'이 기재 된 인보이스 확보[26].
- 협정에서 정하는 양식과 기재요령에 따라서 원산지신고서문안 작성 됨.
- 원산지신고서문안의 인증수출자번호(customs authorization No.) 이상 없다는 사실 확인.
- 해상 B/L(항공은 AWB)을 근거로 직접운송 여부 확인.
- 한-EU FTA 협정세율 적용하여 수입신고 진행.

▲ 해당 건의 B/L P.O.L.에는 수출체약국 PORT가 명시되고, P.O.D.에는 수입체약국 PORT가 명시되며, 경유(VIA) 및 환적(TRANSSHIPMENT PORT)을 하였더라도 그러한 내용이 B/L 상에 기재되지 않음.

---

25 한-EU FTA에서 인보이스 건당 전체가격 EUR6,000 초과라는 기준은 인코텀스 조건과는 상관없이 단순히 인보이스 건당 전체가격을 말한다. FOB 기준으로 혹은 CIF 기준으로 EUR6,000이라는 기준을 잡고 있지는 않다. 원산지 제품과 비원산지 제품이 하나의 선적 건에 혼재되는 경우, 비원산지 제품의 가격은 EUR6,000에 산입되지 않는다.

26 한-EU FTA에서는 원산지신고서문안이 기재된 인보이스와 같은 상업서류가 바로 원산지신고서 즉, 원산지증명서이다.

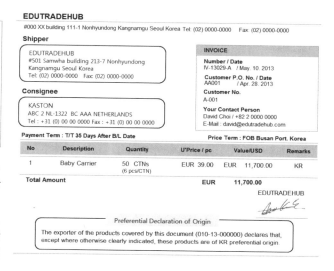

The exporter of the products covered by this document (customs authorisation No ...① declares that, except where otherwise clearly indicated, these products are of ...② preferential origin.

'장소 및 일자' ③

수출자 또는 신고서 작성자의 성명 및 서명 ④

▲ 원산지 표기는 국제적으로 통용되는 국가명(예, GREECE), 당사자 국가의 ISO 코드(예, IT) 혹은 EU, EC로 기재 가능.

▲ '장소 및 일자'는 원산지신고서를 작성한 장소 및 날짜.

▲ '성명 및 서명'은 인증수출자의 경우, 인증심사 할 때 '원산지인증수출자의 서면확인서'를 제출하기 때문에 생략 가능.

▲ 원산지신고서문안이 수기로 작성되는 경우, 잉크 사용해서 대문자로 작성해야.

[생각해보기] 원산지신고서문안의 '원산지'가 'EU'라면, 현품의 원산지 표기 역시 'Made in EU'로 가능한가?

하나의 선적 건에 대해서 원산지 물품과 비원산지 물품을 함께 수출한다면?

Invoice No. : IV–13029–A

EDUTRADEHUB
#000 XX building 111-1 Nonhyundong Kangnamgu Seoul Korea
Tel: (02) 0000-0000   Fax: (02) 0000-0000   1 of 1

Shipper

EDUTRADEHUB
#501 Samwha building 213-7 Nonhyundong
Kangnamgu Seoul Korea
Tel: (02) 0000-0000   Fax (02) 0000-0000

Consignee

KASTON
ABC 2 NL-1322
BC AAA NETHERLANDS
Tel : +31 (0) 00 00 0000 Fax : +31 (0) 00 00 0000

INVOICE

Number / Date
IV-13029-A / May. 10. 2013

Customer P.O. No. / Date
AA001   / Apr. 28. 2013

Customer No.
A-001

Your Contact Person
David Choi / +82 2 0000 0000
E-Mail : david@edutradehub.com

Payment Term : T/T 35 Days After B/L Date   Price Term : FOB Busan Port, Korea

No	Description	Quantity	U'Price / pc	Value/USD	Remarks
1	Baby Carrier	50 CTNs (6 pcs/CTN)	EUR 39.00	EUR 11,700.00	KR
Total Amount			**EUR**	**11,700.00**	

Preferential Declaration of Origin
The exporter of the products covered by this document (010-13-000000) declares that, except where otherwise clearly indicated, these products are of KR preferential origin.

Invoice No. : IV–13029–B

EDUTRADEHUB
#000 XX building 111-1 Nonhyundong Kangnamgu Seoul Korea
Tel: (02) 0000-0000   Fax: (02) 0000-0000   1 of 1

Shipper

EDUTRADEHUB
#501 Samwha building 213-7 Nonhyundong
Kangnamgu Seoul Korea
Tel: (02) 0000-0000   Fax (02) 0000-0000

Consignee

KASTON
ABC 2 NL-1322
BC AAA NETHERLANDS
Tel : +31 (0) 00 00 0000 Fax : +31 (0) 00 00 0000

INVOICE

Number / Date
IV-13029-B / May. 10. 2013

Customer P.O. No. / Date
AA001   / Apr. 28. 2013

Customer No.
A-001

Your Contact Person
David Choi / +82 2 0000 0000
E-Mail : david@edutradehub.com

Payment Term : T/T 35 Days After B/L Date   Price Term : FOB Busan Port, Korea

No	Description	Quantity	U'Price / pc	Value/USD	Remarks
1	Baby Gloves	6 CTNs (50 pcs/CTN)	EUR 13.50	EUR 4,050.00	-
2	Baby Socks	7 CTNs (80 pcs/CTN)	EUR 5.80	EUR 3,248.00	-
Total Amount			**EUR**	**7,298.00**	

FTA에서 "수출자"는 FTA 수출체약국에 위치한 자로서 해당 물품이 FTA 원산지결정기준을 충족하였음을 입증서류로 입증할 수 있는 자를 의미 한다 할 수 있다. "수출자"는 그 원산지 입증 서류를 일정 기간 동안 보관(5년)하면서 사후 검증에도 대비해야 할 것이다.

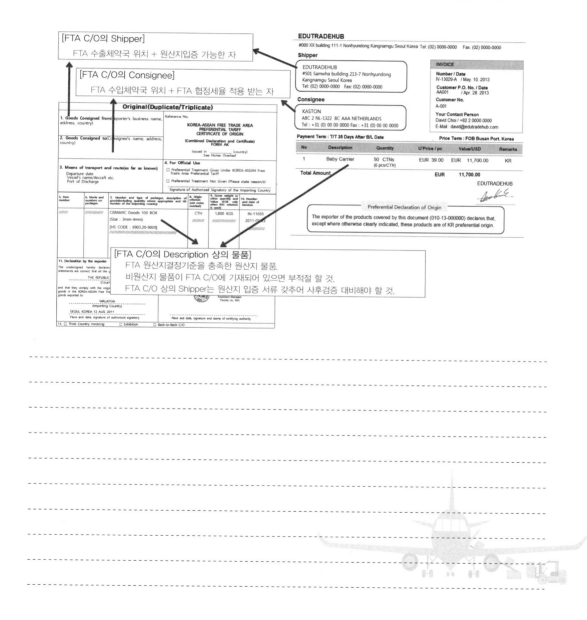

a) 수출지 항구에서 수입지 항구까지 배는 직항으로 운항되는 것이 아니라 여러 항구를 경유하고 환적도 이루어진다.

b) 수출지에서 수출자가 포워더에게 Shipment Booking할 때 수출지 항구에서 수입지 항구까지 운송 요청하면 하나의 운송서류(B/L 혹은 화물운송장)에 의해서 전 구간이 커버된다.

c) 대부분의 해상 운송에서 선박은 경유(Via)하고 환적(T/S)도 많이 이루어진다. 수입지 세관은 선적항에서 양륙항까지의 합리적인 운송기간을 고려하여 직접운송 인정 여부를 판단할 수 있다(On Board Date와 입항일로 판단).

d) 경우에 따라서 환적항에 화물이 몰리는 경우, 환적항에서 제시간에 환적이 이루어지지 않고, 수 일에서 수 주 동안 스케줄이 지연되는 경우도 있다. 이때 수입자는 세관 담당자에게 합리적인 운송기간을 훨씬 넘긴 운송 스케줄에 대한 사유를 입증해야 할 수도 있다.

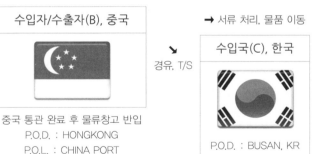

한-EFTA FTA

1) 한-EFTA FTA, 내륙 국가 물품을 해상 운송 하는 경우

한-EFTA(유럽자유무역연합) FTA의 상대체약국은 '스위스', '리히텐슈타인', '노르웨이', '아이슬란드'이다. 한국의 수입자가 이들 중 내륙국가로서 스위스 수출자로부터 스위스산 물품을 항공이 아닌 해상으로 수입할 경우, 체약상대국이 아니라 제3국의 항구가 운송서류(B/L 혹은 해상화물운송장) 상에 선적항으로 기재되기 때문에 FTA 체약국 양 당사자 간 직접적으로 운송 되어야 하는 기본원칙으로서 직접운송 원칙을 충족시키지 못하는 경우라 할 수 있다. 하지만 본 경우는 지역의 특성상 어쩔 수 없기 때문에

FTA특례고시 제37조 제2항 2호

"체약상대국이 내륙지국가(예 : 스위스연방)로서 ①선하증권 또는 화물운송장 상의 수출자가 원산지증빙서류상의 수출자로 기재되어 있고, ②적출항이 체약상대국의 인접국가 항구 또는 공항으로 기재되어 있으며, ③도착항이 우리나라의 항구 또는 공항으로 기재되어 있는 경우, 우리나라까지의 운송에 소요되는 합리적인 기간을 감안하여 원산지를 확인할 수 있다."

한-EU와 한-아세안 FTA 차이점

1) 한-EU FTA의 특징

한국과 EU와의 FTA(EU를 하나의 국가로 인식).

프랑스 인증수출자가 헝가리산 물품을 네덜란드 항구에서 선적 후 한국으로 직접운송 되었음
이 운송서류에 의해 확인되면 한국에서 한-EU FTA 협정세율 적용 받을 수 있음[27].

참고	한-EU FTA 집행에 관한 지침
2.3. 직접운송의 적용 범위	EU 역내 국가이면 수출국과 선적국(출항국)이 다르더라도 EU 역내에서 우리 나라로 직접운송 된 경우에는 적용 대상.
2.4. 원산지신고서의 인정 범위	EU 역내에 있는 한 EU 역내에서 수출물품을 생산국가와 수출자의 국가가 다르더라도 인증수출자가 수출하면 적용 가능. ※(예) 독일 수출자가 원산지를 영국으로 하는 영국산 물품을 수출하여도 적용 가능.

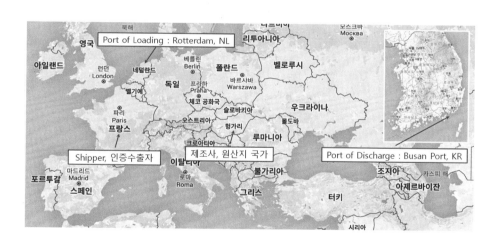

---

27   프랑스, 헝가리 및 네덜란드를 국가로 보기 보다 EU라는 국가에 속한 프랑스라는 도시에 위치한 수출자(한국 수입자와 매매계약)가 물품을 헝가리라는 도시에서 제조하여 네덜란드라는 도시의 항구에서 On Board 하였다 고 봐야 할 것.

2) 한-아세안 FTA의 특징

한국과 아세안과의 FTA가 아니라 한국과 아세안 개별국가와의 FTA.

태국산 물품은 태국의 항구/공항에서 On Board되어 한국으로 직접운송되어야. 내륙국가도 아닌 국가로서 태국을 원산지로하는 태국산 물품이 한-아세안 FTA 체약국으로서 인접한 미얀마의 항구/공항에서 On Board되면 직접운송 원칙 불충족 될 것.

3) 한-아세안 FTA, 내륙국가의 경우

한-아세안 FTA 수출체약국이 항구를 보유하지 못한 내륙국가의 경우, 운송서류로 직접운송 원칙 충족하려면 복합운송 B/L을 포워더에게 발급 요청해야. 본 경우, B/L은 다음과 같이 발행되어야 할 것.

a) B/L 발행장소 : FTA 수출체약국(B/L 우측 하단에 'Place and Date of Issue'에서 확인 가능)
b) Place of Receipt : 공란이 아닌 FTA 수출체약국의 특정 지점이 기재되어져야.
c) Port of Loading : 인접국가의 Port 기재.
d) Port of Discharge : FTA 수입체약국의 Port 기재.

FTA특례고시 제37조 제2항 2호

"체약상대국이 내륙지국가(예 : 스위스연방)로서 ①선하증권 또는 화물운송장 상의 수출자가 원산지증빙서류상의 수출자로 기재되어 있고, ②적출항이 체약상대국의 인접국가 항구 또는 공항으로 기재되어 있으며, ③도착항이 우리나라의 항구 또는 공항으로 기재되어 있는 경우, 우리나라까지의 운송에 소요되는 합리적인 기간을 감안하여 원산지를 확인할 수 있다."

10강
중개무역, FTA C/O 발행

한-EU FTA C/O[28]

- FTA C/O 발급 가능한자(Shipper) : FTA 수출체약국에 위치한 자로서 입증서류로 원산지 입증 가능한 자.
- FTA C/O Consignee 의미 : FTA 수입체약국에서 FTA 협정세율 적용 받는자.
  결국, 한-EU FTA 체약국에 위치한 자로서 원산지 입증 가능한 자만이 원산지신고서문안을 C/I(상업송장), P/L(포장명세서) 혹은 Delivery Note(인도증서)에 기재 가능.

[질문 1] 다음 거래 건에서 한-EU FTA C/O는 누가, 어떠한 방법으로 발행할 수 있는가?

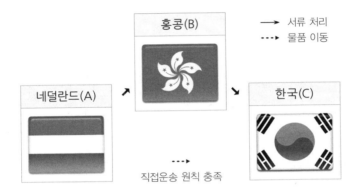

▲ C는 B와 매매계약, B는 다시 A와 매매계약 체결.

---

28 FTA C/O 별도의 양식이 존재하는 것이 아니라 C/I 및 P/L 등과 같은 상업서류의 공란에 '원산지신고서문안' 기재하여 자율발급 됨. C/I에 원산지신고서문안이 기재되면 해당 C/I는 거래 상품의 대금 청구서로서의 역할과 한-EU FTA C/O로서의 역할을 함께 하게 된다.

[답변] 중개자로서 B는 한-EU FTA 비체약국에 위치한 자이며 또한 거래 물품이 한-EU FTA 원산지결정기준을 충족하고 있다는 사실을 입증서류로 입증할 수 없는 입장에 있다. 따라서 중개자는 C/I와 같은 상업서류에 원산지신고서문안을 기재할 수 없다.

결국 한-EU FTA 원산지신고서문안을 기재 가능한 자는 네덜란드 A사이다. A사는 C/I에 원산지신고서문안을 기재하여 B사에게 전달 할 수도 있으나, B사 입장에서는 A사에게 전달 받은 C/I의 단가에 B사 자신의 마진을 붙여 C사에게 전달해야하니 B사가 C/I를 재발행해야한다. 결론적으로 A국에서 발행된 한-EU FTA C/O를 B사가 받아서 그대로 A사에게 전달하는 방법을 찾아야겠다.

A사는 Packing List에 원산지신고서문안을 기재하여 한-EU FTA C/O를 발행하는 방법이 있으며, B사는 해당 P/L을 그대로 A사에게 전달하면 A사는 A국에서 한-EU FTA 협정세율 적용 받을 수도. 물론 B사는 A사에게 C사의 정보를 전달하여 해당 P/L의 Consignee가 협정세율 적용 받는자로서 C사가 되도록 해야할 것.

따라서 본 건은 B사 입장에서 A사에게 C사 정보를 제공해야하며, C사 역시 A사 정보를 확인 가능하게 된다. 중개자로서 B사가 A에게 C사 정보를 제공하지 않으면 한-EU FTA C/O 발급 불가하겠으며, C사는 한-EU FTA 협정세율 적용 받을 수 없겠다.

[질문2] 중개자 B사가 한-EU FTA 체약국에 위치한 자이나, 한-EU FTA 원산지결정기준을 충족하고 있음을 입증 가능한 자는 제조사로서 A사라면?

한-아세안 FTA C/O (AK Form[29])

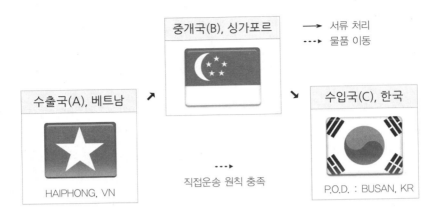

→ 서류 처리
┈┈> 물품 이동

중개국(B), 싱가포르

수출국(A), 베트남

HAIPHONG, VN

┈┈> 직접운송 원칙 충족

수입국(C), 한국

P.O.D. : BUSAN, KR

▲ 한-아세안 FTA 수출체약국으로서 베트남에서 발행된 AK Form의 Shipper,
  Consignee 의미. 149쪽 참고.
▲ 특혜 C/O(FTA C/O)는 중개국에서 Switch 불가[30].

■ 중개자 B사가 A사에게 AK Form 기관발급 요청할 때

a) 양식 13번으로서 "Third Country Invoicing" 부분에 체크 표시 요청

b) 양식 7번란 부분에 송장 발행회사 및 국가명을 기재 요청해야(7번란에 B 회사명과 B 국가
   명을 기재).

■ 중개자 B사가 A사에게 AK Form 발행 요청할 때 문제점

a) AK Form의 Shipper는 베트남 업체, Consignee는 한국 업체가 되어야[31].

b) 원산지결정기준이 부가가치기준 일 때, AK Form No.9란에 FTA 수출국 기준 FOB 값 기
   재 됨. 중개자 입장에서는 중간에서 얼마의 마진을 취한다는 것이 노출될 수도.

---

29 협정에서 정한 양식 존재하며 정해진 기재 요령에 의해서 정해진 기관을 통하여 발급 되어야 유효함.

30 중개국에서 Switch 가능한 C/O는 비특혜(일반) C/O로서, 최초 수출국 상공회의소에서 발행한 일반 C/O를 중
    개국의 중개자가 받아서 중개국 상공회의소 통해서 Switch 요청 가능하다. 관련 289쪽 참고.

31 FTA C/O의 Shipper는 FTA 수출체약국에 위치한 자로서 FTA C/O 상의 물품이 FTA 원산지결정기준을 충족
    하고 있음을 입증서류로 입증할 수 있는자이며, FTA C/O의 Consignee는 FTA 수입체약국에서 FTA 협정세
    율 적용 받는자이다. 따라서 상기 한-아세안 FTA C/O의 Shipper로서 No.1란에는 C/O 상의 물품이 한-아세
    안 FTA 원산지결정기준을 충족하고 있음을 입증할 수 없는 중개자로서 싱가포르 업체는 기재될 수 없겠다(싱가
    포르 역시 한-아세안 FTA 체약국이나 싱가포르 중개는 원산지결정기준 충족 입증 못하기 때문).

Original(Duplicate/Triplicate)	
1. Goods Consigned from(Exporter's business name, address, country)	Reference No. **KOREA-ASEAN FREE TRADE AREA PREFERENTIAL TARIFF CERTIFICATE OF ORIGIN** (Combined Declaration and Certificate) FORM AK Issued in _____ (country) See Notes Overleaf
2. Goods Consigned to(Consignee's name, address, country)	
3. Means of transport and route(as far as known) Departure date Vessel's name/Aircraft etc. Port of Discharge	**4. For Official Use** ☐ Preferential Treatment Given Under KOREA-ASEAN Free Trade Area Preferential Tariff ☐ Preferential Treatment Not Given (Please state reason/s) .... Signature of Authorized Signatory of the Importing Country

▲ No. 3 부분은 해당 건의 B/L의 내용과 일치해야 할 것.

5. Item number	6. Marks and numbers on packages	7. Number and type of packages, description of goods(including quantity where appropriate and HS number of the importing country)	8. Origin criterion (see notes overleaf)	9. Gross weight or other quantity and Value (FOB only when RVC criterion is used)	10. Number and date of invoices
///////	///////////	CERAMIC Goods 100 BOX (Size : 3mm-4mm) [HS CODE : 6903.20-9000] /////////////////////////////////////// End Of page...	CTH ///////////	1,800 KGS /////////////////	IN-11035 2011-05-25 ///////////

11. Declaration by the exporter	12. Certification
The undersigned hereby declares that the above details and statements are correct; that all the goods were produced in THE REPUBLIC OF KOREA --------------------------------------- (Country) and that they comply with the origin requirements specified for these goods in the KOREA-ASEAN Free Trade Area Preferential Tariff for the goods exported to MALAYSIA --------------------------------------- (Importing Country) SEOUL KOREA 12 AUG 2011 --------------------------------------- Place and date, signature of authorized signatory	It is hereby certified, on the basis of control carried out, that the declaration by the exporter is correct. 12 AUG 2011 김영주 Assistant Manager Young-Ju. Kim --------------------------------------- Place and date, signature and stamp of certifying authority
13. ☐ Third Country Invoicing ☐ Exhibition ☐ Back-to-Back C/O	

▲ 제조사(Manufacturer) 생략.('14년 이전에는 No. 7에 제조사 기재되어 기관 발급 됨.)
   ; 수출자와 제조사가 상이한 경우 수출자 입장에서 C/O에 제조사가 기재되는 것에 불만스러워 했음.
▲ 생산품의 원산지결정기준이 RVC가 아니라면 FOB 가격 생략.('14년 이전에는 No. 9에 FOB 가격 기재되어 기관 발급 됨.)
   ; 단일기준으로서 세번변경기준일 때는 FOB 가격 기재되며, 세번변경기준 and RVC로서 혼합기준일 때는 FOB 가격 생략. 그러나 입증서류 제출할 때는 FOB 가격 입증해야 할 것.
   ; 중개무역 건에서 B 입장에서는 A 국에서 발행된 AK Form을 그대로 C에게 전달함에 있어 A와 B의 거래 가격이 C/O의 No.9에 기재되어 있으면 원가 노출이라는 문제점에 직면하게 됨.
▲ L/C 결제조건에서 46A Documents Required 조항에서 AK Form 원본 2부를 요구하여도 원본은 1부만 기관 발급 가능.
   ; '14년 이전에는 L/C 상에서 원본 2부 요구하는 내용 기관에 제출하면 원본 2부 발급 가능했음.

한-미 FTA C/O[32]

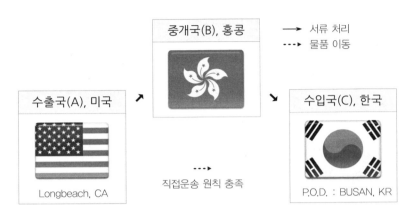

중개국(B), 홍콩

→ 서류 처리
┄┄▶ 물품 이동

수출국(A), 미국

Longbeach, CA

┄┄▶
직접운송 원칙 충족

수입국(C), 한국

P.O.D. : BUSAN, KR

▲ 한-미 FTA 수출체약국으로서 미국에서 발행된 FTA C/O의 Shipper, Consignee 의미. 149쪽 참고.
▲ 특혜 C/O(FTA C/O)는 중개국에서 Switch 불가[33].

[질문] 중개자로서 B사는 FTA 수출체약국으로서 미국에 위치한 A사의 대리점이다. 그렇다면 B사는 미국 A사로부터 한-미 FTA 원산지결정기준을 충족한 물품임을 확인 받아서 B사가 한=미 FTA C/O 발급할 수 없는가?

[답변] FTA C/O 발급 가능한 자는 FTA 수출체약국에 위치한 자로서 FTA C/O 상의 물품이 FTA 원산지결정기준을 충족하고 있음을 원산지 입증서류(BOM 등)로 입증 가능한 자. 따라서 A사만이 한-미 FTA C/O 발행 가능.

---

32 협정에서 정한 별도의 한-미 FTA C/O 서식이 존재하지는 않으나, '원산지증명서 필수 항목'(396쪽 참고)의 내용이 기재되어 있는 권고서식을 일반적으로 사용한다. 권고서식 395쪽 참고.

33 중개국에서 Switch 가능한 C/O는 비특혜(일반) C/O로서, 최초 수출국 상공회의소에서 발행한 일반 C/O를 중개국의 중개자가 받아서 중개국 상공회의소 통해서 Switch 요청 가능하다. 관련 참고 289쪽.

11강
FTA 원산지증명서에 대한 이해

FTA 원산지증명서의 사용

- FTA C/O는 FTA 별로 규정된 '유효기간' 이내에 수입지에서 수입신고할 때 1회 사용 가능.
- FTA C/O는 수출지에서 선적 건 별로 각각 발행되며, 수입지에서 분할신고 할 때 분할 사용 가능.
- 포괄증명기간이 설정 된 한-미 FTA C/O는 해당 기간 동안 반복적으로 사용 가능.

□ 분할통관이란

	ITEM	Q'ty	1th 수입신고	2nd 수입신고	3rd 수입신고
경우 1	Baby Carrier (수입요건 無)	1,000 CTNs	500 CTNs '14.06.22.	300 CTNs '14.08.02.	200 CTNs '14.08.02.
경우 2	Baby Carrier (수입요건 無)	1,000 CTNs	1,000 CTNs '14.11.22.		
	Baby Diaper (수입요건 有)	500 CTNs	본 제품 요건확인 진행	500 CTNs '14.12.02.	

기관발급과 자율발급의 이해

기관발급

– 수출자는 원산지입증서류를 갖추어 기관(세관 혹은 상공회의소)으로 FTA C/O 발급 신청.
  (기관으로의 FTA C/O 발급 신청은 수출자, 원산지입증서류 제출은 제조사)
– 기관은 FTA C/O 발급 신청에 대해서 원산지입증서류 확인 후 FTA C/O 발급.
– 한–아세안, 한–인도, 한–싱가포르 FTA는 FTA C/O 기관 발급.
– 기관을 통한 발급이기 때문에 원산지증명서의 공신력 있음.
– 발급절차가 복잡하고 시간과 비용 부담 증가

자율발급

– 수출자 스스로 원산지입증서류를 기초로 원산지결정기준 충족 확인 후 FTA C/O 자율적으로 발급.
– 한–EU, 한–EFTA, 한–터키, 한–미 FTA는 FTA C/O 자율 발급.
– 자율적으로 발급하기 때문에 발급 절차는 간소하나 공신력 떨어짐.

☐ 인증수출자

업체가 스스로 매 선적 건별로 원산지결정기준 충족 여부를 확인 할 수 있는 능력을 갖추었는지 세관에서 체크하여 원산지 검증 능력을 갖추었다고 세관이 판단하면 해당 업체는 인증수출자로서의 자격을 부여 받는다.

☐ 발급된 FTA C/O의 공신력

기관발급	〉	인증수출자	〉	자율발급

'인증수출자'는 업체 스스로 수출물품이 원산지입증서류를 바탕으로 원산지결정기준을 충족하고 있는지 여부를 확인 할 수 있는 능력이 있다고 세관이 인정한 업체이다. FTA C/O는 기관발급과 자율발급으로 구분되며, 인증수출자가 기관발급 요청하면 입증서류 제출 등에 있어 혜택이 있다. 그리고 자율발급되는 FTA C/O 중에 한–EU FTA 건에서는 인증수출자 만이 EUR6,000 초과 선적 건에 대해서 원산지신고서문안을 인보이스와 같은 상업서류에 기재하여 원산지신고서를 자율적으로 발급 가능하다.

원산지증명서(Certificate of Origin)와 원산지신고서(Origin Declaration)

원산지증명서는 원산지증명서라는 자체 서류가 발행된다. 반면에 원산지신고서는 상업서류(인보이스, 팩킹리스트, Delivery Note 등)의 공란에 원산지신고서문안(Preferential Declaratio of Origin)을 기재하여 발행된다.

따라서 원산지증명서는 원산지를 증명해주는 서류로서만 사용되고, 원산지신고서는 예를 들어 인보이스에 원산지신고서문안을 기재하여 원산지신고서로서 사용한다면 해당 서류는 인보이스로서의 역할과 원산지 물품이라는 사실을 입증해주는 원산지증명서로서의 2가지 역할을 하게 된다.

□ 원산지신고서 원본 전달

원산지신고서문안에는 인증수출자가 아닌 경우에만 수기 서명 그러나, 인증수출자가 작성하더라도 서명권자의 수기 서명 후 FTA 수입체약국의 수입자에게 전달하는 것을 권한다.

□ 자율발급 되는 원산지신고서 & 원산지증명서의 서명은 반드시 서명권자가

원산지증명서

Original(Duplicate/Triplicate)

1. Goods Consigned from(Exporter's business name, address, country)	Reference No.
2. Goods Consigned to(Consignee's name, address, country)	**KOREA-ASEAN FREE TRADE AREA PREFERENTIAL TARIFF CERTIFICATE OF ORIGIN** **(Combined Declaration and Certificate)** **FORM AK** Issued in _____ (country) See Notes Overleaf
3. Means of transport and route(as far as known) Departure date Vessel's name/Aircraft etc. Port of Discharge	4. For Official Use ☐ Preferential Treatment Given Under KOREA-ASEAN Free Trade Area Preferential Tariff ☐ Preferential Treatment Not Given (Please state reason/s) Signature of Authorized Signatory of the Importing Country

5. Item number	6. Marks and numbers on packages	7. Number and type of packages, description of goods(including quantity where appropriate and HS number of the importing country)	8. Origin criterion (see notes overleaf)	9. Gross weight or other quantity and Value (FOB only when RVC criterion is used)	10. Number and date of invoices
///////	////////////	CERAMIC Goods 100 BOX (Size : 3mm-4mm) [HS CODE : 6903.20-9000] ///////////////////////////////	CTH ///////	1,800 KGS ///////////////	IN-11035 2011-05-25 ///////
		End Of page.			

11. Declaration by the exporter	12. Certification
The undersigned hereby declares that the above details and statements are correct; that all the goods were produced in THE REPUBLIC OF KOREA (Country) and that they comply with the origin requirements specified for these goods in the KOREA-ASEAN Free Trade Area Preferential Tariff for the goods exported to MALAYSIA (Importing Country) SEOUL KOREA 12 AUG 2011 Place and date, signature of authorized signatory	It is hereby certified, on the basis of control carried out, that the declaration by the exporter is correct. 12 AUG 2011 김영주 Assistant Manager Young-Ju. Kim Place and date, signature and stamp of certifying authority

13. ☐ Third Country Invoicing   ☐ Exhibition   ☐ Back-to-Back C/O

원산지신고서

EDUTRADEHUB
#000 XX building 111-1 Nonhyundong Kangnamgu Seoul Korea
Tel: (02) 0000-0000   Fax: (02) 0000-0000

1 of 1

Shipper

EDUTRADEHUB
#501 Samwha building 213-7 Nonhyundong
Kangnamgu Seoul Korea
Tel: (02) 0000-0000 Fax: (02) 0000-0000

Consignee

KASTON
ABC 2 NL-1322
BC AAA NETHERLANDS
Tel : +31 (0) 00 00 0000 Fax : +31 (0) 00 00 0000

INVOICE	
Number / Date IV-13029-A / May. 10. 2013	
Customer P.O. No. / Date AA001 / Apr. 28. 2013	
Customer No. A-001	
Your Contact Person David Choi / +82 2 0000 0000 E-Mail : david@edutradehub.com	

Payment Term : T/T 35 Days After B/L Date   **Price Term : FOB Busan Port, Korea**

No	Description	Quantity	U'Price / pc	Value/USD	Remarks
1	Baby Carrier	50 CTNs (6 pcs/CTN)	EUR 39.00	EUR 11,700.00	KR
Total Amount				**EUR 11,700.00**	

EDUTRADEHUB

Preferential Declaration of Origin

The exporter of the products covered by this document (010-13-000000) declares that, except where otherwise clearly indicated, these products are of KR preferential origin.

원산지관리전담자와 서명권자의 개념

■ 원산지관리전담자

  – 원산지 교육을 이수한 자[34].
  – 세관에 신고된 자로서 변경 및 추가 될 때 세관에 신고해야.
  – FTA C/O 신청(기관) 혹은 발급(자율) 전에 해당 물품이 FTA 협정에서 정하는 원산지결정 기준을 충족하는지 여부 등 원산지에 대한 관리를 하는 자.

■ 서명권자

  – 자율발급 되는 FTA C/O에 서명할 수 있는 사람[35].
  – 자율발급 FTA C/O 서명란에 서명권자로 지정된 자의 친필 서명(수기 서명).

---

34 원산지관리전담자의 지정요건(FTA 원산지인증수출자 고시, 별표 3)
35 기관발급 되는 FTA C/O에는 서명권자로 지정된 자가 서명하지 않음.

원산지증명서 서명카드

FTA C/O를 자율발급할 때 '원산지증명서 서명카드'와 '원산지증명서 작성대장' 비치하여 관리해야.

[FTA 고시 별지 제7호서식] 원산지증명서 서명카드

원산지증명서 서명카드

일련 번호	서 명	부서명	직 책	성 명	지정일자 및 사유	해제일자 및 사유
1			대표	최규삼	2012. 3. 5. 업무분장	
2	박지민	무역부	차장	박지민	2012. 3. 5. 업무분장	2013. 5. 1. 퇴사
3	홍길동	무역부	과장	홍길동	2013. 5. 1. 업무분장	

명판•직인

원산지증명서 작성대장

[FTA 고시 별지 제13호서식] 원산지증명서 작성대장

원산지증명서 작성대장

발급번호	발급일자	수출신고번호 및 수리일자	품명.규격	품목번호 (6단위)	수 량	금 액	원산지	생산자 (공급자)	수입자 및 수입국명	협정명칭 및 원산지결정기준	비 고
13-001	2013 1.5.	010-00-11-00000000 2013.1.13.	Spark Plug / 16mm	8511.10	1,000		KR	미래공업(주)	Kaston / 네덜란드	한-EU FTA / CTH	
13-002	2013 2.28.	010-00-11-00000000 2013.2.28.	Spark Plug / 18mm	8511.10	500		KR	미래공업(주)	Harry / 미국	한-미 FTA / CTSH	
13-003	2013 3.8.	010-00-11-00000000 2013.3.17.	Spark Plug / 16mm	8511.10	1,500		KR	미래공업(주)	Kaston / 네덜란드	한-EU FTA / CTH	

명판·직인

원산지증명서 신청 시기 및 신청 서류

1) 기관발급의 경우

구 분	신청시기	신청서류 / 제출서류
원칙	수출물품 선적 이전	– 원산지증명서 발급 신청서(전산으로 신청)[36] – 수출신고필증 사본[37] – 송품장(인보이스) 또는 거래계약서 – 원산지(포괄)확인서 – 원산지소명서 – 원산지소명서의 내용을 입증할 수 있는 서류*
예외	수출물품 선적 이후* (선적[38]일부터 1년이내 신청 가능)	– 수출물품 선적 이전 제출 서류 – 사유서(선적일로부터 30일 이내 신청시 제외) – B/L 사본 또는 수출물품 선적사실 입증서류

---

36 우리나라의 기관발급 기관은 상공회의소 무역인증서비스센터와 세관이 있다. 일반 C/O(비특혜)는 세관에서는 발급되지 않으며 상공회의소 무역인증서비스센터 통해서만 발급 가능하다.

37 원산지증명서 발급기관이 수출 사실 등을 전산으로 확인할 수 있는 경우에는 제출을 생략할 수 있다.(규칙 제6조제1항제1호)

38 적재(On Board)는 외국으로 나가는 배 혹은 비행기에 수출물품을 Loading 한다는 뜻으로 풀이하면 되고, 적재는 By Vessel 건에 대해서는 '선적', By Air 건에 대해서는 '기적'이라고는 용어로 구분될 수 있다. 그러나 실무에서는 By Air 건에 대해서도 선적이라는 용어를 구분 없이 사용하기한다.

* FTA 특례고시 제2-2-5조(원산지증명서 발급신청) 제3조

"원산지소명서에 기재된 내용을 입증할 수 있는 원산지확인서류"는 다음과 같으며, 증명서 발급 기관이 필요하다고 인정하여 제출을 요구하는 경우에 한하여 제출하면 될 것이다.

* 세번변경기준 입증서류 원료구입명세서, 자재명세서(BOM), 생산공정명세서, 사용자매뉴얼, 홍보책자 등

* 부가가치기준 입증서류 원료구입명세서, 자재명세서(BOM), 원료수불부, 원가산출내역서 등

- 원산지(포괄)확인서 : 국내에서 거래되는 물품에 대한 원산지가 한국산(FTA 원산지결정기준 충족) 혹은 역내산(FTA C/O로 입증)이라는 사실을 증명하는 서류로서 공급자/생산자가 작성.
- 원산지소명서 : FTA 수출체약국의 수출자가 FTA 수입체약국의 수입자에게 수출하는 물품의 원산지가 수출체약국이라는 사실을 증명하는 원산지증명서 상의 물품이 어떠한 근거로 원산지 물품이 되었다는 사실을 설명(소명)하는 서류로서 생산자뿐만 아니라 수출자도 작성 가능. 그러나 원산지소명서를 작성하기 위해서는 수출물품에 대한 BOM 정보를 알아야 하기에 생산자만이 작성 가능.(생산자가 그러한 정보를 수출자에게 공재하지 않음)

□ 원산지증명서 선적 이후 발급 신청

FTA 원산지증명서를 기관을 통해서 발급하는 한-싱가포르, 한-아세안, 한-인도에서 부득이한 사유가 있는 경우 수출물품을 선적한 후 1년 이내에 원산지증명서를 발급할 수 있도록 하고 있습니다. 이 경우 한-싱가포르 및 한-아세안 원산지증명서에는 선적 후에 발급하였음을 나타내는 문구로서 "Issued Retroactively"를 표기하며, 한-인도의 경우는 원산지증명서 양식 6란 Remarks 부분에 "Issued Retrospectively" 표기 합니다.

다음은 한-아세안 FTA 원산지증명서(AK Form) 우측 하단 부분으로서 선적 후 소급 발행된 건이라는 사실을 나타내는 'ISSUED RETROACTIVELY' 스탬프가 날인되어 있습니다.

11. Declaration by the exporter	12. Certification
The undersigned hereby declares that the above details and statements are correct; that all the goods were produced in THE REPUBLIC OF KOREA ―――――――――――――――――― (Country) and that they comply with the origin requirements specified for these goods in the KOREA-ASEAN Free Trade Area Preferential Tariff for the goods exported to MALAYSIA ―――――――――――――――――― (Importing Country) SEOUL KOREA 12 AUG 2011 ―――――――――――――――――― Place and date, signature of authorized signatory Marketing Director Choi Ki-Sung	It is hereby certified, on the basis of control carried out, that the declaration by the exporter is correct. **ISSUED RETROACTIVELY** 12 AUG 2011 김영주 Assistant Manager Young-Ju, Kim ―――――――――――――――――― Place and date, signature and stamp of certifying authority
13. □ Third Country Invoicing □ Exhibition	□ Back-to-Back C/O

□ 선적 후 기관 발급과 선적 후 발급 스탬프

- 발급 신청은 수출신고 수리일로부터 외국으로 나가는 배/비행기에 수출물품이 적재되기 전의 시점.

- 그러나 우리나라의 기관을 통하여 한-아세안 FTA 원산지증명서가 발행되는 경우, 적재일을 포함하여 3영업일 이전까지 발급된 원산지증명서에 대해서는 사후 발급 스탬프(ISSUED RETROSPECTIVELY)가 날인되지 않을 것이며, 한-인도 FTA의 경우는 7일 이후 발급되는 원산지증명서에 대해서만 사후 발급 스탬프가 날인될 것[39].

적재일 이전에 미리 신청하여 FTA C/O를 발급 받았는데, 수출신고 내용이 변경되거나 선적 스케줄 등 선적 관련 내용이 변경됨으로 인해서 FTA C/O를 정정 발급 신청해야 하는 불필요한 상황이 발생 될 수 있다. 따라서 FTA C/O 신청자의 선택 사항이긴 하나, 적재가 완료 된 이후에 발급 신청 하는 것이 업무에 대한 효율성을 높이는 방법이 될 수도 있다.

---

39 한-중 FTA 건에서는 선적일로부터 7 근무일 이전에 발행된 경우 소급문구가 기재되지 않습니다. 이때 7 근무일에서 선적일(On Board Date)은 미포함됩니다. 「한-중 FTA 협정문」 제3.15조 원산지증명서 참고.

□ 한-아세안 FTA원산지증명서 소급문구 기재일 기준 변경

출처 : 무역인증서비스센터(http://cert.korcham.net) 공지사항

공지일자 : 2014-03-06

대한상공회의소입니다. 금번 한–아세안 FTA 원산지증명절차 개정으로 인해, 소급문구 기재일이 아래와 같이 변동되어 공지드립니다.

– 아 래 –

1. **기존** : 선적일을 포함하여 3일째되는 날의 다음날부터 소급문구 기재되어 발행(공휴일포함3일)

    ex1) 1일(월) 선적 → 4일(목)부터 소급문구 기재

    ex2)5일(금) 선적 → 8일(월)부터 소급문구 기재

2. **변경** : 선적일을 포함하여 3영업일이 되는 다음날부터 소급문구 기재되어 발행(공휴일제외)

    ex1) 1일(월) 선적–>4일(목)부터 소급문구 기재

    ex2) 5일(금)선적–>10일(수)부터 소급문구기재

    ex3) 6일(토)선적–>11일(목)부터 소급문구 기재(선적일이 공휴일인 경우 그 다음 최초 영업일부터 날짜 계산)

□ 원산지증명서 발급

기관발급되는 원산지증명서는 매매계약서 혹은 L/C 상에 원본 2부 이상 요구하더라도 원본 1부만 발행.

□ 원산지증명서 재발급

증명서발급기관은 원산지증명서를 발급받은 자가 분실·도난·훼손 그 밖의 부득이한 사유로 원산지증명서의 재발급을 신청하는 경우에는 원산지증명서를 재발급할 수 있다. 재발급하는 경우 다음과 같이 원산지증명서 양식에 '재발급 스탬프'를 날인하여 발급 한다.

재발급 스탬프 내용	"CERTIFIED TRUE COPY"(세로 0.8cm, 가로 7cm)

□ 원산지증명서 정정 발급

원산지증명서를 발급받은 자가 수출신고 수리필증의 정정, 원산지증명서의 오탈자, 수량, 품목번호 등의 착오, 누락, 또는 기재오류 등을 이유로 원산지증명서를 정정하려는 때에는 다음의 서류를 증명서 발급기관에 제출하여야 한다.

a) 원산지증명서 원본[40] b) 정정사유를 입증할 수 있는 객관적인 서류

---

40 수출자는 수입자에게 결제조건에 따라서(T/T의 경우 수출자가 수입자에게 특송으로 바로 전달, L/C의 경우 은행을 통해서 전달.) FTA 원산지증명서 원본을 수입자에게 전달한다. 수출자의 손을 떠나 수입자의 손에 '기관 발급 된' FTA 원산지증명서 원본이 있는 상황에서 해당 FTA 원산지증명서에 오류가 있어 정정해야하는 경우, 수입자는 특송(Courier Service ; DHL, Fedex, UPS 등)을 이용하여 수출자에게 FTA 원산지증명서 원본을 전달하고 수출자는 다시 발급한 기관에 원본을 제출해야겠다. '자율 발급 된' FTA 원산지증명서를 수입자가 전달 받고 오류가 발견된 경우라면 수입자가 수출자에게 단순히 재발행 요청하면 될 것이다.

12강
수입신고

FTA C/O와 운송서류 확인

■ FTA C/O 양식 및 기재요령 적합성 확인

　확인 1) 전달 받은 FTA C/O가 해당 협정에서 규정하는 FTA C/O 양식인가?

　확인 2) 협정에서 규정하는 기재요령에 맞게 작성되었는가?

• FTA 협정세율 적용 받지 못하는 경우

　– 한–아세안 FTA C/O를 기관에서 발급하지 않고 수출자가 발행한 경우.

　– 한–미 FTA C/O에 필수 기재 사항인 HS Code가 미기재 된 경우.

　– 한–EU FTA C/O의 원산지 물품 총액이 EUR6,000 초과 임에도 인증수출자번호가 없는 경우.

　– FTA C/O의 Consignee가 FTA 협정세율을 받은 한국 업체가 아니라 중개자 홍콩 업체인 경우.

　– FTA C/O의 Shipper가 FTA 수출체약국의 수출자가 아니라 중개자 홍콩 업체인 경우.

FTA 협정세율 적용 수입신고

| 수입자 | | 수입지 세관 |

① 원산지증명서 수령 및 확인
협정에서 규정하는 양식 및 기재요령 맞는지 확인

↓

② 수입신고
협정관세 적용하여 수입신고 →

④ 신청서류 심사
필요한 경우, 원산지증명서류 제출 요구 할 수도

↓

③ 관세납부 ← ←
과세가격에 FTA 협정세율 적용 하여 관세 납부

⑤ 협정관세 적용

→

⑥ 수입신고 수리

수입신고 후 서류 제출해야 하는 경우

■ 수입지 세관에 FTA C/O 제출해야 하는 경우

  – 세관이 어떠한 이유로 원산지증빙서류 제출을 요구하는 경우(FTA 특례고시 제30조)
  – 수입신고 후 P/L이 아니 '서류제출' 혹은 ' 물품검사'로 지정된 경우

→ 원칙적으로 FTA C/O는 사본이 아닌 원본을 제출해야.
  Transit Time이 짧으면 수입신고하는 시점에 수입자는 FTA C/O 원본 미확보했을 가능성 농후.
→ 세관에서 특별히 FTA C/O 원본 요구하지 않는 이상 '사본 제출 스탬프' 날인 하여 제출 가능.
→ 사후에 FTA 협정세율 적용 받는 경우, FTA C/O 원본 제출해야.(한–미 FTA C/O는 사본 가능)

원산지증명서 사본제출 스탬프
본 사본이 원본과 다를 경우 관세법 등 관련법령에 의해 처벌 받을 수 있음을 알고 있으며, 세관에서 요구시 원본을 제출하겠습니다. <div align="center">수입자 OOO 서명</div>

수입신고 수리 후 FTA 협정세율 적용 Ⅰ

```
        ┌─────────────────┐
        │      수입자      │
        └─────────────────┘
                 │
┌─────────────────────┐   ─ Transit Time이 짧은 경우
│  ① FTA C/O 미 확보   │   ─ 한─EU FTA C/O 발행 당시 인증수출자 아닌 경우
└─────────────────────┘   ─ 기관발급 C/O로서 On Board 이후 사후 발급해야 하는 경우
                 │
┌─────────────────────┐   ─ 실행세율 적용(기본세율 or WTO협정세율)
│     ② 수입신고       │
└─────────────────────┘
                 │
┌─────────────────────┐   ─ 수입신고 수리일로부터 1년 이내에 FTA C/O 원본
│   ③ 관세납부 및      │      확보하면 경정의 청구 가능.(한─미 FTA C/O는 사본 가능)
│    수입신고 수리     │
└─────────────────────┘
                 │
┌─────────────────────┐   ─ 반드시 원본 확보해야.
│   ④ FTA C/O 확보     │   ─ 자율발급 되는 한─EU FTA C/O 등의 경우, 수기 사인 되어 있어야.
└─────────────────────┘
                 │
┌─────────────────────┐
│   ⑤ 사후협정세율     │
│     적용 신청        │
└─────────────────────┘
```

수입신고 수리 후 FTA 협정세율 적용 II

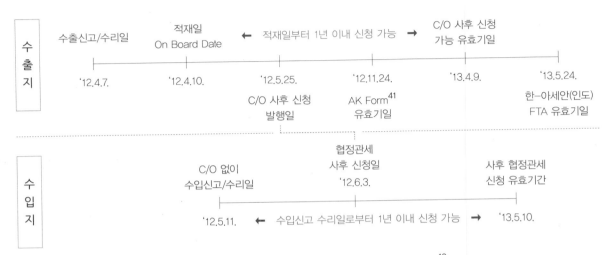

수
출
지

수출신고/수리일	적재일 On Board Date	← 적재일부터 1년 이내 신청 가능 →		C/O 사후 신청 가능 유효기일
'12.4.7.	'12.4.10.	'12.5.25.	'12.11.24.	'13.4.9.

'13.5.24.
한-아세안(인도)
FTA 유효기일

'12.5.25.
C/O 사후 신청
발행일

'12.11.24.
AK Form[41]
유효기일

수
입
지

협정관세
사후 신청일
'12.6.3.

C/O 없이
수입신고/수리일

사후 협정관세
신청 유효기간

'12.5.11. ← 수입신고 수리일로부터 1년 이내 신청 가능 → '13.5.10.

▲ FTA C/O 기관발급 신청 시점은 원칙적으로 수출물품의 수출신고 수리일과 적재일 중간입니다[42].
▲ 수입지에서 협정세율 신청 할 때, 수출지에서 발행된 FTA C/O의 유효기일 이내에 해야겠습니다.

---

41   AK Form은 한-아세안 FTA 원산지증명서 양식을 말합니다.
42   한-아세안 FTA는 적재 3일 이후, 한-인도 FTA는 적재 7일(근무일) 이후 발급되는 C/O에 대해서 소급 발행되
      는 것으로 판단하여 "ISSUED RETROSPECTIVELY" 문구 기재 됨.

13강
원산지입증서류 작성 실무

계약 관계에 대한 이해와 발행 서류

	Mechanical Seals의 BOM 작성	은하 공업(주) Ceramic Insulator 제조사	Harry Trading Gasket의 미국 수출자
	원산지결정기준 충족 원산지(포괄)확인서 발행	미충족 or 비협조 세금계산서 발행	원산지결정기준 충족 한-미 FTA C/O 발행
생산품 BOM	**태산(주), 제조사** Mechanical Seals 한국산	**하성(주), 도매업자** Ceramic Insulator 미상	**진성산업(주), 도매업자** Gasket 미국산

생산품	**진성산업(주), 제조사** 점화플러그 원산지결정기준 충족, 한국산
수출자 (한국)	**에듀트레이드허브, 수출자** 진성산업 발행한 원산지(포괄)확인서 기초로 한-미 FTA C/O 발행
수입자 (미국)	Kaston, 수입자 한-미 FTA 협정세율 적용

BOM 작성(세번변경기준)

한-미 FTA	원산지결정기준	
HS Code	**품목명**	**원산지기준**
8511.10	점화플러그	다른 소호에 해당하는 재료로부터 생산된 것

BOM(Bill of Material, 소요부품명세서)

- 생산품: Spark Plug(HS 8511.10)
- 적용협정 : 한–아세안 FTA
- 원산지결정기준 : CTSH(6단위 변경 기준)

부품명 (재료명)	품목번호 (HS Code)	원산지	수량	단가	가격(원)	구성비(%)	생산자 /공급자	증빙서류
Mechanical seals	8484.20	한국(역내산)				45%	태산(주)	원산지(포괄)확인서
Ceramic Insulator	8547.10	미상				30%	태산(주)	세금계산서
Gasket	8484.10	미국(역내산				25%	진성산업(주)	한–미 FTA C/O

[작성자]업체명/담당부서: 진성산업(주) / 무역부
담당자: 최 규 삼 (서명)

[생각해보기] 2단위 변경 기준이라면?, FTA 수입체약국이 독일이라면?

소요부품(자재) 명세서 (Bill of Materials)

◎ 완제품 품명 :					◎ 적용대상 협정 :			
◎ 모델명 :					◎ 원재료 사용내역 :			

연번	품명 (재료명)	세번부호 (HS NO)	원산지	소요량	단가	가격	제조 및 구매처	입증서류
TOTAL			역내산			※ RVC 비율 계산식 : (FOB가격 - 수입원재료가격) / FOB가격		
			역외산			부가가치비율 : (　　　　) %		

※ 자유무역협정의 이행을 위한, 원산지 증명서 관련업무 제출을 위하여 작성, 확인합니다.

※ 작성자 :	(인)	명판 · 직인
※ 작성일자 :		

- 대한상공회의소 무역인증서비스센터 '공지사항'을 통하여 BOM 양식이 상기와 같이 변경되었음이 공지되었다. 그러나 법적으로 정해진 양식은 아니니 반드시 해당 양식을 사용하지 않아도 무관하겠다.

- 세번변경기준일 때는 BOM에 '부가가치비율'을 기재하지 않아도 되나, RVC일 때는 '부가가치비율'을 기재할 것이며 원산지입증서류로서 원가산출내역서는 무역인증서비스센터로 FTA C/O 기관발급 신청할 때 제출 면제될 수도 있다. 그러나 사후검증 대비하여 원가산출내역서를 기타의 원산지입증서류와 함께 5년간 보관하는 것이 적절하겠다.

원산지(포괄)확인서

■ 자유무역협정의 이행을 위한 관세법의 특례에 관한 법률 시행규칙 [별지 제2호서식] [개정 2014.3.14]

원산지(포괄)확인서(Declaration of Origin)

발급번호(Reference No) :

※ 뒤쪽의 작성방법을 읽고 작성하여 주시기 바라며, [　]에는 해당되는 곳에 √표시를 합니다.　　　(앞쪽)

1. 공급하는 자 (Supplier)	상호(Company Name) 진성 산업(주)	사업자등록번호(Business Number) 212-00-00000
	대표자성명(Name of Representative) 모영주	전화번호(Tel. No.) 054-000-0000 팩스번호(Fax. No.) 054-000-0000
	주소(Address) 경상북도 구미시 00동 000-00 전자우편주소(E-mail) info@mirae.com	인증수출자 인증번호(Customs Authorization No.)
2. 공급받는 자 (Supplied to)	상호(Company Name) 에듀트레이드허브	사업자등록번호(Business Number) 214-00-00000
	대표자성명(Name of Representative) 최규삼	전화번호(Tel. No.) 02-320-0000 팩스번호(Fax. No.) 02-210-0000
	주소(Address) 서울시 서초구 00동 000-00 전자우편주소(E-mail) trade@edutradehub.com	

공급물품 명세서(Good Statements)

3. 연번 (S/N)	4. 적용대상협정 (Applicable FTA)	5. 품목번호 (HS 6단위) (HS Code (6-digit))	6. 품명·규격 (Description· Specification of Good(s))	7. 원산지 결정기준 (Origin Criterion)	8. 원산지결정 기준 충족여부 (Fulfillment of Origin Criterion)		9. 원산지 (Country of Origin)	10. 원산지포괄확인기간 (년 월 일 ~ 년 월 일) (Blanket period (YYYY/MM/DD ~ YYYY/MM/DD))
					충족(Y)	미충족(N)		
1	한-미	8511.10	Spark Plug	CTSH	[o]	[ ]	KR	2013.6.10.~2014.6.9.
2	한-아세안	8511.10	Spark Plug	CTH	[o]	[ ]	KR	2013.6.10.~2014.6.9.

「자유무역협정의 이행을 위한 관세법의 특례에 관한 법률 시행규칙」제6조의3에 따라 위와 같이 원산지를 확인합니다.
The undersigned hereby declares the origin of the good(s) in accordance with Article 6.3 of the 'Enforcement Rules of the Act on Special Cases of the Customs Act for the Implementation of Free Trade Agreements'.

작 성 자(Declarer): : 모 영 주   (서명 또는 인)(Signature)
직   위(Position): : 대   표
상호 및 주소(Company Name/Address) : 진성산업(주), 경상북도 구미시 00동 000-00
작성일자(Date):   : 2013. 6. 10.[43]

---

[43] 원산지(포괄)확인서의 증명일은 '포괄기간' 이내에 들어가지 않아도 상관 없다. 중요한 것은 해당 건에 대해서 진성산업(주)이 발행한 세금계산서의 물품 공급일이 '포괄기간' 이내여야 하겠다.

[별지 제1호의2서식] [개정 2010.12.31]

원산지소명서

(국문 앞쪽)

원 산 지 소 명 서

1.수출자	상 호	에듀트레이드허브	사업자등록번호	214-00-00000
	대표자(성명)	홍길동	전화 / 팩스	02-320-0000 / 210-0000
	주소(전자주소)	서울시 서초구 00동 00-0		
2.생산자	상 호	진성산업(주)	사업자등록번호	212-00-00000
	대표자(성명)	모영주	전화 / 팩스	054-000-0000 / 000-0000
	주소(전자주소)	경상북도 구미시 00동 000-00		

물 품 명 세

3.품명/규격	Spark Plug / 16mm		4.HS No.	8511.10
5.물품가격	가격조건	FOB (O), Ex-Works ( )	6.원산지 결정기준	CTSH
	금 액			
7.주요생산공정	* Spark Plug의 제조공정도를 기초로 기술합니다.			

원 재 료 명 세 서

8.연번	9.재료명	10.HS No.	11.원산지	12.가 격		13.공급자 (생산자)
				수 량	가 격	
1	Mechanical Seals	8484.20	한국			태산(주)
2	Gasket	8484.10	미상			태산(주)
3	Ceramic Insulator	8547.10	미국(역내산)			TS Trading
14. 합 계		원산지재료(국산)				
		비원산지재료(수입산)				
		합 계				

원 산 지 인 정 요 건 검 토

15.완전생산기준 충족여부	예 ☐ 아니오 ☐	16.세번변경기준 충족여부	예 ☒ 아니오 ☐
17.부가가치기준 충족여부	예 ☐ 아니오 ☐	(부가가치비율 : %)	
18.세번변경기준과 부가가치기준 동시 적용품목	예 ☐ 아니오 ☐	19.최소기준 적용여부	예 ☐ 아니오 ☐
20.누적기준 적용여부	예 ☒ 아니오 ☐	21.역외가공기준 적용여부	예 ☐ 아니오 ☐
22.직접운송 여부	예 ☒ 아니오 ☐	23.기 타	예 ☐ 아니오 ☐
24.원산지 결정	충족 (O)	불충족 ( )	

(한-아세안) 자유무역협정과 「자유무역협정의 이행을 위한 관세법의 특례에 관한 법률 시행규칙」에 따라 작성·제출합니다.

작 성 자 : 박진경 (서명)
직 위 : 과 장   명판·직인
상 호 및 주 소 : 미래 공업(주), 경상북도 구미시 00동 000-00
작 성 일 자 : 2013. 7. 25.

14강
원산지 인증수출자

인증수출자 제도 의미와 종류

■ 인증수출자 제도 의미와 필요성

- (의미) 관세당국이 원산지 증명 능력이 있다고 인증한 수출자에게 원산지증명서 발급절차 또는 첨부

  서류 제출 간소화 혜택을 부여하는 제도.
- (필요성) 기관발급 건에서 원산지입증서류 제출 생략 가능.

  자율발급 건에서 기관발급 건처럼 FTA C/O 발행 전에 필터링 역할.

■ 인증수출자 종류

구 분	업체별 인증수출자	품목별 인증수출자
혜택범위	모든 협정[44], 모든 품목	인증 받은 협정별, HS 6단위
인증유효기간	5년	5년
인증기관	본부세관(서울, 부산, 인천, 대구, 광주) 및 평택 직할세관	
인증기준	원산지시스템 또는 증명능력(업무 매뉴얼) 보유, 법규 준수도 충족, 원산지전담자 지정	인증신청품목 원산지결정기준 충족, 원산지전담자 지정

- 자율발급되는 FTA C/O 중 한-EU 및 EFTA FTA는 인증수출자 제도 존재하나 한-미 FTA는 존재하지 않음.

---

44   인증수출자 제도가 존재하는 EU, EFTA, 아세안, 페루, 인도와의 FTA 등에 대해서만 해당.

인증수출자의 협정별 혜택(협정에 따라 상이)

협 정	인증 前	인증 後
한-EU	* 6,000유로 이하의 수출물품에 대하여만 원산지신고서 작성가능	* 6,000유로 초과 물품을 수출할 경우 인증수출자에 한하여 원산지증명서 발급 가능

한-아세안
한-싱가포르
한-인도
	* 원산지증명서 발급신청서작성(전산으로 신청)
	* 첨부서류 제출
	  - 수출신고필증 사본
	  - 송품장 또는 거래계약서
	  - 원산지소명서
	  - 원산지확인서(생산자와 수출자가 다른 경우)
	  - 그 밖의 원산지 증빙자료
	* 현지 확인(필요한 경우)
		* 원산지증명서 발급신청서 작성(전산으로 신청)
		* 첨부서류 제출 생략
		* 현지 확인 생략 가능

한-EFTA	* 자율발급 원산지증명서로(통상 Invoice 신고시) 수출자의 서명 필요	* 자율발급 원산지증명서로(통상 Invoice 신고시) 수출자의 서명 생략

▲ 한–미, 한–터키 FTA는 인증수출자 제도가 없기 때문에 동 제도 미적용

인증수출자 유의사항

1) 인증을 받더라도 원산지 판정은 업체 책임 하에 이루어짐

인증수출자 지정은 자율적으로 원산지를 판단할 수 있는 권한을 준 것이지 해당 업체 수출물품에 대해 한국산으로 공인한 것은 아니다. 인증을 받더라도 업체 책임 하에 원산지결정기준 충족여부를 판단하여, 충족하는 물품에 대해서만 원산지증명서 발급이 가능하다. 그리고 원산지 인증수출자 확약서 및 여타 규정에 따라 인증 후 업체에서 작성하는 모든 원산지증빙서류에 대한 책임은 업체에 있다.

2) 인증을 받더라도 서류보관의무 및 검증 책임은 면제되지 않음

인증수출자는 원산지증명서 발급 과정에서 간소화 혜택을 부여한 것으로 원산지 판정 관련 증빙서류 보관의무 및 사후 검증에 대한 의무는 면제되지 않는다.

FTA 협정별 원산지 증명

* 다음은 FTA 포털(http://fta.customs.go.kr) 홈페이지에 공지된 부산세관이 발행한 『누구나 쉽게 보는 FTA 가이드북』을 참고 하였습니다.

구 분	한-미 FTA	한-아세안 FTA[45]
증명방식	자율증명	기관발급
발급주체	생산자, 수출자, 수입자	한국 – 세관, 상공회의소[46], 아세안 – 세관 등 국가기관
서 식	정형화된 양식 없으나 필수 항목은 기재 해야함.	통일증명서식(FORM AK)
유효기간	발급일로부터 4년	발급일로부터 12개월
제출면제기준	미화 1천 불 이하의 소액물품	FOB 가격 기준 미화 200불 이하(상품 또는 우편물)
포괄증명	포괄증명은 증명일로부터 12개월의 범위 내에 선적된 물품에 적용(포괄 기간 이내에 선적되어야)[47].	–

---

45 협정국가 : 대한민국과 아세안 10개국. 말레이시아, 싱가포르('07.6.1), 베트남('07.6.29), 미얀마('07.11.27), 인도네시아('07.12.7), 필리핀('08.1.1), 브루나이('08.7.1), 라오스('08.10.1), 캄보디아('08.11.1), 태국('10.1.1) 발효

46 단, 개성공업지구의 경우 세관에 한정.

47 기타 자세한 내용 400쪽 참고.

구 분	한-EFTA FTA[48]	한-EU FTA[49]
증명방식	자율증명	자율증명
발급주체	수출당사국의 수출자 (스위스치즈는 기관발급)	1. 수출당사국의 인증수출자 (총 가격이 6,000유료를 초과하는 경우) 2. 총 가격이 6,000유료를 초과하지 않는 경우 수출당사국의 수출자
서 식	상업송장(인보이스) 또는 그 밖의 상업서류에 규정된 "원산지신고서" 문안 기재	상업송장(인보이스) 또는 그 밖의 상업서류에 규정된 "원산지신고서" 문안 기재
유효기간	서명일로부터 1년	서명일로부터 12개월
제출면제기준	미화 1,000불 이하	미화 1,000불 이하

구 분	한-싱가포르 FTA	한-인도 CEPA
증명방식	기관발급	기관발급
발급주체	한국 – 세관, 상공회의소, 자유무역관리원 싱가포르 – 세관	한국 – 세관, 상공회의소 인도 –인도수출검사위원회
서 식	양국지정 별도서식(양국 간 각자 증명서식)	양국 간 통일증명서식(KIN–CEPA 양식)
유효기간	발급일로부터 1년	발급일로부터 12월
제출면제기준	미화 1,000불 이하	미화 1,000불 이하

---

48 협정국가 : 대한민국과 EFTA 4개국. '06.9.1 발효(스위스, 노르웨이, 아이슬란드, 리히텐슈타인 4개국)

49 협정국가 : 대한민국과 EU 28개국. '11.7.1 발효(오스트리아,벨기에,영국,체코,키프로스,덴마크,에스토니아,핀란드,프랑스,독일,그리스,헝가리,아일랜드,이탈리아,라트비아,리투아니아,룩셈부르크,몰타,네덜란드,폴란드,포르투갈,슬로바키아,슬로베니아,스페인,스웨덴,불가리아,루마니아, 크로아티아 28개국)

구 분	한-터키 FTA	한-호주 FTA
증명방식	자율증명	한국 – 자율증명 호주 – 기관 및 자율증명
발급주체	수출당사국의 수출자	자율발급 : 수출자, 생산자 기관발급 : 호주 상공회의소(ACCI) 및 호주산업협회(AIG)
서 식	상업송장(인보이스) 또는 그 밖의 상업서류에 규정된 "원산지신고서" 문안 기재	한국 – FTA 시행규칙 별지 [별지 제6호의12서식] 서식에 따른 권고서식 또는 협정에서 정한 필수항목을 기재한 서류
유효기간	수출 당사국에서 발급된 날부터 12개월	자율발급: 서명일 부터 2년 기관발급: 발급일 부터 2년
제출면제기준	미화 1,000달러	한국으로 수입되는 경우 : 미화 1,000달러 호주로 수입되는 경우 : 호주 달러 1,000
포괄증명		포괄증명의 시작일부터 종료일(From ~ To) 증명일은 서명일보다 앞설 수 있음. 포괄증명기간 내에 수입되는 것을 기준

구 분	한-캐나다 FTA		
증명방식	자율증명	유효기간	서명일 부터 2년
발급주체	수출자, 생산자	제출면제기준	수입물품 과세가격이 미화 1천 달러 이하의 소액물품에 대해서는 원산지 증명 면제
서 식	한국 – FTA 시행규칙 별지 [별지 제6호의13서식]서식에 따른 권고서식	포괄증명	포괄증명의 시작일부터 종료일(From ~ To) 증명일은 서명일보다 앞설 수 있음 포괄증명기간 12개월(포괄증명기간 내에 수입되는 것을 기준)

한-미 FTA C/O 양식(권고서식)

■ 자유무역협정의 이행을 위한 관세법의 특례에 관한 법률 시행규칙 [별지 제6호의 9 서식] <신설 2011.12.2.>

미합중국과의 협정에 따른 원산지증명서의 서식

Certificate of Origin
Korea-US Free Trade Agreement

1.Exporter (수출자)	Name (성명)		2. Blanket Period (원산지포괄증명기간)		
	Address(주소)				
	Telephone (전화)		YYYY (년) MM (월) DD (일) YYYY (년) MM (월) DD (일)		
	Fax (팩스)		From ___/__/__ To ___/__/__		
	E-mail (전자주소)		(부터) (까지)		
3.Producer (생산자)	Name (성명)		4.Importer (수입자)	Name (성명)	
	Address(주소)			Address(주소)	
	Telephone (전화)			Telephone (전화)	
	Fax (팩스)			Fax (팩스)	
	E-mail (전자주소)			E-mail (전자주소)	

5. 원 산 지 증 명 대 상 물 품 내 역

Serial No. (연번)	Description of Good(s) (품명·규격)	Quantity & Unit (수량 및 단위)	HS No. (품목번호 HS 6단위)	Preference Criterion1) (원산지 결정기준)	Country of Origin (원산지 국가)

6. Observations:
(특이사항)

I certify that:
본인은 다음 사항을 확인합니다.
- The information in this document is true and accurate and I assume the responsibility for proving such representations.
  I understand that I am liable for any false statements or material omissions made on or in connection with this document.
  상기 서식에 기재된 내용은 사실이고 정확하며, 기재된 사항에 대한 책임은 본인에게 있습니다. 이 증명서 또는
  이와 관련한 허위 진술 또는 중대한 사실 누락에 대해서는 본인에게 책임이 있음을 확인합니다.
- I agree to maintain, and present upon request, documentation necessary to support this Certificate, and to inform, in writing,
  all persons to whom the Certificate was given of any changes that would affect the accuracy or validity of this Certificate.
  본인은 이 증명서를 입증하는 데 필요한 문서를 보관하며, 요청이 있을 경우 이를 제출할 뿐 아니라, 이 증명서의 정확성이나
  유효기간에 영향을 미치는 여타 변동사항에 대해서 이 증명서를 받은 관계자들에게 서면으로 통보할 것에 동의합니다.
- The goods originate in the territory of one or both Parties and comply with the origin requirements specified for those
  goods in the Korea –United State of America Free Trade Agreement.
  해당 물품은 대한민국과 미합중국 간의 자유무역협정에 따른 원산지 결정기준을 충족하고 있음을 확인합니다.
  This Certificate consists of _____ pages, including all attachments.
  이 증명서는 첨부서류를 포함하여 총___장으로 구성되어 있습니다.

7. Authorized Signature (서명권자의 서명)	Company (회사명)
Name: (작성자 성명)	Title (직위)
YYYY (년) MM (월) DD (일) ___/__/__	Telephone : (전화번호) Fax: (팩스번호)

1) Originating goods in accordance with Article 6.1(a) of the Agreement(미합중국과의 협정 제6.1조 가호에 따른 원산지물품): WO
   Originating goods in accordance with Article 6.1(b) of the Agreement(미합중국과의 협정 제6.1조 나호에 따른 원산지물품): PSR
   Originating goods in accordance with Article 6.1(c) of the Agreement(미합중국과의 협정 제6.1조 다호에 따른 원산지물품): PE
* 수입자, 생산자 란은 기재 생략 가능하며, 한글본과 영문을 선택하여 사용할 수 있음

작 성 방 법		
번 호	기재항목	기재방법
1	수출자	• '생산자'와 같은 경우 외에는 필수기재항목
2	원산지 포괄증명 기간	• 장기간에 걸쳐 반복적으로 선적되거나 수입 신고되는 동종·동질의 물품에 대하여 원산지 증명서 발급(작성)일부터 12개월을 초과하지 아니하는 범위 안에서 최초의 원산지증명 서를 반복하여 사용하는 경우에만 기재
3	생산자	• 수출물품 생산업체를 알고 있는 경우 기재
4	수입자	• 물품의 수입업체를 알고 있는 경우 기재
5	원산지 증명대상 물품내역	• 'HS품목번호', '품명', '원산지국가'는 필수기재항목 • '품명·규격', '수량·단위'는 수출물품과의 동일성이 확인될 수 있도록 기재
6	특이사항	• 수출물품의 원산지증명과 관련하여 특이사항이 있는 경우만 기재
7	서명 등	• '작성자 성명', '증명일자'는 필수기재항목

> ※ [참조] 원산지증명서 필수항목 [협정문 제6.15조 2항]
>
> ① 증명인의 성명(필요한 경우 연락처 또는 그 밖의 신원확인 정보 포함)
> ② 상품의 수입자(아는 경우에 한한다.)
> ③ 상품의 수출자(생산자와 다른 경우에 한한다.)
> ④ 상품의 생산자(아는 경우에 한한다.)
> ⑤ 물품의 HS품목번호 및 품명
> ⑥ 상품이 원산지 상품임을 증명하는 정보
> ⑦ 증명일자
> ⑧ 증명서 유효기간(포괄증명의 경우)

한-아세안 FTA C/O 양식(AK Form)

■ 자유무역협정의 이행을 위한 관세법의 특례에 관한 법률 시행규칙 [별지 제6호의5서식] <개정 2013.12.31>

아세안회원국과의 협정에 따른 원산지증명서의 서식

(앞쪽)

Original(Duplicate/Triplicate)

1. Goods Consigned from(Exporter's business name, address, country)	Reference No. **KOREA-ASEAN FREE TRADE AREA PREFERENTIAL TARIFF CERTIFICATE OF ORIGIN** (Combined Declaration and Certificate) FORM AK Issued in _____ (country) See Notes Overleaf
2. Goods Consigned to(Consignee's name, address, country)	
3. Means of transport and route(as far as known) Departure date: Vessel's name/Aircraft etc.: Port of Discharge	4. For Official Use ☐ Preferential Treatment Given Under KOREA-ASEAN Free Trade Area Preferential Tariff ☐ Preferential Treatment Not Given (Please state reason/s) .... Signature of Authorised Signatory of the Importing Country

5. Item number	6. Marks and numbers on packages	7. Number and type of packages, description of goods(including quantity where appropriate and HS number of the importing country)	8. Origin Criterion (See Notes overleaf)	9. Gross weight or other quantity and Value (FOB only when RVC criterion is used)	10. Number and date of Invoices

11. Declaration by the exporter	12. Certification
The undersigned hereby declares that the above details and statement are correct; that all goods were produced in .... (Country) and that they comply with the origin requirements specified for these goods in the KOREA-ASEAN Free Trade Area Preferential Tariff for the goods exported to .... (Importing Country) .... Place and date, signature of authorised signatory	It is hereby certified, on the basis of control carried out, that the declaration by the exporter is correct .... Place and date, signature and stamp of certifying authority

13. ☐ Third Country Invoicing   ☐ Exhibition   ☐ Back-to-Back CO

210mm×297mm[백상지 80g/㎡(재활용품)]

한-중 FTA C/O 양식

중국과의 협정에 따른 원산지증명서의 서식

ORIGINAL

1. Exporter's name and address, country:	Certificate No.:
2. Producer's name and address, country:	**CERTIFICATE OF ORIGIN** **Form for Korea-China FTA** Issued in _____ (see Overleaf Instruction)
3. Consignee's name and address, country:	

4. Means of transport and route (as far as known): Departure Date: Vessel/Flight/Train/Vehicle No.: Port of loading: Port of discharge:	5. Remarks:

6. Item number (Max 20)	7. Marks and Numbers on packages	8. Number and kind of packages; description of goods	9. HS code (Six-digit code)	10. Origin criterion	11. Gross weight, quantity (Quantity Unit) or other measures (liters, m³, etc.)	12. Number and date of invoice

13. Declaration by the exporter:	14. Certification:
The undersigned hereby declares that the above details and statement are correct, that all the goods were produced in (Country) and that they comply with the origin requirements specified in the FTA for the goods exported to (Importing country) Place and date, signature of authorized signatory	On the basis of control carried out, it is hereby certified that the information herein is correct and that the goods described comply with the origin requirements specified in the Korea-China FTA. Place and date, signature and stamp of authorized body

210mm×297mm[백상지 80g/㎡(재활용품)]

1. 제1란: 수출자의 법적 이름과 주소(국가를 포함) 기재
2. 제2란: 생산자의 법적 이름과 주소(국가를 포함) 기재
   - 둘 이상의 생산자의 물품이 증명서에 포함되는 경우, 추가적인 생산자의 법적 이름과 주소(국가를 포함) 기재
   - 수출자 또는 생산자가 이러한 정보의 비밀 유지를 희망하는 경우, 'AVAILABLE TO CUSTOMS UPON REQUEST'라고 기재할 수 있으며, 생산자와 수출자가 동일한 경우, 'SAME' 기재
3. 제3란: 한국 또는 중국에 거주하는 수하인의 법적 이름과 주소(국가를 포함)를 기재
4. 제4란: 운송수단 및 경로, 출발일자, 운송수단의 번호, 선적항 및 하역항을 기재
5. 제5란: 비당사국의 운영인에 의하여 송품장이 발행되는 경우, 비당사국 운영인의 법적 이름을 기재
   - 또한, 증명서가 소급발급된 경우에는 'ISSUED RETROACTIVELY', 인증된 진본의 경우에는 'CERTIFIED TRUE COPY of the original Certificate of Origin number(발행번호), dated(날짜)'를 기재
6. 제6란: 물품(모델·규격별)의 연번(최대 20개)을 기재
   ※ 연번이 20을 초과할 경우, 새로운 원산지증명서 발급번호 부여
7. 제7란: 물품의 포장에 표시된 화인(shipping marks) 및 번호 기재
   - 화인이 문자나 숫자가 아닌 이미지나 기호인 경우에는 'IMAGE OR SYMBOL(I/S)'를 기재하며, 그 외에는 'NO MARKS AND NUMBERS(N/M)' 기재
8. 제8란: 포장의 수량 및 종류 기재
   - 품명은 송품장 및 HS(국제통일상품 분류체계)상의 품명과 연계할 수 있도록 충분한 세부내역을 포함해야 함
   - 물품이 포장되지 아니한 경우 'IN BULK' 기재
9. 제9란: 제8란의 각 물품에 대한 HS 품목번호를 6단위까지 기재
   ※ 모델·규격이 다른 경우 모델·규격별로 HS 기재
10. 제10란: 제8란의 각 물품에 적용되는 원산지 결정기준을 아래의 표에 따라 기재
    - 원산지 결정기준은 중국과의 협정(이하 '협정') 제3장(원산지규정 및 원산지 이행절차) 및 부속서3-가(품목별 원산지 기준)에 규정됨

[원산지 결정기준 기재요령]

기재 문구	원산지 결정기준
WO	협정 제3.4조 및 부속서3-가(품목별원산지기준)에 따라 체약당사국의 영역에서 완전생산된 경우
WP	체약 당사국의 영역에서 협정 제3장에 부합하는 원산지재료로만 생산된 경우
PSR	체약 당사국의 영역에서 비원산지재료를 사용하여 세 번 변경, 역내 부가가치비율, 특정공정요건 또는 부속서 3-가에 명시된 그 밖의 요건을 충족하여 생산된 경우
OP	협정 제3.3조(특정상품의 취급)을 적용받는 경우

11. 제11란: 킬로그램(Kg)으로 표시된 총중량 기재
    - 관례적으로 정확한 수량을 표시하는 그 밖의 측정단위(예: 물품의 부피 또는 개수)를 기재할 수 있음
12. 제12란: 송품장의 번호 및 발행일 기재
    - 비당사국의 운영인에 의하여 송품장이 발행되어 송품장의 번호 및 발행일을 알 수 없는 경우, 수출당사국에서 발행된 원본 송품장의 번호 및 발행일 기재
13. 제13란: 수출자가 작성, 서명하고 날짜 기재
14. 제14란: 원산지증명서의 발급 권한이 있는 기관의 권한 있는 발급담당자가 작성, 서명, 날짜를 기재하고 발급인장을 날인

□ (관세청 지침) 미국과의 자유무역협정에 따른 원산지포괄증명물품의 협정관세 적용지침

출처: 관세청 Yes FTA(http://www.customs.go.kr) 공지사항
공지일자 : 2014/08/21

〈미국과의 자유무역협정에 따른 원산지포괄증명물품의 협정관세 적용지침〉

① 원산지포괄증명서 포괄증명기간의 시작일은 원산지포괄증명서의 발급일자와 다를 수 있으므로 포괄증명기간의 시작일 이후에 소급 발급되거나 포괄증명기간의 시작일보다 먼저 발급된 원산지포괄증명서는 인정되며 해당 수입물품은 협정관세 적용 대상

(예시)

구 분	원산지포괄 증명기간	증명일자	협정관세 적용 여부
(사례1) 소급발급되는 경우	2014.1.1 ~ 2014.12.31	2014.4.1 또는 2015.2.1	적용
(사례2) 먼저 발급되는 경우	2014.1.1 ~ 2014.12.31	2013.12.1일	적용

② 원산지포괄증명은 동일상품을 복수 선적할 때 적용하는 것이므로 원산지포괄증명기간에 협정체약 상대방인 수출국(미국)에서 선적된 물품에 적용

  - 포괄증명기간에 선적된 물품이 아닌 경우 보정을 요구하여 처리하되, 증빙이 되지 않는 경우 협정관세 적용 배제

  * 포괄증명기간에 선적되지 않은 물품에 대하여는 「자유무역협정의 이행을 위한 관세법의 특례에 관한 법률」 시행규칙 제16조 제5항에 따라 원산지증명서의 보정을 요구하여 처리

(예시)

구 분	원산지포괄 증명기간	선적일자	증명일자	협정관세 적용 여부
(사례1) 포괄증명기간에 선적된 경우	2014.1.1 ~ 2014.12.31	2014.12.15	2015.1.15	적용
(사례2) 포괄증명기간에 선적되지 않은 경우	2014.1.1 ~ 2014.12.31	2013.12.15	2014.1.15	적용배제

③ '한-미 FTA 원산지포괄증명 협정관세 적용 지침(청 자유무역협정집행기획담당관-1228('12.6.19)호'에 따라 원산지 검증 의뢰된 건에 대한 처리방법

  - (원칙) 검증대상에서 제외
  - (예외) 원산지위반 가능성이 있는 물품에 한하여 검증 실시

  ※ 이 지침은 2014.9.22(월)부터 협정관세 적용을 신청하는 물품부터 적용하며 이 지침 시행에 따라 '한-미 FTA 원산지포괄증명 협정관세 적용 지침(청 자유무역협정집행기획담당관-1228('12.6.19)호'는 폐지함. 끝.